国家社科基金
GUOJIA SHEKE JIJIN HOUQI ZIZHU XIANGMU
后期资助项目

国家社科基金后期资助项目（21FJYB016）

数字经济背景下银行数据资产价值实现研究

Research on the Value Realization of Bank Data Assets under the Background of Digital Economy

程茂勇 著

中国财经出版传媒集团
中国财政经济出版社

国家社科基金后期资助项目
出版说明

后期资助项目是国家社科基金设立的一类重要项目，旨在鼓励广大社科研究者潜心治学，支持基础研究多出优秀成果。它是经过严格评审，从接近完成的科研成果中遴选立项的。为扩大后期资助项目的影响，更好地推动学术发展，促进成果转化，全国哲学社会科学工作办公室按照“统一设计、统一标识、统一版式、形成系列”的总体要求，组织出版国家社科基金后期资助项目成果。

全国哲学社会科学工作办公室

前　言

近年来，随着大数据技术的快速发展，数字经济应运而生，在国民经济发展中的地位日益凸显，并逐渐成为继农业经济、工业经济之后新的社会经济发展形态，引起了社会的广泛关注。2020 年 11 月 20 日，习近平总书记在亚太经合组织第二十七次领导人非正式会议上的发言中指出："数字经济是全球未来的发展方向，创新是亚太经济腾飞的翅膀。中方提出倡议，要全面落实亚太经合组织互联网和数字经济路线图，倡导优化数字营商环境，激发市场主体活力，释放数字经济潜力，促进新技术传播和运用，加强数字基础设施建设，消除数字鸿沟，为亚太经济复苏注入新动力。"党的二十大报告也提出要建设数字中国，加快发展数字经济，促进数字经济和实体经济深度融合，打造具有国际竞争力的数字产业集群。数字经济是以数据为关键要素、以信息网络为重要载体、以科技创新为根本驱动力的经济活动，是信息科技与实体经济深度融合的全新经济形态。伴随着人类社会向数字经济时代迈进，数据资产这一概念逐渐进入公众视野。

在数字经济浪潮中，千行百业都在发生深刻变化，银行业作为现代经济的核心和血脉，更是首当其冲，面临一系列重大挑战。银行业作为数据密集型和科技驱动型行业，伴随着数字化程度的逐年提高，积累了大量的客户数据和交易数据。这些数据已成为银行的重要资产构成和核心竞争力，它们驱动银行发展，提高银行经营绩效。2018 年 5 月 21 日，中国银行保险监督管理委员会发布《银行业金融机构数据治理指引》，旨在引导银行业金融机构加强数据治理、提高数据质量、充分发挥数据价值、提升经营管理水平、全面向高质量发展转变。2020 年 9 月 23 日，中国建设银行行长刘桂平在主题为"未来银行之路：变局与使命"的论坛中指出，数据资产已成为银行的关键生产要素，必须用好、用活外部公共信息和内部经营数据，推进业务数据化、数据业务化，全面对接数字经济时代的全新要求。在此背景下，识别数据资产、管理数据资产、应用数据资产、充分发挥数据资产的经济与社会价值，成为银行和监管机构无法回避和亟待解决的重大课题。基于此，本书探讨数字经济背景下银行数据资产价值实现问题。

基于数字经济背景下银行数据资产价值实现问题，本书共包含 9 章内容：第 1 章为绪论；第 2 章为文献综述；第 3 章为数据资产的制度背景；第 4 章为数据资产的理论基础；第 5 章为银行数据资产价值实现研究：成本管理视角；第 6 章为银行数据资产价值实现研究：利润创造视角；第 7 章为银行数据资产价值实现研究：风险控制视角；第 8 章为金融科技对银行数据资产价值实现的助力作用研究；第 9 章为研究结论与政策建议。

在上述研究框架下，本书以我国 169 家银行为研究样本，我们选取 2013—2021 年的数据，探究了银行数据资产的价值实现，并得到了以下主要结论。首先，银行数据资产能降低成本管理能力，即银行数据资产可以降低成本效率。这主要是由于银行的数据资产囤积行为导致的数据资产规模增加直接加重了银行的管理负担，从而导致成本效率的降低。潜在的影响渠道分析表明，银行数据资产可能通过提高管理成本，从而降低银行成本效率。其次，银行数据资产未提升利润创造能力，即银行数据资产未显著影响利润效率。这说明在目前阶段，银行数据资产并未强化传统业务的高效配置，并未推动银行新兴业务的创新发展，也未提升银行资产定价能力水平。我们认为，该研究结果与我们的预期有所偏差的原因是：尽管我们预期银行数据资产有助于提高利润效率，然而，数据资产的研发和囤积同样带来了成本负担，进而损害了银行利润效率的提高。两方面的共同作用造成银行数据资产与利润效率的关系并不显著。再次，银行数据资产有助于提高风险控制能力，即银行数据资产可以显著提高风险效率。这一结果主要是由以下原因造成的：一是银行数据资产可以提升风险识别水平，从而提高银行风险效率；二是银行数据资产可以革新风险监测模型。无论是风险识别能力的提高，还是风险监测模型的改进，均可以有效地降低银行的信用风险等，从而有助于提高银行风险效率。潜在的影响渠道分析表明，银行数据资产可能降低信用风险水平，从而提高银行风险效率。最后，我们基于五个技术维度（人工智能、区块链、云计算、大数据、移动互联网）下的金融科技发展，分别研究了成本管理、利润创造以及风险控制视角下的数据资产价值实现。研究发现，在成本管理和风险控制视角下，人工智能、云计算、大数据以及移动互联网均对银行数据资产的价值实现产生了显著的助力作用。在利润创造视角下，所有类型的金融科技对银行数据资产的价值实现均未产生助力作用。

与已有研究相比，本研究的创新之处主要体现在三个方面：第一，由于银行数据资产包含大量客户信息，涉及隐私保护问题，其测度方式不同于一般企业数据资产。本书立足于主数据视角，利用网络爬虫技术测度银行数据资产，革新了数据资产的测度方法，为后续银行数据资产的相关研究提供了学术支持。第二，通过探索银行数据资产对成本管理、利润创造以及风险控制三个维度的影响来揭示银行数据资产的价值实现机制与效应，丰富了数据资产的相关研究。第三，将金融科技引入银行数据资产的价值实现分析框架中，辨析金融科技对数据资产价值实现的助力作用，深化了银行数据资产的价值实现研究。

目　录

第1章 绪　　论

1.1　研究背景

1.1.1　实践背景

近年来，大数据以迅雷不及掩耳之势进入人们的工作与生活之中。随着大数据战略成为国家重点发展战略，数据的获取、管理、运营、交易等成为新的经济生态和经济增长点。数字经济应运而生，在国民经济发展中的地位日益凸显，并逐渐成为继农业经济、工业经济之后新的社会经济发展形态，引起了社会的广泛关注。目前，全球数字经济的发展如火如荼，越来越多的企业不断寻求数字化转型升级，以顺应数字经济发展大潮。此外，打破“数据孤岛”、充分挖掘数据资源价值、实现数据资源共享成为企业重要的价值源泉。近年来，我国数字经济发展迅速。2019 年，我国数字经济增加值达到 35.8 万亿元，名义增长 15.6%，占 GDP 的比重达到 36.2%。数字经济的蓬勃发展，极大地促进了我国消费市场的形成和零售业的现代化，为构建新的发展格局奠定了坚实基础。2018 年 4 月 21 日，在全国网络安全和信息化工作会议上，习近平总书记强调：“要发展数字经济，加快推动数字产业化，依靠信息技术创新驱动，不断催生新产业新业态新模式，用新动能推动新发展。”2020 年 11 月 20 日，习近平总书记在亚太经合组织第二十七次领导人非正式会议上的发言中指出：“数字经济是全球未来的发展方向，创新是亚太经济腾飞的翅膀。中方提出倡议，要全面落实亚太经合组织互联网和数字经济路线图，倡导优化数字营商环境，激发市场主体活力，释放数字经济潜力，促进新技术传播和运用，加强数字基础设施建设，消除数字鸿沟，为亚太经济复苏注入新动力。”党的十九大报告高瞻远瞩，提出要“推动互联网、大数据、人工智能和实体经济深度融合”，以促进经济高质量发展。党的十九届五中全会同样指出，

"十四五"时期，要发展数字经济，推动数字经济和实体经济深度融合，坚定不移建设数字中国。党的二十大报告也提出要建设数字中国，加快发展数字经济，促进数字经济和实体经济深度融合，打造具有国际竞争力的数字产业集群。

数字经济是以数据为关键生产要素、以信息网络为重要载体、以科技创新为根本驱动力的经济活动，是信息科技与实体经济深度融合的全新经济形态。伴随着人类社会加速向数字经济时代迈进，"数据资产"概念通过多种渠道进入人们的视野。"大数据之父"维克托2013年在《大数据时代》一书中分析了数据被确认为资产的前景与困境，并乐观预测"几乎可以肯定数据的价值将显示在企业的资产负债表上，成为一个新的资产类别"。《经济学人》在2017年的报道中将数据称为一种"新兴资产类别"。中国信息通信研究院云计算与大数据研究所至今已连续四年发布《数据资产管理实践白皮书》，以指导企业数据资产的获取和管理行为，且在2019年发布的《数据资产管理实践白皮书》（4.0版）中给出定义："数据资产是由企业拥有或者控制的，能够为企业带来未来经济利益的，以物理或电子的方式记录的数据资源。"以上标志着"数据资产"概念已得到公认并广泛流行。

在数字经济浪潮中，千行百业都在发生深刻变化，银行业作为现代经济的核心和血脉，更是首当其冲，面临一系列重大挑战。银行业作为数据密集型和科技驱动型行业，随着银行信息化程度的逐年提高，积累了大量的客户数据和交易数据。这些数据已经成为银行的重要资产和核心竞争力，如何充分发挥数据价值，用数据驱动银行发展，提高银行经营绩效，对银行具有重要的意义。监管机构及越来越多的银行已把数据资产管理提上日程。2018年5月21日，中国银行保险监督管理委员会发布《银行业金融机构数据治理指引》，旨在引导银行业金融机构加强数据治理、提高数据质量、充分发挥数据价值、提升经营管理水平，全面向高质量发展转变。2020年9月23日，中国建设银行行长刘桂平在主题为"未来银行之路：变局与使命"的论坛中指出，数据资产已成为银行的关键生产要素，必须用好、用活外部公共信息和内部经营数据，推进业务数据化、数据业务化，全面对接数字经济时代的全新要求。2021年1月29日，平安银行发布了名为《数据资产、账户与要素交易流转机制研究——基于银行保险机构的实践》的研究报告。2021年1月22日，中国光大银行召开"点数成金，值得你来"数据资产估值白皮书线上发布会，正式发布《商业银行数据资产估值白皮书》。

在此背景下，如何确认数据资产、治理数据资产、应用数据资产、监管数据资产，并充分发挥银行业数据资产的经济与社会价值，已成为银行和监管机构无法回避和亟待解决的重大课题。

1.1.2 理论背景

随着数字经济的不断发展，数据资产的研究受到学术界的广泛关注，已有文献主要集中在数据资产内涵、数据资产价值评估及数据资产管理体系这三个方面。

（1）数据资产内涵研究

有关数据资产内涵的研究主要讨论数据资产的定义、特征及会计处理等。例如，《数据资产管理实践白皮书》（4.0 版）将数据资产定义为由企业拥有或者控制的、能够为企业带来未来经济利益的、以物理或电子方式记录的数据资源。Bughin 等（2010）认为数据资产是一项可以提高流程效率、赋予产品新功能和激发创新商业模式的智能资产。康旗等（2015）提出了数据资产会计处理的具体设想。李雅雄和倪杉（2017）认为数据资产是企业加工后能实现企业特定的商业目的、给企业带来经济利益流入的、可计量的数据化资源。朱扬勇和叶雅珍（2018）将数据资产定义为有权属、有价值、可计量、可读取的数据集。张俊瑞等（2020）从会计处理和信息列报两方面，提出了数据资产相关的会计业务的设计构想。

（2）数据资产价值评估研究

数据资产价值评估研究主要采用各种方法对数据资产价值进行评估，具体可以分为两大类：一类是构建价值评估指标体系与模型来进行数据资产的价值评估。例如，Heckman 等（2015）认为不同的数据类型需要不同的定价模型，应该构建动态的、标准化的定价模型，这样才能使数据交易更加透明、高效。Yu 和 Zhang（2017）基于数据质量构建了多维度质量评价的线性方法，进而构建了数据定价模型。Li 等（2019）认为传统的资产价值评估方法不适用于数据资产，他们从组织资本方面对数据资产进行了价值评估，发现其价值巨大。另一类是运用无形资产常用的价值评估方法来评估数据资产的价值，如成本法、市场法、收益法、实物期权法。例如，翟丽丽和王佳妮（2016）认为数据资产是无形资产的一种，并通过实物期权法中的 B－S 评估模型对数据资产进行评估。王静和王娟（2019）同样使用实物期权法中的 B－S 评估模型对互联网金融企业的数据资产进行评估。Yu 和 Zhang（2017）构建了多维度质量评价的线性方法对数据资产进行评估。Moro Visconti（2020）基于成本法、市场法及收益法对数据资产进行了评估。

（3）数据资产管理体系研究

数据资产管理体系研究主要探索数据资产管理的组织架构、治理模式及制度体系等。例如，Sarkar（2015）认为数据资产管理包含数据开发、数据挖掘、数据保护等步骤。侯敬文和程功勋（2015）提出金融数据超市这一概念来管理数据资产，将金融数据分为风险、运营、产品三个基础大类，最后形成一个数据价值网络。李红祥和吴佳坤（2016）提出了出版业管理和运用数据资产的具体建议。宋晶晶（2020）从政府数据资产对象管理、流程管理、标准管理、安全管理和权属管理五个层面对政府数据资产管理体系进行了构建。

（4）文献评述

已有研究文献极大地丰富了数据资产的学术宝库，为后续研究提供了重要的理论支撑与方法启示。然而，已有研究主要集中在一般企业层面，对银行数据资产的研究相对匮乏，需要我们进行深入研究。更为重要的是，已有研究缺乏对数据资产的价值实现研究，需要我们填补研究空白。基于此，本书以银行数据资产为研究对象，基于银行成本管理、利润创造与风险控制三个视角探讨银行数据资产的价值实现。

1.2 研究问题与意义

1.2.1 研究问题

本书主要探讨银行数据资产的价值实现。具体而言，本书提出以下五个研究问题：

（1）银行数据资产测度研究

科学测度银行数据资产是本研究的重要前提，本书立足于主数据视角，利用网络爬虫技术获取银行主流 App 的下载量信息，采用银行主流 App 下载量测度银行数据资产。具体测度步骤如下：首先，确定每家银行的主流 App 产品；其次，确认银行主流 App 的版本是正式版而非测试版；再次，从主流移动应用程序市场网站获取银行 App 的下载量信息；最后，采用每年银行主流 App 的累计下载量测度当年银行数据资产。

本书采用银行 App 下载量测度银行数据资产的合理性如下：第一，主数据是指用来描述企业核心业务实体的数据，是企业核心业务对象、交易业务的执行主体。它是在整个价值链上被重复、共享应用于多个业务流程的、跨越各个业务部门和系统的、高价值的基础数据，是各业务应用和各系统之间进行数据交互的基础。根据《数据资产管理实践白皮书》（4.0版）并结合银行的经营特点，银行客户个人信息和客户交易信息等客户信息是银行主数据。在一定程度上，主数据可以反映银行的整体数据。换言之，主数据资产可以反映银行数据资产。第二，根据《中华人民共和国民法典》，客户信息受法律保护，因而我们无法直接获得银行的客户信息。随着移动互联网和5G技术的发展，几乎所有银行都开发了各自的App。银行App的下载使用使银行可以更高效地获取客户个人信息以及客户的交易信息。换言之，银行App的下载量越大，银行可以获取的客户信息越多，银行的数据资产越丰富。因此，银行App的下载量可以反映银行对客户信息的获取，从而反映银行数据资产。

（2）基于成本管理视角的银行数据资产价值实现研究

在明确银行数据资产的测度方法之后，本书主要探讨银行数据资产的价值实现。本书实证研究的第一部分是以成本管理为研究视角，探讨银行数据资产的价值实现。具体而言，本书采用成本效率衡量成本管理能力，探讨银行数据资产对成本效率的影响。本书认为银行数据资产对成本管理的影响主要表现在以下四个方面：第一，银行数据资产降低了人力成本。借助数据资产，银行能够以线上消息推送的方式完成针对目标客户的业务推广，且在客户关系管理中以在线贵宾服务的模式颠覆了传统的客户经理服务模式。数据资产带来的这些改变使得人力支出大大降低。第二，银行数据资产降低了交易成本。银行数据资产囊括了用户的关联交易信息，在数据授权许可框架下，有交易需求的用户之间的信息不对称在一定程度上被降低，信息成本得以控制，交易流程得以简化，交易成本显著降低。第三，银行数据资产降低了产品研发成本。传统的金融产品研发需要支付巨大的市场调查成本，但借助数据资产包含的向第三方应用程序的授权信息和使用偏好信息，银行本质上掌握了客户的动态需求，因此市场调查成本的节约带来了产品研发成本的降低。第四，银行数据资产的囤积行为增加了银行的管理负担，而管理负担的增加降低了银行的成本效率。

基于此，本书实证的第一部分便开展了银行数据资产对成本效率的影响研究。

（3）银行数据资产对利润创造的影响研究

本书实证研究的第二部分是以银行利润创造为研究视角，探讨银行数据资产的价值实现。具体而言，本书采用利润效率衡量利润创造能力，探讨银行数据资产对利润效率的影响。本书认为银行数据资产对利润创造的影响主要表现在以下三个方面：第一，银行数据资产可以实现银行资源的高效配置。根据资源创新理论，数据资产作为一种有价值的信息资源，银行可以借助对数据资产的高效管理实现对现有金融资源的重新整合，从而实现业务板块之间的高效配置和协同发展，带来经营绩效的增长新动能。第二，银行数据资产可以推动银行新兴业务的创新发展。数字经济时代下，数字金融产品日新月异，银行拥有发展创新金融业务的优势禀赋资源。在数据安全和数据共享框架下，银行可以借助数据资产，实现同消费金融市场和投资金融市场的信息交换，完成实时的金融偏好分析，从而更有针对性地进行业务创新。第三，银行数据资产可以提升银行资产定价能力。通过对目标客户历史交易信息的挖掘，银行对于金融资产的估值和定价会更为准确。先进的资产定价能力也能增大客户的银行交易黏性，带来市场商誉效应，在拓展潜在客户资源的同时提高银行的盈利能力。

基于此，本书实证的第二部分便开展了银行数据资产对利润效率的影响研究。

（4）银行数据资产对风险控制的影响研究

本书实证研究的第三部分是以银行风险控制为研究视角，探讨银行数据资产的价值实现。具体而言，本书采用风险效率衡量风险控制能力，探讨银行数据资产对风险效率的影响。本书认为银行数据资产对风险控制的影响主要体现在以下两方面：第一，银行数据资产可以提升风险识别水平。相较于基于贷款资产的风险类型来识别违约、损失等信息的传统风险识别，银行数据资产提供了更为丰富的资产信息和交易信息。借助历史违约额、历史损失额、账户变更、交易频率等信息，银行可以更精准地识别风险，从而显著提升风险识别水平。第二，银行数据资产可以革新风险监测模型。伴随着数字经济时代的降临，银行的数据资产数量已经迈入 EB（1EB = 210PB，1PB = 210TB）时代。基于海量数据资产，银行可以通过数据管理部门与风险防控部门的业务融合，使银行内部的风险监测模型得到变革和改进，提升风险监测能力。

基于此，本书实证的第三部分便开展了银行数据资产对风险效率的影响研究。

（5）银行金融科技助力数据资产的价值实现研究

本书实证研究的第四部分是探讨银行金融科技对数据资产价值实现的助力作用。此部分将金融科技分为人工智能科技、区块链科技、云计算科技、大数据科技和移动互联网科技五种技术门类。我们分别探讨五类金融科技对数据资产价值实现的助力作用。

基于此，本书实证的第四部分便开展了银行金融科技对数据资产价值实现的助力作用研究。

1.2.2 研究意义

（1）理论意义

第一，本书以银行数据资产为研究重点，基于网络爬虫技术测算银行数据资产，为后续银行数据资产的相关研究提供了学术支持；第二，本书基于银行成本管理、利润创造以及风险控制三个视角探讨数据资产的价值实现，丰富了银行数据资产的研究内容；第三，本书将金融科技引入银行数据资产的价值实现路径分析中，辨析金融科技对银行数据资产价值实现的助力作用，深化了数据资产的价值实现研究。

（2）现实意义

第一，基于研究结论，银行可以清晰地洞察数据资产的价值实现效应，制定有效的数据资产管理对策，切实保障银行的利益；第二，根据研究结论，银行业监管机构可以制定银行数据资产监管的相关规章制度，修正和完善银行数据资产监管措施，保障银行体系稳定高效地运行。

1.3 研究内容、方法与框架

1.3.1 研究内容

针对研究问题和目标，本书基于以下九个章节展开研究：

第 1 章为绪论。本章首先阐述了实践背景和理论背景，然后据此提出本书的研究问题，并探讨本书的研究意义，最后介绍了本书的研究内容、方法和框架。

第 2 章为文献综述。本章主要归纳并评述了与本书研究问题密切相关的文献。具体来说，本章首先从数据资产的内涵、价值评估与管理体系三个方面，对数据资产相关文献进行综述；其次，从银行盈利测度与影响因素两个方面，梳理银行盈利能力的相关研究；再次，从银行风险测度与影响因素两方面整合银行风险的相关研究；最后，从银行成本测度与影响因素两个方面对银行成本的相关研究进行综述。在对每一个研究领域的文献进行梳理后，对已有文献进行评述，并在此基础上明确本书的研究方向。

第 3 章为数据资产的制度背景。本章介绍了数据资产的制度背景。具体来说，本章首先总结梳理数据资产的发展历程，从而厘清本书研究主体的制度背景；其次，阐述数据资产的内涵与特征；再次，介绍数据资产管理的定义与内涵，阐述数据资产管理的重要性，分析数据资产管理的现状与发展，并介绍数据资产管理的主要内容；最后，对我国数据资产的相关政策进行回顾与总结，从而为后续章节的研究奠定制度背景基础。

第 4 章为数据资产的理论基础。本章主要阐述了与数据资产相关的理论，包括资产管理理论、成本管理理论、风险管理理论、金融创新理论、资产定价理论、技术溢出理论、多元化理论及信息不对称理论，并在此基础上辨析了这些理论在银行数据资产价值实现中的作用。

第 5 章为银行数据资产价值实现研究：成本管理视角。本章通过探讨银行数据资产对成本管理能力的影响来检验银行数据资产的价值实现。首先，基于相关理论，从人力成本、交易成本、研发成本以及管理成本四个角度分析银行数据资产对成本管理的影响，并提出研究假设。其次，我们选取 2013—2021 年中国 169 家银行的数据，采用文本挖掘法测度银行数据资产，使用成本效率衡量银行成本管理能力，构建固定效应模型检验银行数据资产对成本效率的影响，并进行一系列的内生性检验、稳健性检验、潜在影响渠道检验以及异质性分析。

第 6 章为银行数据资产价值实现研究：利润创造视角。本章通过探讨银行数据资产对利润创造能力的影响来检验银行数据资产的价值实现。首先，基于相关理论，从资源配置、业务创新以及产品定价三个角度分析银行数据资产对利润创造的影响，并提出研究假设。其次，我们选取 2013—2021 年中国 169 家银行的数据，借鉴第 5 章银行数据资产的测度方式，采用利润效率测度银行利润创造能力，构建固定效应模型检验银行数据资产对利润效率的影响，并进行一系列的内生性检验、稳健性检验、潜在影响渠道检验以及异质性分析。

第 7 章为银行数据资产价值实现研究：风险控制视角。本章通过探讨银行数据资产对风险控制能力的影响来检验银行数据资产的价值实现。首先，基于相关理论，从风险识别和风险监测两个角度分析银行数据资产对风险控制的影响，并提出研究假设。其次，我们选取 2013—2021 年中国 169 家银行的数据，借鉴第 5 章银行数据资产的测度方式，采用风险效率测度银行风险控制能力，构建固定效应模型检验银行数据资产对风险效率的影响，并进行一系列的内生性检验、稳健性检验、潜在影响渠道检验以及异质性分析。

第 8 章为金融科技对银行数据资产价值实现的助力作用研究。本章分别从人工智能科技、区块链科技、云计算科技、大数据科技以及移动互联网科技五个视角衡量银行金融科技，探讨银行金融科技对数据资产价值实现的助力作用。首先，我们基于理论层面简要探讨金融科技对银行数据资产价值实现的助力作用；其次，我们选取 2013—2021 年中国 169 家银行的数据，借鉴第 5 章、第 6 章、第 7 章银行数据资产成本管理、利润创造以及风险控制的测度方式，并采用文本挖掘法测度银行金融科技，构造银行数据资产与金融科技变量的交互项，将交互项加入固定效应模型检验银行金融科技对数据资产价值实现的助力作用。

第 9 章为研究结论与政策建议。具体而言，本章对主要研究结论进行了总结与讨论，并据此提出银行层面和监管层面数据资产监督管理的对策和建议。

1.3.2 研究方法

本书采用理论分析与实证分析相结合的研究方法。在理论分析方面，对这一方法的应用贯穿全书。首先，本书在对相关文献进行梳理的基础上，指出目前研究中尚存的不足之处，并据此提出本书的主要研究问题。其次，阐述了与数据资产相关的理论，并在此基础上辨析这些理论在银行数据资产价值实现中的作用。最后，基于成本管理、利润创造与风险控制三个视角探讨银行数据资产的价值实现机理，并提出研究假设。在实证分析方面，本书采用描述性统计分析、相关性分析、固定效应模型、工具变量法、双重差分法以及 GMM 方法等对研究假设进行检验，并对相应检验结果进行定性和规范分析。具体地，对各实证分析方法的介绍和运用如下：

（1）描述性统计分析。本书在第 5 章、第 6 章、第 7 章、第 8 章的实证检验部分均运用了此方法。在回归分析检验之前，本书先对所有研究变量进行基础的描述性统计分析，旨在了解研究变量的分布情况。

（2）随机前沿分析法。本书在第 5 章、第 6 章、第 7 章、第 8 章分别采用此方法测度本书的成本效率、利润效率以及风险效率。

（3）Fisher 检验和 CD 检验。本书在第 5 章、第 6 章、第 7 章的实证检验部分均运用了此方法。在回归分析检验之前，本书通过 Fisher 检验和 CD 检验来确定我们的数据是否更适合面板估计模型。

（4）固定效应模型。固定效应模型是本书最主要的实证研究方法，贯穿各个实证章节（第 5 章至第 8 章）。同时，为了确保研究结果的稳健性、控制样本银行在时间序列上可能存在的自相关性，本书在银行层面上进行了聚类处理。

（5）工具变量法。工具变量法是本书处理内生性问题的主要研究方法之一，贯穿第 5 章、第 6 章、第 7 章。

（6）双重差分法（DID）。双重差分法亦是本书处理内生性问题的主要研究方法，贯穿第 5 章、第 6 章、第 7 章。

1.3.3 研究框架

本书的研究框架如图 1－1 所示。

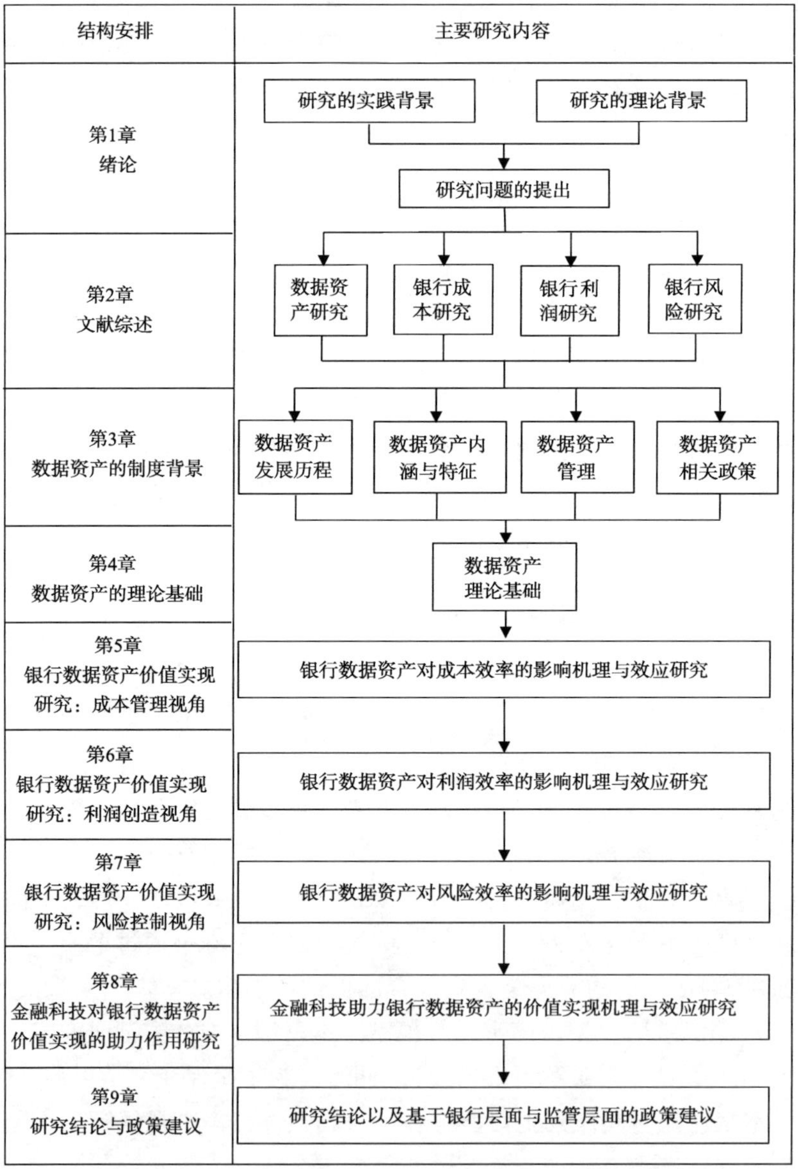

图 1－1　数字经济背景下银行数据资产价值实现研究框架

第 2 章　文献综述

本章我们主要对数据资产、银行成本、银行利润以及银行风险四个研究领域的相关研究成果进行梳理和总结分析。具体来说，首先，从数据资产的内涵、数据资产的价值评估以及数据资产的管理体系三个方面，系统梳理和总结分析数据资产研究领域的相关研究成果；其次，从银行利润的测度及其影响因素两个方面，梳理和总结分析银行利润研究领域的相关研究成果；再次，从银行风险的测度及其影响因素两个方面，梳理和总结分析银行风险研究领域的相关研究成果；最后，从银行成本效率测度及其影响因素两个方面，梳理和总结分析银行成本研究领域的相关研究成果。在对每一个研究领域文献进行梳理后，对已有文献进行述评，在此基础上明确本书的研究方向。

2.1　数据资产相关研究

近年来，在数字经济的背景下，数据资产引起了学术界的广泛关注，数据资产相关文献研究开始出现。目前，学术界对数据资产的已有研究主要集中在三个方面：第一，数据资产的定义、内涵是什么？第二，数据资产的价值应该如何进行评估？主要有哪些测度方法？第三，数据资产管理体系应当如何构建？在构建时应当注意哪些问题？本节我们从这三个方面对数据资产研究领域的相关文献进行梳理，从而为我们的研究提供相应文献基础。

2.1.1　数据资产内涵研究

数据资产相关研究文献最初关注的是数据资产的定义、内涵问题，已有关于数据资产内涵的研究主要讨论了数据资产的概念与特征、会计处理和相关概念研究三方面内容。

（1）数据资产概念与特征发展研究

“数据资产”这一概念最先被国外学者关注，他们研究了“数据资产”概念与特征的发展。Peters 在 1974 年首次提出“数据资产”这一概念。Peters 认为数据资产是一种和债券相同的资产，和公司、政府或实物债券是一样的。这显然与现在的数据资产概念截然不同。后来随着 1997 年“大数据”概念的兴起，对数据资产的研究大幅度增多，其概念也一直在发生着改变。Wang（1998）和 Wang 等（1998）认为与数据资产概念密切相关的有数据资源、数据产品。Fisher（2009）在大数据的背景下讨论了数据性质，认为数据有资产性质，所以认为“数据是一种资产”。Bughin 等（2010）认为，数据是一种智能资产，它可以提高效率、促进创新。Tambe（2014）认为从社交媒体活动、网页浏览模式、消费者情绪和手机使用等方面获取的大量数据已经成为一项资产，公司通过对其进行分析，有望产生深刻见解，从而彻底改变资产管理模式。Perrons 和 Jensen（2015）认为企业数据资源不仅能够描述实物资产，而且能够通过数据分析发挥更大的价值，因此数据已经成为一项重要资产。

国内对“数据资产”概念与特征的研究起步较晚，“数据资产”在 21 世纪初期才引起广泛关注。石滋宜（2001）认为数据之所以能被称为数据资产，要满足三个特点：第一，数据资产是根据数据产生的；第二，以数据形态存在；第三，是有价值的。李雅雄和倪杉（2017）和余文（2017）同样认为具有一定特点的数据才能被称为数据资产。前者认为数据资产需要具有的特点是：数据化的、可计量的、利用后能够创造价值的。后者认为数据资产需要具备的特点是：以电子或物理方式记录，属于组织与企业，能创造价值、带来收益。石艾鑫等（2017）认为数据资产是一种资源，它可以在经过一系列处理后创造价值，帮助数据拥有者从中获取收益。他还提出数据资产主要有结构化和非结构化之分。朱扬勇和叶雅珍（2018）认为数据资产是存在于网络之中的一个数据集合，并且具有一定的性质：首先它要能够被提取，其次要能够被测度，再次要能够判断它的获取者、所有者以及使用者，最后要能够创造价值。2019 年 6 月在北京召开的大数据产业峰会上，《数据资产管理实践白皮书》（4.0 版）发布。该白皮书给出了数据资产的定义并介绍了如何管理数据资产从而使其可以帮助企业创造价值。该白皮书认为数据资产指的是一类数据资源，这类数据资源具有三个特点：第一，以电子或物理方式储存（如存在手机、电脑里的电子文件、资料和数据等）；第二，能够被企业拥有或控制；第三，可以为资源的所有者或使用者创造价值。张俊瑞等（2020）认为数据资产是一种非货币性的资产，它以数据形态存在，归属于组织或企业。

（2）数据资产的会计处理问题研究

随后，数据资产内涵方面的相关文献研究逐渐开始关注数据资产的相关利益主体应该依据什么原则进行会计处理，以及应该如何进行会计处理。目前，学术界的研究认为数据资产的会计处理主要有两种方法：第一种方法是在财务报表中归入无形资产类别；第二种方法是在财务报表中单独设置数据资产类别。前者的支持者认为数据资产和无形资产性质相似，所以可以把数据资产当作一种特殊的无形资产，直接归入无形资产类别之中。后者的支持者认为数据资产是独特的，它和其他现存的资产类别都是不一样的，不能把数据资产当作某一类资产的特殊形式，所以要在财务报表中单独设置数据资产类别，与目前已经存在的资产类别并列。

现有文献研究大部分支持采用第一种方法，即把数据资产当作无形资产的一种特殊形式，数据资产的所有会计处理都依据无形资产的处理方法。例如，刘玉（2014）在分析了 Facebook 的账簿资产价值与市场估值之间的巨大差异后，认为数据资产需要被放进财务报表进行核算，而且认为数据资产是特殊的无形资产，应该放在无形资产下面核算。杨训和周遊（2016）认为，一般情况下，当我们提到无形资产时，指的是狭义的、范围比较窄的，但其实无形资产也可以是广义的、范围很大的，可以把企业的核心竞争力等包含进去，而根据数据资产的定义和特征，我们可以把数据资产归入无形资产，把数据资产当作一种特殊的无形资产来进行会计处理。唐莉和李省思（2017）也同样认为，可以把数据资产包括在无形资产内，所以，依据无形资产的处理方法是完全没有问题的。另外，她们还指出，在对数据资产进行原始测度时，收益现值法要比成本法更适合一些，因为成本法可能存在一定的局限性。

还有一小部分的研究文献支持采用第二种方法，认为数据资产是独特的，要在财务报表中单独设置数据资产类别。例如，李雅雄和倪杉（2017）的研究比较了数据资产和现存的其他资产的定义与特征，认为数据资产与其他资产是不一样的，不能把数据资产当作某一类资产的特殊形式，所以要在财务报表中单独设置数据资产类别，而不能把它归入某一资产类别之中。杜卓隆（2017）也赞同上述观点，认为数据资产是一种新的、独特的资产，和传统资产之间是存在差异的，应该把数据资产作为一级科目，而不是归入某种资产类别之中作为二级或三级科目，之后可以根据数据资产的获取、使用、所有权等权属进行下一级别的会计处理。张俊瑞等（2020）也认为要对数据资产单独处理，根据数据资产的用途分类，设计出不同于现有无形资产核算体系的会计处理方法。

（3）数据资产相关概念辨析研究

与数据资产相关的概念主要有三类：一是与数字相关的概念，如数字资源、数字资产与数字资本；二是与数据有关的其他概念，如数据资源；三是与信息相关的概念，如信息资源、信息资产与信息资本。这些相关概念与数据资产之间既有区别又有联系。

表 2－1 对数据资产与相关概念的辨析进行了归纳汇总。

表 2－1　数据资产与相关概念的辨析

相关概念	与数据资产的联系	与数据资产的区别
数字资源	数字资源中只有一部分经过加工处理才能变为预期能够提高所有者效益的数据资产	数字资源是一种以数字形式存在或储存的资源；而数据资产则是一种由数据资源加工处理形成的有经济效益的资产
数字资产	数据资产一般是数字资产，但数字资产不一定是数据资产。只有经过收集、整理、分析等处理步骤，预期能够为所有者提供效益的数字资产才能称得上是数据资产	数字资产强调对数据的所有权，重在数据特征；而数据资产更强调数据的资产属性，重在能带来效益这一资产特征
数字资本	数字资本强调数据资源能够确定带来价值、创造财富；而数据资产只强调预期能够给所有者带来效益	数据资产是过去的数字资本，而数字资本是已经创造了财富的数据资产
数据资源	数据资源是数据资产的原材料，数据资产是数据资源的产品	数据资源是“粗糙”的数据资产；数据资产是“精加工”的数据资源
信息资源	信息资源本身就是包含各种信息的资源，数据资产肯定是信息资源	只有数据形式的信息资源经过整理分析才可能成为数据资产
信息资产	信息资产覆盖了数据资产，也就是说，数据资产肯定是信息资产	不是所有的信息资产都是数据资产，只有以数据资源形式存在的信息资产才可能是数据资产
信息资本	信息资本概念范畴更大，数据资产是信息资本的一部分	信息资本属于价值范畴概念，数据资产属于资产范畴概念

在这些相关概念中，与数据资产最为接近的是信息资产与数字资产。国内外一些文献研究了信息资产、数据资产与数字资产的关系。

“信息资产”的概念是随着计算机信息技术的发展而出现的。Stuart（1997）的研究中第一次提出了这一概念，但当时只是提到了这个词汇，而没有对这一词汇进行定义与说明。后来，在 20 世纪后期，美国提出建设“信息高速公路”，此后互联网开始发展起来，信息资产这一概念也得以兴盛。Oppenheim 等（2003）认为信息资产是“已经或应该被记录的具有潜在经济价值的资源”。高建忠（2007）认为信息资产是由企业拥有或者控制的能够为企业带来未来经济利益的信息资源。

“数字资产”的概念源于“数字”被广泛认识和使用，Meyer（1996）的文章中第一次提出了这一概念。Van Niekerk（2006）认为只要是能被控制的、能转化为二进制形式的媒介或文本都可以被认为是数字资产。Toygar 等（2013）认为数字资产指的是产生于手机、计算机或者云端，并且储存在上述设备中的二进制数据的所有权。Genders 和 Steena（2017）认为只要可以被以数字的形态获取、持有以及使用的资产就是数字资产。张启望（2005）认为，网络时代的一些数字化商品有着资产的性质，所以可以把它们称为数字资产，如网络自动化、会计、支付平台等现行的生产方式。

根据以上文献分析，可以看出信息资产、数字资产、数据资产这三个概念相似度较高，但也有不同，因此有必要在研究与应用中进行区分。朱扬勇和叶雅珍（2018）研究了信息资产、数据资产与数字资产三者的关系，认为数据资产这一表述最为精准，于是把这三者都统一归为数据资产。

根据已有文献，我们可以看出：

第一，数据、信息、数字三者的概念范围不同。信息包含的范围最大，它是一个非常泛化的概念，它的概念范畴远大于数字和数据，泛指人类社会传播的一切内容。数字包含的范围最小，数据包含的范围在数字和信息之间，是数字的扩展。

第二，这三种资产概念是随着不同的经济发展阶段而提出的。信息资产、数字资产、数据资产这三种资产是随着技术发展、社会进步而出现的。信息资产概念源于信息技术的迅速发展，信息资产从根本上来说是信息资源。数字资产概念源于“数字”被广泛认识和使用，它本质上是一种金融资产，全称应为数字金融资产，主要有数字货币、虚拟货币、加密货币以及传统数字化金融资产。而数据资产概念源于大数据的兴起。在大数据时代，数据引起了人们的注意。由于数据本质上是一种资源，它可以创造价值，所以数据逐渐成为一种资产，也就是数据资产。

第三，尽管信息资产、数字资产和数据资产这三个概念看起来相似，但这三个概念的侧重与主要内涵是不一样的，在研究中应该把握信息资产、数字资产和数据资产的本质内涵，对其进行正确的描述与研究分析。

表 2－2 对数据资产内涵研究文献进行了简要汇总。

表 2－2　　　　　　　数据资产内涵研究文献汇总表

数据资产内涵研究	主要观点	代表性文献
概念与特征发展研究	最先在 1974 年被国外学者提出，随着大数据的兴起而被广泛研究	Wang（1998）；石滋宜（2001）；余文（2017）；等等
会计处理研究	两种观点：一是归类为无形资产；二是单独列为数据资产	刘玉（2014）；杨训和周遊（2016）；李雅雄和倪杉（2017）；杜卓隆（2017）；等等
数据资产相关概念辨析研究	区分数据资产的相关概念，研究相关概念与数据资产的区别和联系	Meyer（1996）；Stuart Kaback（1997）；Toygar 等（2013）；朱扬勇和叶雅珍（2018）；等等

2.1.2　数据资产价值评估研究

目前，学术界关于数据资产价值评估的方法主要可以分为两大类：一类是构建价值评估指标体系与模型对数据资产进行价值评估；另一类是运用无形资产常用的价值评估方法对数据资产进行价值评估，如成本法、市场法、收益法、实物期权法。

（1）构建价值评估指标体系与模型法

一些学者根据数据资产的各方面特征构建价值评估指标体系和模型来对数据资产定价。Heckman 等（2015）认为不同的数据类型需要不同的定价模型，应该构建动态的、标准化的定价模型，这样才能使数据交易更加透明、高效。Yu 和 Zhang（2017）基于数据质量构建了多维度质量评价的线性方法以及数据定价模型。Li 等（2019）认为传统的资产价值评估方法不适用于数据资产，他们从组织资本方面对数据资产进行了价值评估，发现其价值巨大。石艾鑫等（2017）构建了数据资产价值评估体系来评估互联网企业数据资产的价值。李菲菲等（2019）从成本与应用成效两方面构建了供电企业数据资产的价值评估指标体系与模型。朱泽等（2021）从政府数据资产产生与利用的全过程角度，构建了同时考虑数据资产的基础与增值价值的价值评估模型。

（2）运用无形资产价值评估法

一些学者认为数据资产是一种特殊的无形资产，因此对数据资产的价值评估可以参照无形资产的方法，诸如成本法、市场法、收益法以及实物期权法，其中实物期权法又分为 B – S 期权定价模型、二叉树定价模型和蒙特卡洛模拟方法。在进行数据资产的价值评估时，需要考虑行业等情况，根据不同的具体情况选择不同的具体方法。国外研究如 Berkman（2002）认为对数据资产的测度应该使用收益法。Moro Visconti（2020）认为除了可以使用收益法之外，还可以使用成本法或市场法。国内研究如翟丽丽和王佳妮（2016）在对移动云计算联盟数据资产进行价值评估时，改进了无形资产价值评估中实物期权法的 B – S 评估模型，进而计算数据资产的价值。李永红和李金骛（2017）研究了在进行数据资产价值评估时，使用成本法、市场法与收益法这三种价值评估方法的优缺点。王静和王娟（2019）同样使用 B – S 评估模型对互联网金融企业的数据资产进行了价值评估。

表 2 – 3 对数据资产价值评估研究文献进行了简要汇总。

表 2 – 3　　　　数据资产价值评估研究文献汇总表

数据资产价值评估研究	主要观点	代表性文献
构建价值评估指标体系与模型法	根据数据资产的各方面特征构建价值评估指标体系和模型来对数据资产定价	Heckman 等（2015）；Li 等（2019）；李菲菲等（2019）；朱泽等（2021）；等等
运用无形资产价值评估法	运用无形资产的价值评估方法，如成本法、市场法、收益法以及实物期权法对数据资产进行价值评估	Berkman（2002）；Moro Visconti（2020）；翟丽丽和王佳妮（2016）；李永红和李金骛（2017）；等等

2.1.3　数据资产管理体系研究

关于数据资产管理体系的研究主要探索数据资产管理的组织架构、治理模式及制度体系等。

数据资产管理简称 DAM。由于数据逐渐成为一种资产，企业在利用数据资产时可以获得收益，但同时需要对数据资产进行管理，从而提高它的价值。目前，数据资产的管理缺乏统一的管理体系和系统的组织架构。国外一些数据资产领域的相关专家、学者组织成立了国际数据管理协会，并且提出了一些数据资产管理的指导理论。

国外相关研究，例如，Goodhue 等（1988）和 John van den Hoven（1999）认为数据资源管理是一项组织任务，是企业或组织必须去做的，主要有数据访问和分配等方面的管理。Soares（2014）指出数据资产管理要做到优化数据、保障数据安全等，并提出了具体的管理办法，且分行业提出了不同的建议。Sarkar（2015）认为数据资产管理包含数据开发、挖掘、保护等内容，数据资产管理通过对大量数据资源的利用来保障其资产价值。

国内相关研究，例如，任振中（2011）认为应该保护数据资产的安全，并提出了一些具体方法来保障数据安全，如采用保护密码等。何帅等（2013）的研究关注了制造业，认为数据资产管理就是收集、加工和保管好数据，进而为企业或组织带来收益。李益（2015）认为可以利用新兴的科技技术，如大数据技术进行数据资产管理。侯敬文和程功勋（2015）的研究关注金融数据资产管理，提出了金融数据超市的构想，认为可以通过构建数据价值网络来管理数据资产。经鑫华（2016）关注了保险行业的数据资产管理，认为保险业的数据是有不同层次的，应该分层次对数据资产进行管理。李红祥和吴佳坤（2016）提出了出版业未来管理和运用数据资产的具体建议。宋晶晶（2020）关注了政府部门的数据资产管理，并对数据资产的各个层面提出了管理建议。

表2-4对数据资产管理体系研究文献进行了简要汇总。

表2-4　　　　数据资产管理体系研究文献汇总表

数据资产管理体系研究	主要观点	代表性文献
数据资产管理	探索企业和组织应该如何进行数据资产管理	Goodhue 等（1988）；Soares（2014）；Sarkar（2015）；任振中（2011）；侯敬文和程功勋（2015）；李红祥和吴佳坤（2016）；宋晶晶（2020）；等等

2.2　银行成本相关研究

对于以货币资金为经营对象的银行来说，最现实的目标莫过于“利润最大化”。利润是收入和成本之差，获得“利润最大化”无非是“收入最大化”的同时“成本最小化”。因此，将银行收入与成本一并着手、相互配合管理，即为“成本效率管理”。因此，成本效率是银行成本研究的基础，具有极其重要的研究价值。

本部分按照研究内容将其归纳为两方面：银行成本效率测度研究和银行成本效率影响因素研究。

2.2.1 银行成本效率测度相关研究

银行对成本效率的测度主要分为非参数法和参数法两种方法。

根据 Farell（1957）提出的前沿函数理论，非参数法通过对银行的投入—产出指标进行回归分析来评价成本效率水平。当总体的具体分布函数形式未知且假设是关于分布本身而不是某些参数时，非参数法更加适用。其中最常见的非参数法是数据包络分析法（Data Envelopment Analysis-DEA）。国外相关研究如：Mester（1993）为了测算得出各个银行的成本效率值，运用 DEA 进行分析研究，其中投入指标包括利息支出、非利息支出、支票存款和非支票存款，产出指标分别是利息收入、非利息收入和贷款。Manole 和 Grigorian（2013）运用 DEA 测度全球跨国银行的成本效率，同时加入 Tobit 回归模型研究了影响银行成本效率的相关因素。Beck 等（2013a）在考虑伊斯兰银行的某些金融限制性影响因素的基础上，运用 DEA 测度伊斯兰银行的成本效率水平。与国外非参数法的研究方法相比，国内仅在投入—产出变量上存在不同。国内相关研究如：魏煜和王丽（2000）、李希义和任若恩（2004）、张健华（2003）都使用 DEA 研究了我国银行的成本效率等问题。郑录军和曹廷求（2005）利用 DEA 对银行成本效率进行了定量评估。卜振兴和陈欣（2014）采用 DEA 的改进版研究了我国 2009—2011 年银行的成本效率水平，研究表明，银行成本效率低下的主要原因是劳动成本的异常增加。

参数法是指在前沿成本函数中的未知参数已知的条件下，测算得出成本效率的一种计量经济学方法。根据对前沿函数中成本非效率项分布的假设不同，参数法可分为随机前沿法（Stochastic Frontier Approach，SFA）、自由分布法（Distribution - Free Approach，DFA）和厚前沿分布法（Thick Frontier Analysis，TFA）三种。由于参数法考虑了随机误差项的干扰，因此相比非参数法，参数法计算得出的成本效率值离散度较小，降低了成本效率值在不同样本中均为 1 的可能性。国外相关研究如：Berger 和 Mester（1997）根据参数法构建 DFA 模型，其中他所选择的投入变量包括银行员工数和固定资产净值，所选择的产出变量包括银行净利差和资产收益率，通过该模型研究美国银行的成本效率水平。国内相关研究如：钱蓁（2003）、刘志新和刘琛（2004）分别使用 SFA、DFA 等参数法分析了我国银行成本效率水平。迟国泰等（2005）在超越对数成本函数基础上，通过运用 SFA 研究了 1998—2003 年我国 14 家主要银行的成本效率等问题。赵忠良（2009）运用 SFA 测算了 1999—2008 年 14 家银行共 252 组样本的成本效率水平。吕品和文英（2010）通过选取特定的投入—产出指标，运用 SFA 测算得出 2001—2007 年我国 14 家银行的成本效率水平。钱娟娟（2011）通过构建三种随机前沿模型，研究了我国 2005—2009 年 13 家银行的成本效率等问题，研究发现，样本银行间成本效率的差距逐渐缩小。

表 2－5 对银行成本效率测度研究文献进行了简要汇总。

表 2－5　　　　银行成本效率测度研究文献汇总表

测度方法	方法内容	代表性文献
非参数法	基于前沿函数思想，利用线性规划方法及对偶原理，通过对银行的投入—产出指标的组合分析，评价成本效率水平，如 DEA 等	Mester（1993）；Manole 和 Grigorian（2013）；Beck 等（2013a）；魏煜和王丽（2000）；张健华（2003）；李希义和任若恩（2004）；郑录军和曹廷求（2005）；卜振兴和陈欣（2014）；等等
参数法	利用多元统计分析技术，确定前沿成本函数中的未知参数，继而由之计算理论最小成本和实际成本比值（即成本效率），如 SFA、DFA、TFA 等	Berger 和 Mester（1997）；钱蓁（2003）；刘志新和刘琛（2004）；迟国泰等（2005）；赵忠良（2009）；吕品和文英（2010）；钱娟娟（2011）；等等

2.2.2　银行成本效率影响因素相关研究

学者对银行成本效率研究的根本目的是降低成本、提高收益，所以分析影响银行成本效率的因素成为研究的重点。本节对影响银行成本效率的因素归纳为两个方面：微观层面（银行特征）和宏观层面（宏观经济环境）。

（1）银行特征

银行特征对银行成本效率的影响是已有研究的重中之重。一方面，已有研究从银行业务多元化、资产规模等角度研究银行成本效率。国外相关研究如：Kolari 和 Zardkoohi（1987）在聚类分析法的基础上建立新的双产品业务范围效率模型，对美国 600 家银行进行研究发现，银行业务的多元化会影响银行的成本费用，随着成本费用的降低，经营效率同时提高。Aly 等（1990）研究表明，与业务多元化的银行相比，业务单一、产品趋同的银行成本效率相对较低。然而，Berger 和 Humphrey（1992）在对银行效率的研究中却指出银行效率的改善并不能完全依靠银行业务范围的扩张。Hasan 和 Marton（2003）以匈牙利银行为研究对象，研究结论得出大型银行的成本效率更高。国内相关研究如：王聪和谭政勋（2007）依据参数法研究了我国银行成本效率等问题，结果表明，影响我国国有银行效率的主要因素是银行资本价格、技术进步以及银行的资产运用水平，除此之外，银行市场结构、整体规模以及企业效益状况也对银行效率有很大影响。

另一方面，已有文献从银行产权、股权结构的角度研究银行成本效率。国外相关研究如：Berger 和 Mester（1997）基于参数法实证研究了美国银行成本效率等问题，研究结果表明，银行成本效率可以通过资本化来提高，但资产规模、市场集中度和股权结构对美国银行成本效率的提高并不显著。Bonin 等（2005）通过对前苏联 225 家银行数据进行研究发现，外资银行的成本效率更高，然而，国有银行和私人银行成本效率的高低存在着不确定性。Vencappa 等（2007）在对成本效率的研究中发现，与东欧国家的国有银行相比，东欧国家的私有银行对成本的管控能力较强，效率更高。国内相关研究如：奚君羊和曾振宇（2003）运用参数法测算了我国股份制银行和国有银行的成本效率水平，通过研究发现，与国有银行相比，股份制银行效率水平较高，同时，认为影响我国银行业整体效率水平的因素主要有银行面临的客户类型、银行业的所有权性质以及银行对稳定性的追求，并且解释了我国银行业效率不高的原因。张健华（2003）以 51 家商业银行为样本，利用数据包络分析法和 Malmquist 指数，测算了我国国有银行、股份制银行和城市商业银行 1997—2001 年的效率水平。结果表明，平均效率最高的是股份制银行，而城市商业银行的效率最低。杨大强和张爱武（2007）通过对国有银行和商业银行的成本效率进行分析研究，结果表明，与商业银行相比，国有银行的成本效率较高。然而，赵忠良（2009）的研究结果显示，不良贷款率对国有银行的影响更大，对股份制商业银行的影响较小。同时，股份制商业银行的成本效率高于国有银行的成本效率，但是两者的差距在逐渐缩小。

表 2－6 对银行成本效率微观层面影响因素的研究文献进行了简要汇总。

表 2－6　银行成本效率的微观层面影响因素研究文献汇总表

银行内部影响因素	主要观点	代表性文献
银行业务多元化、资产规模	银行业务多元化以及资产规模大小对成本效率的影响	Kolari 和 Zardkoohi（1987）；Aly 等（1990）；Berger 和 Humphrey（1992）；Hasan 和 Marton（2003）；王聪和谭政勋（2007）；等等

续表

银行内部影响因素	主要观点	代表性文献
产权、股权结构	股权结构：战略投资者、股东持股比例、董事会规模等因素；高管薪酬激励降低银行风险	Berger 和 Mester（1997）；Bonin 等（2005）；Vencappa 等（2007）；奚君羊和曾振宇（2003）；张健华（2003）；杨大强和张爱武（2007）；赵忠良（2009）；等等

（2）宏观经济环境

宏观经济环境对银行成本效率亦有显著影响。一方面，已有文献从利率市场化的视角研究了银行成本效率。国外相关研究如：Maggi 和 Rossi（2006）通过测算一些发展中国家的银行成本效率，发现利率市场化促进了银行成本效率的提升。这主要归因于利率市场化提升了金融自由度，使银行交易成本降低，从而促进了资源的合理配置。Chortareas 等（2013）研究了以利率市场化为核心的金融自由化程度对银行成本效率水平的影响，研究表明，金融自由化程度越高，银行成本效率水平越高。国内相关研究如：杜婷（2012）研究发现，随着我国利率市场化程度的提高，银行的存款业务成本逐渐上升，进而不利于银行成本的控制和绩效的提升，因此利率市场化对银行成本效率有负面影响。何康（2015）研究发现利率市场化加剧了价格竞争，使银行的利润空间缩小，从而降低了贷款质量，因此利率市场化降低了银行效率水平。陈梦非和肖振兴（2018）通过选取存贷比、不良贷款率、非利息收入占比以及资产收益率等指标，分析研究了利率市场化对中小银行成本效率的影响。曾小春和钟世和（2018）从净利差、市场竞争度、风险承担水平三个方面分析了利率市场化对银行成本效率的作用机制，并针对上述机制提出了相应的应对措施。

另一方面，已有文献从文化差异、法治环境等角度研究了银行成本效率。国外相关研究如：Paradi（2010）通过在原有 DEA 模型的基础上加入地域文化差异指标对银行成本效率进行分析，结果发现，文化差异也是影响银行成本效率的因素之一。

表 2－7 对银行成本效率宏观层面影响因素的研究文献进行了简要汇总。

表 2-7　　银行成本效率的宏观层面影响因素研究文献汇总表

宏观经济影响因素	主要观点	代表性文献
利率市场化	利率市场化对银行成本效率的积极作用或消极作用	Maggi 和 Rossi（2006）；Chortareas 等（2013）；杜婷（2012）；何康（2015）；陈梦非和肖振兴（2018）；曾小春和钟世和（2018）；等等
文化差异、法治环境	文化差异、法治环境对银行成本效率的影响	Paradi（2010）等

2.3　银行利润相关研究

银行利润相关研究主要集中在银行利润的测度和银行利润的影响因素两个方面。

2.3.1　银行利润的测度研究

目前，学术界对银行利润的测度方法主要分为财务指标分析法和前沿分析法两种。

（1）财务指标分析法

银行利润测度的财务指标分析法是指依照银行财务报表中的利润、资产收益率、每股收益、托宾 Q 等指标评估银行利润的方法。

国内外文献研究中最常用的衡量银行利润的财务指标是总资产收益率（ROA）与净资产收益率（ROE）。国外研究中，Battaglia 和 Gallo（2013）等选用资产利润率作为衡量银行盈利能力的代理变量。国内研究中，高正刚（2000）基于我国和美国银行盈利的对比分析，用缴纳营业税前的资产利润率和净资产收益率来衡量银行盈利。赵旭等（2001）、陈敬学（2004）也采用上述两种指标对银行盈利能力进行测度。姚勇和董利（2005）采用银行税前利润率对银行盈利能力进行测度。黄金秋等（2006）、王曼舒和张斌（2013）认为 ROA 反映的盈利状况更为真实可信，所以采用 ROA 对银行盈利能力进行测度。刘信群和刘江涛（2013）、杨海珍等（2019）、安丛梅等（2021）选取 ROE 测度银行的盈利能力，ROE 越高，代表银行盈利能力越强。

此外，衡量银行利润的财务指标还有净利差率、平均资产收益率、经营利润等。如陈文浩和郭丽红（2001）建立了银行财务评价指标体系，其中有关盈利能力评价的指标将净利差率包括在内。孙君阳（2008）选取资本充足率、不良贷款率、存贷比率、净资产收益率、贷款增长率来测度银行的盈利能力。黄涛和王琦（2014）采用风险调整后的平均资产收益率来测度银行的盈利能力。程道金等（2020）使用平均资产收益率、平均权益收益率、经营利润等财务指标测量银行的盈利能力。张艾莲和代雪雅（2021）选取利息收入比率、非利息收入比率、贷款损失准备比率和总资产回报率来衡量银行的盈利能力。

银行利润测度还可以采用体现银行市场表现的每股收益、市盈率、托宾 Q 等财务指标。如陈文浩和郭丽红（2001）建立了银行财务评价指标体系，其中有关盈利能力评价的指标包括每股收益、每股股利、市盈率。程道金等（2020）则使用市盈率等财务指标测量银行盈利能力。

（2）前沿分析法

银行利润测度的前沿分析法（边界分析法）主要体现在对银行的利润效率进行测度，该方法依照银行的投入产出确定效率前沿面，从而计算出相对效率来评估银行的利润效率。根据是否需要估计参数，前沿分析法又可分为两类：非参数方法和参数方法。

① 非参数方法。非参数方法通常有数据包络分析（DEA）和无界分析（FDH），其中 DEA 是非参数方法的典型代表，在研究中最为常用。国内外许多学者利用 DEA 的基本模型和改进模型来测算银行利润效率。国外研究中，Asish Saha 等（2015）利用 DEA 方法测度银行利润效率，发现其存在着显著的银行异质性，银行规模越大、资本越充足以及银行不良贷款率越低，利润效率越高。Jonchi Shyu 等（2015）使用三阶段 DEA 发现银行利润效率存在地区异质性，内地、香港和台湾地区的银行利润效率存在很大的差距。

国内研究中，张健华（2003）利用改进的 DEA 模型，测量了银行的利润效率，发现股份制银行的利润效率值最高，国有银行次之，城商行最低，且不同的城商行的利润效率之间存在很大差距。周逢民等（2010）采用两阶段模型分别测量银行的总体和分阶段效率，认为从总体上来看，银行是技术无效的；分阶段来看，不同阶段的利润效率不同，资金获取阶段比资金运营阶段好；从银行类型来看，不同类型银行的利润效率不一样，国有银行比股份制银行效率高。蒋书彬（2016）进一步采取三阶段模型测度城商行的利润效率，发现存在显著的区域差异，东部比中西部地区高，另外，利润效率很大程度上受经济政策的影响。

② 参数方法。参数方法包括随机边界法（SFA）、自由分布法

（DFA）和厚前沿分布法（TFA）等，其中 SFA 是最基础和最常被采用的，其他方法都是以此为基础变形和改进得到的。国外研究中，Ali Mirzaei 和 Tomoe Moore（2017）利用 SFA 测度银行利润效率，认为其他行业的发展会影响银行利润效率，特别体现在利润效率和强依赖融资的行业发展状况高度相关。Woon Kan Yap 和 Fadzlan Sufian（2018）利用单阶段 SFA 估计了 138 家银行在经济结构调整下的利润效率得分，结果表明，减少政府支出会降低银行的利润效率。Mohd Fahmee Ab – Hamid 等（2017）采用 SFA 测量了马来西亚所有上市银行的利润效率和成本效率。

国内研究中，包学博和蒲勇健（2010）及孙健和李喆臣（2011）采用 SFA 测度了银行的利润效率，前者关注银行类型和银行资本，一方面认为银行类型不同，利润效率不同，非国有利润效率比国有高；另一方面认为银行开放程度不一样，利润效率不同，外资进入可以显著提高银行的利润效率。后者认为从银行总体上看，效率水平比较高，但存在银行异质性，股份制银行效率水平最高，农商行次之，国有银行最低。罗小伟和刘朝（2016）采用同样的方法关注了利润效率的时间变化趋势，发现随着时间的变化，总体上利润效率一直在提高，中间受金融危机的影响也有过向下的波动。

表 2 – 8 对银行利润测度的研究文献进行了简要汇总。

表 2 – 8　　银行利润测度研究文献汇总表

测度方法	方法内容	代表性文献
财务指标分析法	依照银行财务报表中的利润、资产收益率、每股收益、托宾 Q 等指标，对银行的利润进行评估	Battaglia 和 Gallo（2013）；黄金秋等（2006）；王曼舒和张斌（2013）；等等
前沿分析法	主要对银行的利润效率进行测度，依照银行的投入产出确定效率前沿面，从而计算出相对效率。分为非参数方法和参数方法	Asish Saha 等（2015）；Jonchi Shyu 等（2015）；Ali Mirzaei 和 Tomoe Moore（2017）；周逢民等（2010）；包学博和蒲勇健（2010）；等等

2.3.2　银行利润影响因素研究

国内外对银行利润影响因素的研究主要讨论了银行内部因素、市场结构因素与宏观经济因素对银行利润的影响。

（1）银行内部因素对银行利润的影响研究

银行内部因素方面，已有文献主要研究了银行规模、资本充足率、资本结构、资产证券化、收入结构、产权特征、股权结构与治理能力等银行自身因素对银行利润的影响。

① 银行规模。银行规模对银行利润影响方面，学术界观点并不统一，主要有两种不同的观点：规模经济与规模不经济。一些学者认为银行规模对银行利润有正向影响。如国外研究中，Berger 和 Benveniste（1987）认为银行规模对银行盈利能力有积极作用，银行规模的扩大能够降低成本、提高银行利润。Goddard 等（2014）研究也认为银行有规模经济，银行规模越大，银行利润越高，尤其对于银行规模一开始比较小的银行。

另一部分研究表明，银行业普遍存在规模不经济现象。如国外研究中，Stiroh 和 Rumble（2006）的实证研究发现，随着银行规模的扩大，银行利润反而降低了，主要原因有两方面：一方面，管理成本会随着规模的扩大而提高；另一方面，随着规模的扩大，银行的扩张规划可能不稳健。国内研究中，姚勇和董利（2005）以及黄金秋等（2006）的研究支持规模不经济，认为银行规模的扩大会导致银行利润的降低，也就是认为银行规模与银行利润率之间呈显著负相关关系。

② 资本充足率与资本结构。银行资本充足率和资本结构也会对银行利润产生影响。一部分学者认为资本充足率对银行利润起到积极作用。如国外研究中，Marcus（1984）在研究银行效率时发现，银行资本充足率越高，资产收益率越高。Bourke（1989）、Demirguc - Kunt 和 Huizinga（2000）、Berger 和 Udell（2002）以及 Morck 等（2011）也都发现银行资本越充足，银行盈利越高。国内研究中，朱纯福（2002）、许定等（2004）以及段军山和杨浦（2013）都认为资本充足率的提高对银行来说是一件好事，在长期可以提高银行利润。

另一部分学者认为资本充足率对银行利润起到消极作用。如国外研究中，Harle 等（2010）和 Angelini 等（2011）研究认为，资本充足率的要求对银行来说并不是一件好事，它会提高银行的资本压力，进而可能会降低银行利润率。国内研究中，王晓枫（2003）和刘斌（2005）认为资本充足率会使银行的压力增加，对贷款产生约束，进而降低银行利润。

③ 资产证券化。银行资产证券化也是影响银行利润的一个重要因素。大部分学者认为资产证券化有利于银行盈利。如国外研究中，Jiangli 等（2007）构建了包含多要素的银行模型，发现证券化可以使银行降低破产风险，提高利润。Jiangli 和 Pritsker（2008）分析了抵押贷款证券化的经济影响，研究得出了和上面相似的结论，银行风险降低，盈利性提高。国内研究中，姚禄仕等（2012）和曹彬（2017）发现银行资产证券化可以

提高银行的资本充足率和利润。李佳（2020）以及安丛梅等（2021）的实证研究发现资产证券化可以显著提升银行的盈利能力。

另外，有一小部分学者认为资产证券化不利于银行盈利。如国外研究中，Michalak 和 Uhde（2012）使用 1997—2007 年期间由欧盟 13 家和瑞士的 60 家上市银行持有的 749 笔现金和合成证券化交易的独特样本进行研究，结果表明，信贷资产证券化对发行银行的财务稳健有负面影响，证券化对银行盈利能力和资本环境不利。国内研究中，宋清华和肖心蕙（2018）发现，开展信贷资产证券化业务会使银行盈利能力下降。

④ 收入结构。银行收入结构对银行利润有很大影响。已有相关文献中，关于非利息业务对银行利润的影响占据主导地位，然而研究结论并不统一。部分学者认为发展非利息业务可以提高银行利润。国外研究中，Smith 等（2003）研究发现，欧盟银行利润因非利息收入的增长而变得更加稳定。Chiorazzo 等（2008）研究了盈利性是否受到非利息收入的影响，发现风险调整后的收益随收入多元化而提高了。Demirguc – Kunt 和 Huizinga（2010）发现交易之类的非利息收入产生活动可以提高资产回报率，并且可以在非常低的水平上提供一些风险分散收益。Elsas 等（2010）依靠有关银行绩效衡量的综合框架，发现多元化可以提高银行的盈利能力，也可以提高市场估值。Meslier 等（2014）研究了银行收入多元化对新兴经济体银行绩效的影响，通过使用具有非利息收入详细信息的独特数据集，发现向非利息活动的转变会增加银行利润和风险调整后的利润。Moudud – Ul – Huq 等（2018）发现银行受益于多元化，多元化的银行具有较高的绩效和较低的风险，但资产多元化的影响因国家而异。国内研究中，赫国胜和徐洁（2010）认为非利息业务显著提高了银行利润。陆静等（2013）、王曼舒和刘晓芳（2013）、陈一洪（2015）以及赵胜民和申创（2016）的研究也得到了相似的结论。孔丹凤和王祥（2015）发现非利息业务对盈利性的影响在中美两国大体相同，都是银行的经营收益因非利息业务的增多而提高。左晓慧和马云（2019）发现非利息收入占比的增加能够提高我国银行的盈利能力。

另一部分学者认为非利息业务对银行利润的提高是有限的甚至是不利的。国外研究中，如 DeYoung 和 Rice（2004）研究了财务绩效的影响因素，发现非利息收入越多，风险收益越低。Stiroh（2004）发现由于非利息收入波动性很大，因此会对银行带来消极影响。如果非利息收入（尤其是交易收入）的占比越大，那么风险调整后利润会越低。Hayden 等（2007）的研究没有发现与多元化相关的巨大绩效收益的证据，而且就大多数数据而言，即使在控制风险之后，多元化也往往与银行收益的减少相关。Berger 等（2010）发现多元化与利润减少和成本增加有关。Doan 等（2018）研究了 10 年间 83 个国家的收入多元化与银行效率之间的关系，发现银行效率因多元化程度的提高而提高，但因为多元化加大了波动性和非利息活动的敞口，所以多元化对收益的影响会被抵消。国内研究中，如王菁和周好文（2008）研究发现非利息收入会降低银行的股权收益率，影响途径主要是风险、成本和内部结构。魏世杰等（2010）研究发现，银行绩效随着非利息收入比例的增大而降低。进一步研究发现，银行绩效与佣金及手续费收入比例正相关，与投资收入比例负相关。姚文韵（2012）发现非利息收入与绩效关系为负向不显著，进一步分析的结果与上面一致。

⑤ 产权特征、股权结构与治理能力。银行的产权特征、股权结构与治理能力也会对银行利润造成影响。在产权特征和银行利润的关系方面，大部分文献认为国有银行的盈利不如股份制银行。如 Barth 等（2004）以及 Garcia – Herrero 等（2009）的研究都认为，国有银行的特性会导致效率降低，股份制银行的利润相对更高。王亚雄等（2002）、付强（2004）以及窦育民和李涛（2007）的实证研究认为国有银行的盈利性较差，远远不如股份制银行。也有极少的研究认为产权特征不影响银行利润。如 Molyneux 和 Thomton（1992）以及 Aburime（2008）的研究发现产权特征不会影响银行的盈利。

在股权结构与银行利润的关系方面，主要的研究集中于战略投资者、股东持股比例、董事会规模等因素对银行利润的影响。如刘玲玲和李西新（2006）的研究发现引入战略投资者可以使银行的盈利能力加强，另外，国有和股份制银行的盈利能力呈上升趋势，并逐渐向战略投资者靠拢。陈科和宋增基（2008）研究发现股权结构对银行利润有很重要的影响，而境外战略投资者、股权集中度和独立董事比例的提高都可能增加银行的利润。孙君阳（2008）通过研究股权结构对银行利润的影响，发现股权结构对银行盈利能力没有显著影响，而高管人员平均薪酬的增加可能提高银行利润。

在治理能力与银行利润的关系方面，主要研究了银行风险治理对银行盈利能力的影响。如张兴等（2021）实证研究了风险治理对银行风险承担及绩效的影响，研究表明，风险治理能显著降低银行风险，并且可以提高银行盈利能力。

表 2 – 9 对银行利润的内部影响因素研究文献进行了简要汇总。

表 2-9　　银行利润的内部影响因素研究文献汇总表

银行内部影响因素	主要观点	代表性文献
银行规模	主要有两种不同的观点：规模经济与规模不经济	Berger 和 Benveniste（1987）；Goddard 等（2014）；Stiroh 和 Rumble（2006）；姚勇和董利（2005）；黄金秋等（2006）；等等
资本充足率与资本结构	两种观点：资本充足率对银行盈利有积极作用或消极作用	Marcus（1984）；Bourke（1989）；Demirguc – Kunt 和 Huizinga（2000）；Harle 等（2010）；Angelini 等（2011）；王晓枫（2003）；刘斌（2005）；段军山和杨浦（2013）；等等
资产证券化	两种观点：资产证券化有利或不利于银行盈利	Jiangli 等（2007）；Jiangli 和 Pritsker（2008）；Michalak 和 Uhde（2012）；姚禄仕等（2012）；曹彬（2017）；宋清华和肖心蕙（2018）；李佳（2020）；等等
收入结构	两种观点：非利息业务可以提高银行盈利能力或影响不显著	Smith 等（2003）；Chiorazzo 等（2008）；Elsas 等（2010）；Meslier 等（2014）；赵胜民和申创（2016）；孔丹凤和王祥（2015）；左晓慧和马云（2019）；等等
产权特征、股权结构与治理能力	产权特征：国有银行盈利能力比股份制银行弱； 股权结构：战略投资者、股东持股比例、董事会规模等因素； 治理能力：银行风险治理	Barth 等（2004）；Garcia – Herrero 等（2009）；Molyneux 和 Thomton（1992）；付强（2004）；陈科和宋增基（2008）；张兴等（2021）；等等

（2）市场结构因素对银行利润的影响研究

市场结构因素方面，已有文献主要研究了市场集中度、市场份额、市场竞争者等市场结构因素对银行利润的影响。

① 市场份额与市场集中度。国内外一些学者研究了市场份额和市场集中度对银行利润的影响。关于市场结构如何影响银行利润，学术界观点并不一致，主要存在共谋假说和有效结构假说两种观点。

共谋假说认为银行结构影响银行行为，从而影响银行绩效，该假说认为银行行业集中度与利润率正相关；而有效结构假说则认为是高效率导致银行高利润，进一步导致高市场份额和集中度，也就是说，对银行绩效起作用的是效率，而不是市场结构。

一部分研究支持共谋假说，认为市场集中度与市场份额对银行盈利能力起显著作用。如国外研究中，Smirlock（1985）研究发现银行业的集中度能降低利差和利润。Berger（1995）研究发现银行效率和市场份额越高，利润越高；市场集中度越高，利润越低。Pilloff 和 Rhoades（2002）以及 Fotios 和 Kyriaki（2007）的研究发现，银行市场结构对银行利润有显著影响。国内研究中，姚勇和董利（2005）研究发现市场份额越大、集中度越小，则银行盈利越高，因此高度垄断不利于银行发展。刘剑和张晶（2008）、宋玮等（2009）以及赵金洁（2016）同样发现银行市场集中度与银行绩效呈显著的负相关关系。

另一部分学者支持有效结构假说，认为市场份额和市场集中度对银行盈利的影响不显著。如国外研究中，Shepherd（1986）研究认为影响银行利润的是效率，而不是反映市场力量的市场份额。Joaqin Maudos（1998）研究发现效率是决定银行利润率的主要因素，同时市场力量也起到作用，支持改进的有效结构假说。国内研究中，邹伟进和刘峥（2007）的研究发现，中国银行业的集中度对银行利润影响不显著，而效率对银行利润的提升起到重要作用。

② 市场竞争者。还有一些学者研究了市场竞争者对银行利润的影响。如国外研究中，Timothy 和 Robin（2009）研究了银行盈利与其竞争程度间的关系，发现银行业竞争有利于银行发展，银行业竞争越强，银行盈利能力越强。Grifell（2011）基于西班牙银行业，发现市场竞争的增强可以对银行利润产生积极影响。Fiordelisi 等（2011）基于国际背景，发现了和上述研究相反的结果，认为银行业的竞争程度对银行发展不利，会降低银行利润。国内研究中，谢升峰和李慧珍（2009）研究发现外资银行进入不会对银行利润产生不利影响。闫庆悦和王彬（2010）运用面板数据模型，研究发现外资银行进入会导致我国银行盈利水平上升。宋翠玲和乔桂明（2020）分时间研究了外资银行进入和银行利润的关系，发现 2006 年之前为负相关，之后为正相关。

表 2－10 对银行利润的市场结构影响因素研究文献进行了简要汇总。

（3）宏观经济因素对银行利润的影响研究

宏观经济因素方面，已有研究主要集中在 GDP 增长率、通货膨胀率、货币政策、利率调整、利率市场化、金融科技等宏观经济因素对银行利润

表 2-10　　银行利润的市场结构影响因素研究文献汇总表

市场结构影响因素	主要观点	代表性文献
市场份额与市场集中度	有两种截然不同的假说：共谋假说和有效结构假说	Smirlock（1985）；Pilloff 和 Rhoades（2002）；Fotios 和 Kyriaki（2007）；刘剑和张晶（2008）；宋玮等（2009）；等等
市场竞争者	一般银行业竞争有利于银行盈利能力的提升	Timothy 和 Robin（2009）；Grifell（2011）；Fiordelisi 等（2011）；谢升峰和李慧珍（2009）；闫庆悦和王彬（2010）；等等

的影响方面。

① GDP 增长率与通货膨胀率。GDP 增长率与通货膨胀率一般与银行利润正相关。如国外研究中，Perry（1992）认为若能预期到通货膨胀，则可以提高银行利润。Molyneux 和 Thornton（1992）研究表明，通货膨胀或长期利率与盈利能力之间呈正相关关系。Huizinga（1999）实证研究发现，在多数国家，经济增长速度快和真实利率水平高都会提高银行盈利能力。Bikker 和 Hu（2002）研究认为，利率、通货膨胀和 GDP 等宏观经济变量与银行的盈利能力之间存在联系。Stein（1998）以及 Van den Heuvel（2003）认为经济衰退会造成银行利润降低。Gambacorta 和 Mistrull（2004）发现银行利润与经济环境高度正相关。Nicholas Apergis（2007）发现经济扩张或经济衰退会影响银行利润，并研究了相应的影响机制。国内研究中，陆静等（2013）研究发现 GDP 增长率、通货膨胀率和存贷款基准利差等外部宏观环境显著影响着银行的盈利，其中 GDP 增长率和通货膨胀率越高，银行盈利水平越高。

② 货币政策与利率调整。不同类型的货币政策与利率调整对银行利润有不同的影响。如国外研究中，Johann（2007）的研究认为紧缩的货币政策会使银行的存款和贷款减少，降低银行利润。Bernanke 和 Blinder（1992）得出了与上述研究相似的结论，即他们同样认为利率的提高会降低银行存款，所以紧缩的货币政策不利于提高银行利润。国内研究中，赫国胜和王宏（2012）研究发现不同类型的银行利润受央行利率调整的影响不同。赵海华和崔会群（2015）的实证研究发现货币市场利率对银行盈利水平存在显著影响，且两者的变动方向一致。王连军（2017）的研究检验了价格型货币政策工具对银行盈利的影响，发现两者之间存在显著的正向关系与显著的非对称特征。王祺等（2021）发现实施宏观审慎政策会对银行的盈利能力产生不利影响，且对大型和股份制银行影响更大。张艾莲和

代雪雅（2021）研究了价格型和数量型货币政策对银行盈利能力的影响，发现价格型和数量型货币政策对银行盈利能力的影响方向和大小不同，若这两种货币政策一起实施，则可能会产生叠加效应。

③ 利率市场化。国内有许多学者研究了利率市场化对银行利润的影响。已有文献大多认为利率市场化对银行利润的影响受到经济状况的影响。如李媛（2014）发现不同时期实行利率市场化的影响不同。在经济繁荣时，实行利率市场化对银行的冲击比较小，而在经济衰退时，实行利率市场化对银行冲击比较大，所以应该尽量在经济繁荣时实行利率市场化，这样才不会导致银行盈利的大幅下降。李宏瑾（2015）研究认为利率市场化会导致银行可能面临的利差和盈利减少，并提出了相应对策。彭建刚等（2016）研究发现利率市场化对银行利差的影响随利率市场化的程度而变化，总体而言，银行的利差先扩大后缩小。张伟和蒋敏（2016）研究发现利率市场化造成的银行存贷利差收窄导致银行盈利能力的降低。薛晴和刘湘勤（2017）研究发现银行利率风险暴露程度会影响利率市场化和银行利润的关系，利率风险暴露越大，两者的负向关系越显著。王灿等（2019）研究认为利率市场化对银行盈利的影响取决于利差效应和再配置效应的相对强弱，在中国，后者可能大于前者，因而利率市场化有可能提升银行利润。

④ 互联网金融。互联网金融的发展对银行利润有着一定的影响。国外研究中，Jallath 和 Negrin（2001）研究认为互联网金融的发展可以在一定程度上提升银行利润，如可以使银行的支付结算和理财产品等的收入增加。Kao 和 Hwang（2010）以及 More 和 Basu（2013）的研究认为第三方支付等互联网金融的发展有利于提高银行利润，主要是通过平台效应及客户集聚效应增加银行中间业务收入。国内研究中，刘忠璐和林章悦（2016）的研究表明，互联网金融对银行利润的影响有两方面，一方面会降低利润，另一方面可以通过盈利模式转变使盈利结构多元化，进而提升利润。刘笑彤和杨德勇（2017）的研究认为互联网金融的发展有利于提高银行利润，其可以促进银行的并购重组，从而提高银行效率，增加银行利润。申创和刘笑天（2017）以及张庆君和刘靖（2017）的研究发现，互联网金融的发展不利于银行利润的提高，认为互联网金融的发展会抢占银行业务，从而降低银行利润。顾海峰和闫君（2019）的研究表明，第三方支付会影响银行盈利，而 P2P 网贷对银行利润没有显著影响。而第三方支付对股份制银行盈利的影响最大，对国有大型银行的影响次之，对城农商银行的影响最小。刘孟飞（2021）认为互联网金融的发展降低了银行的利

润效率。

表2-11对银行利润的宏观经济影响因素研究文献进行了简要汇总。

表2-11　　银行利润的宏观经济影响因素研究文献汇总表

宏观经济影响因素	主要观点	代表性文献
CDP增长率与通货膨胀率	GDP增长率与通货膨胀率一般与银行盈利能力正相关	Perry (1992); Huizinga (1999); Gambacorta和Mistrull (2004); Nicholas Apergis (2007); 陆静等 (2013); 等等
货币政策与利率调整	不同类型的货币政策与利率调整对银行盈利能力有不同的影响	Johann (2007); Bernanke和Blinder (1992); 赫国胜和王宏 (2012); 赵海华和崔会群 (2015); 王连军 (2017); 等等
利率市场化	利率市场化影响着银行盈利能力	李媛 (2014); 李宏瑾 (2015); 彭建刚等 (2016); 薛晴和刘湘勤 (2017); 王灿等 (2019); 等等
互联网金融	互联网金融的发展对银行盈利能力有着冲击	Jallath和Negrin (2001); Kao和Hwang (2010); More和Basu (2013); 刘忠璐和林章悦 (2016); 顾海峰和闫君 (2019); 等等

2.4　银行风险相关研究

本部分按照研究内容将其归纳为两方面：银行风险测度研究和银行风险影响因素研究。

2.4.1　银行风险测度研究

风险测度是银行风险研究的首要任务，也是正确实施风险管理策略的前提和基础。根据银行风险测度方法使用的数据来源，可将其分为有关财务数据的风险测度方法和有关市场数据的风险测度方法。

有关财务数据的风险测度方法主要通过银行的财务数据测度银行风险，很多研究学者采用该方法测度银行的风险水平，如不良贷款率、资本充足率等。国外相关研究如：Laeven和Levine (2009)、Demirguc-Kunt

和 Huizinga（2010）采用 Z 指数（平均资产收益率与平均权益资产占比之和除以资产收益率的标准差）对银行经营风险进行度量。Z 指数越高，说明银行破产的可能性越低。Houston 等（2010）利用 Z 指数衡量了 69 个国家 2000—2007 年近 2400 家银行的风险程度。Imbierowicz 和 Rauch（2014）选择不良贷款率来度量银行的流动性风险和信用风险。Altunbas 等（2017）和 Cardozo 等（2021）均采用 Z 指数对银行风险进行度量。国内相关研究如：徐明东和陈学彬（2012）分别采用 Z 指数和不良贷款率衡量我国 1998—2010 年 59 家银行的信用风险水平。纪志宏等（2014）采用不良贷款率对我国 1999—2009 年城市商业银行的经营风险进行分析。张健华和王鹏（2012）采用 Z 指数衡量银行的破产风险。

有关市场数据的风险测度方法主要运用资本市场的股权价值等相关市场信息测度商业银行的风险水平，大量学者基于此方法测度商业银行风险，如 VAR 方法、波动性方法、灵敏度方法等。国外相关研究如：Roengpitya 和 Rungcharoenkitkul（2011）运用 CoVAR 方法研究了 1996—2009 年泰国银行机构的系统性风险以及某个银行对系统整体的风险负外部溢出效应。Adrian 和 Brunnermeier（2016）采用 VAR 方法测量银行经营风险。Acharya 等（2017）采用波动性方法测量银行的经营风险。国内相关研究如：周开国和李琳（2011）运用波动性方法来衡量我国 1997—2008 年 14 家银行的经营风险。高国华和潘英丽（2011）通过将条件 CoVAR 方法和股价数据相结合，研究了我国 14 家上市银行的系统性风险水平以及影响因素。贾正晞等（2016）采用灵敏度方法测量了银行的市场风险水平。

表 2 – 12 对银行风险测度研究文献进行了简要汇总。

表 2 – 12　　　　银行风险测度研究文献汇总表

测度方法	方法内容	代表性文献
基于财务信息	主要依照银行的财务信息测度银行风险，如不良贷款率、资本充足率、Z 指数等	Laeven 和 Levine（2009）；Demirguc – Kunt 和 Huizinga（2010）；Houston 等（2010）；Imbierowicz 和 Rauch（2014）；Altunbas 等（2017）；徐明东和陈学彬（2012）；张健华和王鹏（2012）；纪志宏等（2014）；等等
基于市场信息	主要运用资本市场的股权价值等相关市场信息测度银行的风险水平，如 VAR 方法、波动性方法、灵敏度方法等	Roengpitya 和 Rungcharoenkitkul（2011）；Adrian 和 Brunnermeier（2016）；Acharya 等（2017）；周开国和李琳（2011）；贾正晞等（2016）；等等

2.4.2 银行风险影响因素研究

对银行进行风险研究的根本目的是监测银行抵御风险的能力，同时帮助银行降低风险。因此，了解影响银行风险的因素至关重要。本节将银行风险的影响因素归纳为三类：银行特征、市场结构和宏观环境。

（1）银行特征

银行特征对银行风险的影响是已有研究的重中之重。首先，从银行规模角度来研究银行风险。国外相关研究如：Altunbas 等（2011）利用2007—2009 年的金融危机来分析风险与银行业务模型的关系。研究指出，强大的存款基础和收入多元化会显著降低银行风险。Laeven 等（2016）研究发现银行规模与经营风险显著相关。Khan 等（2017）研究了资金流动性和银行风险承担之间的关系，表明银行规模和资本缓冲通常限制银行承担更多的信贷风险。国内相关研究如：张雪兰和何德旭（2012）以及徐明东和陈学彬（2012）发现商业银行规模越大，经营风险越低。

其次，从银行资本、收入结构角度来研究银行风险。国外相关研究如：Stiroh（2006）使用 1997—2004 年美国公开交易的银行控股公司（BHC）的股票收益率来确定风险的决定因素（以股票市场的波动性衡量），并研究它们的发展趋势。结果表明，资产负债表项目和损益表项目驱动了 BHC 风险的横截面差异。Lepetit 等（2008）通过研究欧洲银行，发现非利息收入占比更高的银行与利息收入占比更高的银行相比，存在更大的破产风险。Delis 和 Staikouras（2011）认为资本充足率显著影响银行信用风险。Fiordelisi 等（2011）发现资本结构的变化会影响银行信用风险。Amador 等（2013）通过研究哥伦比亚金融机构的大量数据，发现信贷活动的长期异常增长会导致银行的经营风险增加。Chen 等（2019）从一个新的视角探讨了资本充足率对金融机构风险承担行为的影响，并得出风险资本在这种影响中发挥重要作用的结论。国内相关研究如：黄国妍（2015）研究发现，收入结构多元化有助于降低银行破产风险，改善银行风险的总体水平。然而，周开国和李琳（2011）指出我国银行风险水平的高低与收入结构的多元化程度无关，银行风险的降低主要是由于利息收入更加稳定，当银行扩张非利息收入的业务活动时，非利息收入的波动风险反而提高。任哲和邵荣平（2012）却得出与此相反的结论：非上市银行可以通过增加非利息收入的活动占比，从而降低银行风险，而上市银行的结论并不显著。刘孟飞等（2012）研究指出银行业务多元化可以有效降低银行经营风险。

最后，从银行股权结构、高管薪酬等角度来研究银行风险。国外相关研究如：Mnasri 和 Abaoub（2010）的研究表明，管理层持股、雇用前政府官员等对银行风险有着显著影响。国内相关研究如：郝项超（2015）指出，对于银行高管、董事长以及行长，都可以通过薪酬激励的方式来让其更好地管理银行，降低银行风险水平。杨彩丽（2018）的研究表明，银行信用风险主要取决于内部管理水平。

表 2－13 对银行风险的内部特征影响因素研究文献进行了简要汇总。

表 2－13　　银行风险的内部特征影响因素研究文献汇总表

内部特征影响因素	主要观点	代表性文献
银行资本、收入结构	资本充足率对银行风险有积极作用或消极作用；非利息业务、收入多元化对银行风险能力的影响	Stiroh（2006）；Lepetit 等（2008）；Delis 和 Staikoura（2011）；Fiordelisi 等（2011）；Amador 等（2013）；Chen 等（2019）；黄国妍（2015）；周开国和李琳（2011）；任哲和邵荣平（2012）；刘孟飞等（2012）；等等
银行规模	主要有两种不同的观点：规模经济与规模不经济	Altunbas 等（2011）；Laeven 等（2016）；Khan 等（2017）；张雪兰和何德旭（2012）；徐明东和陈学彬（2012）；等等
股权结构与高管薪酬	股权结构：战略投资者、股东持股比例、董事会规模等因素；高管薪酬激励可降低银行风险	Mnasri 和 Abaoub（2010）；郝项超（2015）；杨彩丽（2018）；等等

（2）市场结构

市场结构与银行风险关系的研究可以分为两类：第一类支持“集中—稳定”假说，即银行市场集中度越高，银行风险越小。国外相关研究如：Beck 等（2013a）证明了竞争激烈且法律健全的银行体系的市场集中度更高，因此发生金融危机的概率相对较低。Beck 等（2013b）以及 Forssback 和 Shehzad（2015）得出了相同的结论。Anginer 等（2014）的研究表明银行竞争与系统风险之间存在强烈的负相关关系。国内相关研究如：张宇驰和揭月慧（2011）研究发现，商业银行集中度越高，银行风险越小。贾洪文等（2012）以及周安（2017）也得出相同的结论。

第二类支持“集中—脆弱”假说，即银行市场集中度越高，银行风险越大。国外相关研究如：Fu 等（2014）以及 Jiang 等（2017）研究支持“集中—脆弱”假说，即银行越集中，经营风险越大。Craig 和 Dinger（2013）支持存款市场越集中，经营风险越大。Kick 和 Prieto（2015）的研究表明，减少竞争的监管并不一定会增强单个银行的稳定性或增强其抵抗货币政策冲击的能力。国内相关研究如：王新华（2013）的研究支持“集中—脆弱”假说。曹素娟（2012）、杨天宇和钟玉平（2013）以及桂叶（2013）等学者的研究也认为银行市场集中度越高，风险就越大。

表 2 – 14 对银行风险的市场结构影响因素研究文献进行了简要汇总。

表 2 – 14　　银行风险的市场结构影响因素研究文献汇总表

市场结构影响因素	主要观点	代表性文献
“集中—稳定”假说	银行市场集中度越高，银行风险越小	Beck 等（2013a）；Beck 等（2013b）；Forssback 和 Shehzad（2015）；Anginer 等（2014）；张宇驰和揭月慧（2011）；贾洪文等（2012）；周安（2017）；等等
“集中—脆弱”假说	银行市场集中度越高，银行风险越大	Fu 等（2014）；Jiang 等（2017）；Craig 和 Dinger（2013）；Kick 和 Prieto（2015）；王新华（2013）；曹素娟（2012）；杨天宇和钟玉平（2013）；桂叶（2013）；等等

（3）宏观环境

宏观环境对银行风险亦有显著影响。首先，从货币政策、宏观经济指标等角度来研究银行风险的影响因素。国外相关研究如：Borio 和 Zhu（2012）认为，长期宽松的货币政策使银行的信贷风险增加。Louzis 等（2012）发现相同的宏观经济环境对不同类型贷款的信用风险有不同的影响。Angeloni 和 Faia（2013）的研究表明，货币扩张和正生产率冲击增加了银行的杠杆率和信贷风险。Lopez（2015）研究发现 GDP 增长率与新增贷款风险率正相关。Buch 等（2010）运用因子增强的向量自回归模型（FAVAR）分析发现，在扩张性货币政策冲击后，资本水平低且房地产贷款敞口较高的银行的风险相对降低。Moraes 等（2016）研究表明货币政策影响银行风险感知，从而影响银行风险。Berger 等（2017）证实了国际化与银行风险之间的正相关关系。这是因为外国市场中的市场特定因素增加了银行风险。Altunbas 等（2018）调查了宏观审慎政策对银行风险的影响，结果表明宏观审慎工具对银行风险有重大影响。由于各银行有不同的资产负债表特征，因此对宏观审慎政策变化的反应不同。国内相关研究如：刘平和梁瑜（2011）研究指出，宏观经济因素对我国银行信贷风险有比较显著的影响，银行的信贷风险与国内生产总值、居民消费价格指数、货币供应量等宏观经济因素呈显著负相关关系。张雪兰和何德旭（2012）的研究结果表明，不同的货币政策会影响银行的风险承担水平。谢太峰等（2020）研究发现，宏观经济因素对于银行信用风险的影响与其规模有关，通货膨胀率对大型城市商业银行信用风险有显著影响；中型城市商业银行信用风险对 GDP 增长率尤其敏感；而小型城市商业银行的信用风险大小主要取决于资产收益率、存贷比等。

其次，从政府所有权结构的视角来研究银行风险的影响因素。国外相关研究如：Zribi 和 Boujelbegrave（2011）研究表明，突尼斯银行信贷风险的主要决定因素是：所有权结构、对资本的审慎监管、盈利能力和宏观经济指标。Iannotta 等（2013）使用欧洲大型银行样本的跨国数据来评估政府所有权对银行风险的影响，研究发现，与国有银行（GOB）相比，私有银行违约风险更低，但运营风险更高，这表明政府保护会引发更高的冒险精神。此外，银行风险在选举年中趋于增加。

最后，从法律监管的视角来研究银行风险的影响因素。国外相关研究如：Joel 等（2012）研究发现，法律保护水平越高，银行风险越大（Z 指数越低）。Delis 和 Staikouras（2011）研究了银行监管在控制银行风险中的作用。银行监管是运用执法产出（即现场审计和制裁）来衡量的。结果表明，现场审计与银行风险之间呈倒“U”形关系，而制裁与风险之间的关系则呈线性负相关。

表 2－15 对银行风险的宏观环境影响因素研究文献进行了简要汇总。

表 2－15　　银行风险的宏观环境影响因素研究文献汇总表

宏观环境影响因素	主要观点	代表性文献
货币政策与宏观经济指标	不同类型的货币政策与宏观经济指标对银行风险有不同的影响	Borio 和 Zhu（2012）；Louzis 等（2012）；Angeloni 和 Faia（2013）；Lopez（2015）；Buch 等（2010）；Moraes 等（2016）；Berger 等（2017）；Altunbas 等（2018）；刘平和梁瑜（2011）；张雪兰和何德旭（2012）；谢太峰等（2020）；等等

续表

宏观环境影响因素	主要观点	代表性文献
政府所有权结构	国有银行与私有银行的风险能力不同	Zribi 和 Boujelbegrave （2011）；Iannotta 等（2013）；等等
法律监管	法律监管水平不同，银行风险也不同	Joel 等（2012）；Delis 和 Staikouras（2011）；等等

2.5 文献评述

银行作为营利性金融机构，其主要目的是控制成本、提高利润以及降低风险。银行成本、利润以及风险之间相辅相成，相互联系。成本管理是巩固商业银行发展的基础，成本的有效管理促进了利润的最大化，而利润最大化后，银行就能有更多的资金进行投资和建设，完善服务水平。在当今互联网飞速发展的背景下，商业银行在业务操作领域中需要更多资金与设备的投入，成本管理做好了，便会节省出更多的资金用于银行的后续发展，形成良性循环。成本管理遵循的原则是利润最大化，但是并不意味着成本为零时，利润就是最大的。将利润最大化作为商业银行追求的最基本和最主要目标，对其自身的经营管理和整个社会都具有重要意义。银行盈利增加，可用于补充资本的资金就越多，银行的实力则越强，从而有利于扩大银行的经营规模。盈利水平提高，资本得到充实，银行经营的规模得以扩大，银行获利的机会进一步增加。这是反映商业银行现行战略成功的关键，也是商业银行进一步发展的基础。风险控制是银行经营管理的核心原则，银行就是一台“风险机器”。它承担风险，转化风险，并且还将风险植入金融产品和服务中再加工风险。风险对于银行来说是一把“双刃剑”，它既是银行获利的手段，又是蚀利的原因。管理不当，风险就会侵蚀银行利润，股东投资就得不到预期回报。严重时风险还会进一步侵蚀银行的资本，极端情况下，银行将会破产倒闭，股东血本无归。利润创造是银行追求的目标，是银行的内在动力。

基于此，本书从成本管理、利润创造以及风险控制视角，探讨银行数据资产的价值实现。然而，已有银行数据资产对成本、利润以及风险的影响研究相对匮乏，这也为我们探讨该问题提供了契机。首先，已有数据资产的研究主要集中在一般企业层面，对微观层面上银行数据资产的研究相对比较匮乏，需要我们深入研究。更为重要的是已有研究缺乏对数据资产的价值实现研究，需要我们填补该研究空白。其次，总结国内外的科研成果发现，对于银行成本、利润以及风险的相关研究已经十分系统。但相关研究主要集中在测度以及影响因素方面，极少有文献探讨银行数据资产对成本、利润以及风险的影响。因此，本书从成本管理、利润创造以及风险控制视角，探讨银行数据资产对它们的影响。

第3章　数据资产的制度背景

本章首先总结梳理数据资产的发展历程，从而厘清本书研究主体要素的制度背景；其次，阐述数据资产的内涵与特征；再次，介绍数据资产管理的定义与内涵，阐述数据资产管理的重要性，分析数据资产管理的现状与发展，并介绍数据资产管理的主要内容；最后，对我国数据资产的相关政策进行回顾与总结，从而为后续章节的研究奠定制度背景基础。

3.1　数据资产的发展历程

21世纪以来，随着人工智能、数据挖掘、机器学习、物联网、数字孪生、云计算、区块链、量子通信等新型基础设施和新兴技术的持续发力，社会经济不断变革，数字经济不断向纵深发展，推动人类社会开启数据革命新时代。在数据时代，信息通信技术持续演进，在经济社会发展中发挥着举足轻重的作用。作为人类社会出现的一种全新的经济形式，数字经济逐渐成为全球经济增长的重要推动力。众所周知，数据是数字经济的关键要素，是21世纪人类探索的新边疆。

2011年5月，麦肯锡（McKinsey）发表主题为："Big data：The next frontier for innovation，competition，and productivity"的研究报告，标志着大数据时代的到来。麦肯锡在报告中指出，数据已经成为至关重要的、除劳动力和资本之外的又一重要的生产要素。在此之前，数据作为一种资产已被业界提及——1974年，理查德·彼得斯（Richard E. Peters）首次提出了"data assets"这个词。他认为数据资产包括持有的政府债券、公司债券和实物债券等资产。数据资产这一概念的发展过程可以用其典型事件来归纳总结，具体事件如下所示。

1997年，尤谷尔·阿尔甘（Ugur Algan）认为"公司的市场价值和竞争定位直接关系到其数据资产的数量、质量、完整性以及由此产生的可用性，并指出创建 E&P 数据库是利用好数据资产的第一步”。

2007 年，迈克尔·暮（Michael Moon）指出“可重用性”使数据文件成为资产变成可能。

2009 年，托尼·费希尔（Tony Fisher）认为数据是一种资产，企业要把数据作为企业资产来对待。

2009 年，国际数据管理协会（DAMA International）在《DAMA 数据管理知识体系指南》（The DAMA Guide to the Data Management Body of Knowledge）中指出，在信息时代，数据被认为是一项重要的企业资产，每个企业都需要对其进行有效管理。

2011 年，世界经济论坛（World Economic Forum）发布《个人数据：一种新资产类别的出现》（Personal Data：The Emergence of a New Asset Class）报告。报告指出，个人数据正成为一种新的经济“资产类别”，是 21 世纪触及社会方方面面的宝贵资源。此外，该报告提出要发挥个人数据的全部潜力，个人、政府和私营部门之间必须建立一个平衡的生态系统，增加信任。

2013 年，美国陆军信息技术应用指南（Army Information Technology Implementation Instructions）中将数据资产定义为“数据资产包括系统或应用程序输出的文件、数据库、文档或网页等，也包括从数据库返回单个记录的服务和返回特定查询数据的网站”。该指南指出，人、系统或应用程序均可创建数据资产。

2015 年 7 月 21 日，数据资产登记确权赋值的服务机构“中关村数海数据资产评估中心”成立，其有效地推动了大数据作为资产的确权、赋值和交易。评估中心以数据资产登记确权、盘点、整合、评估等为主要业务，并为企业提供数据资产抵押贷款、数据资产证券化等服务，解决数据资产确权与估值问题，创造数据资产价值，促进流动性。

2016 年 4 月 28 日，中关村数海数据资产评估中心与高德纳咨询公司（Gartner Group）共同发布了全球首个数据资产评估模型，标志着数据资产告别了无法精确评估和量化的时代。从此实现了在科学的评估模型下估算数据资产的真实价值，并实现了数据资产的保值增值。

2018 年 4 月，中国信息通信研究院云计算与大数据研究所发布了《数据资产管理实践白皮书（2.0 版）》。该白皮书从实践的角度出发，梳理了八大活动职能与两大保障措施，并纳入电信、金融、政务、工业、医疗五大领域。从中提炼出四个阶段的实施步骤和七个实践工具的基础功能。同时，该白皮书从“数据对象、处理架构、组织职能、管理手段和应用范围”五个方面总结了大数据体系下的数据管理相对于传统的数据管理的新特征。

2018年9月，朱扬勇和叶雅珍在《从数据的属性看数据资产》中指出：在大数据背景下，数据资产是一种新的资产类别，是拥有数据权属（勘探权、使用权、所有权）、可获取、有价值、可计量的数据集。

2019年10月，党的十九届四中全会首次将“数据”列为生产要素参与分配，标志着以数据作为关键要素的数字经济进入新时代。伴随着一系列配套政策和文件的出台，数据作为一种新的战略资源引起了整个社会的关注，各个行业开始探寻数字经济新时代下的发展新动能。

2020年4月9日，中共中央、国务院《关于构建更加完善的要素市场化配置体制机制的意见》提出，要加快培育数据要素市场，加强数据资源整合和安全保护，探索建立统一规范的数据管理制度，提高数据质量和规范性，丰富数据产品。数据作为数字经济时代的核心驱动力之一，逐渐从幕后走到台前，在社会治理和企业管理等方面扮演着越来越重要的角色。

2021年10月，中共中央总书记习近平在中共中央政治局第三十四次集体学习时强调，“数字经济发展速度之快、辐射范围之广、影响程度之深前所未有，正在成为重组全球要素资源、重塑全球经济结构、改变全球竞争格局的关键力量。”数字经济事关新时期我国发展大局，与数字经济相关的新资源和新科技需要我们给予特别的关注与研究。

3.2 数据资产的内涵与特征

3.2.1 数据资产的内涵

迄今为止，已有部分国内外学者界定了数据资产的内涵，但是，尚未形成统一的、普适的、已被广为接受的概念。原因在于，学术界研究数据资产的学者较少，对数据资产的内涵还未形成共识，而且数据资产的理论与实践仍在高速发展，对数据资产进行界定难以得到广泛的认可。但是，在各学者对数据资产概念的界定中，我们发现了几个关键的内容，并在此基础上，提出了我们对数据资产内涵的看法。

目前，学者们各抒己见，对数据资产进行了定义。一方面，部分学者从资产的角度出发对数据资产的概念进行了界定。数据资产是资产的一种，具备资产的一般概念。资产是指由过去的交易、事项形成，并由企业控制或拥有的资源，该资源预期会给企业带来经济利益。因此，部分学者使用“数据资产”替换了资产定义中的“资产”两字，对数据资产进行定义。其中部分学者删除了“过去的交易、事项”，认为数据的形成难以对应相应的交易、事项的内容。另一方面，部分学者从数据的角度出发对数据资产的概念进行了界定。数据资产来源于数据，具备数据的一般属性。数据经过处理、分析等步骤会对公司的业绩、模式、流程具有一定的影响。因此，数据资产是指数据经过收集、处理等步骤，形成对公司和个人产生价值的资产。

关于数据资产的界定，我们综合考虑了资产的一般概念和数据的一般属性。我们认为，数据资产是指由过去的交易、事项形成，并由企业控制或拥有的数据资源，该数据资源是经过对数据进行收集、整理、分析等步骤形成的，预期能够提升企业的效益。具体来说，定义中包含五个关键信息：

① 从资产的一般概念来讲，“过去的交易、事项形成”对数据资产具有界定性。原因在于“过去的交易、事项形成”，可以包括购买、生产、建造等行为，说明数据资产并非凭空产生，而是由过去的数据经过加工、处理等步骤产生的。从时代发展的角度来看，虽然数据资产不像一般资产一样具有与交易或事项的对应性，但数据资产的生成过程却与数据整体的存在具有相对应性，因此，我们认为数据资产的概念应该存在“过去的交易、事项形成”。

②“企业控制或拥有”是资产的法律属性，也就是说，允许数据资产是从外部机构获取的，但是目前由企业所控制。从数据资产的发展现状来看，从外部直接获取数据资产并为企业带来利益还存在阻碍，但这是暂时性的。未来，随着数据资产的确权和货币计量的演进，数据资产将不仅仅是来源于公司内部。

③“对数据进行收集、整理、分析等步骤”是从数据资产的根源出发，对数据资产的形成过程进行界定。数据资产源于数据，随着数据的积累及内外部环境的变化，数据产生了新的用途。数据经过各种步骤的处理后，参与公司的经营，提升公司的效益。无论是从外部机构获取的数据资产还是公司内部生成的数据资产，均来源于经过一定步骤处理的数据，处理步骤恰恰是价值的叠加。

④“预期能够提升企业的效益”是指在不确定性条件下，数据资产能够产生价值，促进公司效率的提升和利益的增加。数据资产能够对公司的管理、决策、经营等方面产生直接或间接的影响，但是数据资产发挥作用

并非确定性事件，而是站在现在的角度对数据资产在未来发挥作用做出的预测。数据资产具有时效性，从数据资产的形成到公司发挥价值具有时间间隔，公司内外部环境在间隔期是否还能产生价值具有不确定性，因此，对公司效益提升是一种预期。而且，数据资产对公司的影响不仅是经济利益，也会对公司的组织架构、制度安排行政效率等产生影响。未来，数据资产对公司的影响是全方位的，兼具物质方面和非物质方面。

⑤“数据资源”是指数据资产的具体形态，可能是以电子的方式记录的，也可能是以物理的方式记录的，例如：数据库数据、表单、源代码等。如同会计中的固定资产，具体形态是工厂、设备等；也如同无形资产，如商标权、专利权等。无论数据资源的类型和大小，只要符合上述四个关键点，数据资源便可称为数据资产。

3.2.2 数据资产的特征

数据资产的特征体现在多方面，主要包括：种类多、价值密度高、增值性、半封闭性、共享性、时效性和低安全性。下文将对以上几个特征进行详细的阐述。

（1）种类多

数据资产具有种类多的特征。种类多是指基于数据资产来源（即数据），可以将数据资产划分为众多种类。数据是数据资产的来源，数据种类繁多，加上不同数据的处理过程不甚相同，造成了数据资产的种类多。从市场主体的角度来看，我国具有代表性的数据资产包括政府数据资产、互联网数据资产、运营商数据资产、银行数据资产等，具体介绍如下：

政府数据资产：政府在组织管理过程中，积攒了辖区内各维度的数据，经过一定步骤加工处理形成了数据资产。例如，政府掌握了辖区内经济数据、文化数据、环境数据等，经过数据的采集、筛选、整理、存储、分析等步骤形成了数据资产，并指导政府的政策制定和执行。

互联网数据资产：在大数据时代，互联网公司掌握着众多的数据，例如，电商数据、游戏数据、旅游数据等，这些数据经过加工处理，形成各种类型的数据资产。通过数据资产，互联网公司可以优化服务体验，吸引新用户，留存老用户，提升用户转化率，也可以预测消费者消费倾向，为公司的业务创新提供基础支撑。

运营商数据资产：在我国，运营商的数据覆盖面最广。除此之外，无论是哪类公司，都难以覆盖全国。而且，中国移动、中国联通、中国电信三大运营商所收集的数据能够精准到个人，覆盖的内容丰富，形成的数据资产也可以精确至每一个用户。借此，运营商可以调整资费、设计基站布局、创新业务等，发挥数据资产价值。

银行数据资产：银行在经营过程中会涉及众多类型的数据，这些数据经过处理后能够发挥极高的价值。例如，银行根据公司的借贷数据可以判断公司的经营情况，根据用户使用 App 数据优化 App 功能，根据用户信息合理设置网点布局等。数据资产已逐渐成为银行生产经营的关键要素，也是银行应对内外部挑战的重要支撑。

其他数据资产：除上述主体外，其他公司或组织在经营过程中，也会产生众多数据，例如，上游原材料价格数据、下游销售数据、注册用户数据等，这些数据经过加工处理对公司的效益提升也会发挥作用，也会形成数据资产。

上述分类是建立在市场参与主体之上，而每个市场参与主体内部也可以划分出众多类型的数据资产。数据资产的种类越多、越细化，说明公司对数据资产的使用越精准。随着数据资产种类的增加，数据资产将形成密集的立体网状体系，互联互通。未来，在万物皆数、数即万物的背景下，不同种类数据资产将像雨后春笋一样涌现，在公司的各个方面发挥价值。

（2）价值密度高

数据资产具有价值密度高的特征。价值密度是指单位数据资产能够创造的价值，高价值密度即单位数据资产能够创造出高价值，对公司的效益能实现高度提升。数据资产价值密度高是建立在与大数据价值密度相比的基础上。从大数据角度来看，随着数据量的不断增加，大数据的价值并没有同比例增加，而是出现了大数据处理和分析难度加大的问题，大数据的价值密度却随之降低。这主要是由于大数据存在众多的非结构化数据或半结构化数据，相比于结构化数据，它存在大量没有价值的字段。因此，虽然数据量呈指数级增长，但数据价值密度却随之降低。当然，如果结构化数据的数据量足够大，也可以称为大数据，那么数据的价值密度也会非常高。因此，数据价值密度低是常见情况，但不是必然情况。与此相对，数据资产价值密度高是必然情况，因为数据资产源于可以创造价值的数据。

数据资产属于资产，能够为公司的未来带来经济效益。数据资产是通过对数据进行进一步处理和分析形成的资产，可以直接参与公司的生产经营，因此，数据资产具有高价值密度的属性。例如：淘宝、京东掌握着大量的商品交易数据，移动、电信掌握着巨量的用户通话和上网数据，百度掌握着大量的信息搜索数据，腾讯掌握着海量的社交数据等，这些数据都在公司得到了精确处理和分析，并形成数据资产，支持公司原有业务的建设和新业务的开展，均具有很高的价值密度。数据资产的高价值密度是过程化的，不论数据的价值密度有多低或者有多高，若想形成数据资产，必然会通过成熟的技术对数据进行加工。高价值密度的数据资产能否为公司输出高价值，也需要看后期的使用。如果缺乏对数据资产的管理和使用能力，数据资产将处于闲置状态，就如同英雄无用武之地，价值便不复存在，更空谈价值密度。因此，数据资产的高价值密度是建立在数据的处理和数据资产的合理应用上，二者缺一不可。

数据资产价值密度高在银行方面体现得更加充分。银行收集到的数据部分是结构化数据，例如，客户的性别、年龄、存款金额等，经过简单的分析便能产生高价值数据资产；也有部分是半结构化或非结构化数据，例如，客户的交易轨迹、客户的消费行为等，需要经过一定的处理转变成数据资产，并为银行的经营活动创造价值。从银行的经营来看，数据资产的价值体现在客户管理、精准营销、开发新产品、控制交易风险、提升内部效率等众多方面，可全方位提升银行的效益。目前，中国银行已经设立数据资产管理部，开展对现有数据的挖掘、分析，加快数据资产的价值实现。数据资产在银行有诸多的效益创造场景，随着金融科技的发展和数据资产管理体系的健全，数据资产的价值密度还将得到提升。

（3）增值性

数据资产具有增值性的特征。增值性指的是随着时间的推移，数据资产的价值会因数据的持续积累而不断增加。与会计中的固定资产、无形资产不同，它们在公司经营过程中会发生损耗，产生相应的折旧、摊销，资产的价值也会随之降低。但是，数据资产并非如此，在公司的经营过程中，数据会不断地积累，各种数据也在相互融合，形成的数据资产更具价值。因此，数据资产的增值来自两个方面：一方面，数据资产的增值来自新数据的加入，公司经营过程中会接触、收集、整理各种数据，数据积累到一定程度，便可以重新参与公司经营，提升公司的生产运营效益。例如：特斯拉在设计人工智能驾驶系统时会用到众多的数据，包括用户驾驶习惯、道路布局等数据。起初，这些数据会支持人工智能驾驶系统的搭建和应用；中后期，随着汽车销量的增加，通过每台汽车收集到的用户数据也随之增加，在公司内部形成的数据资产也随之增加，进而使人工智能驾驶系统更加完善，提升汽车软件价值和公司经营效益。另一方面，数据资产的增值来自新老数据、不同业务线数据的融合，公司在经营过程中，新数据与老数据的融合拉长了时间跨度，不同业务积累的数据相互融合，为公司提升经营效益提供了全面的价值基石。例如：京东提供电子商务平台，每天都发生众多的交易，新老数据的更迭和融合使公司紧跟消费者潮流，提升消费者的下单频次和金额；同时，京东也向消费者提供小额借贷服务，在电商业务与金融业务数据的融合下，京东可以根据消费者的消费能力调整信贷额度，降低公司放贷风险。由此来看，数据资产的增值特征明显。

银行掌握着巨量的一手交易数据，而且每分每秒都在产生新的交易数据，形成新的数据资产。此外，交易数据来自不同的业务条线，形成的数据资产正在相互融合，推动各业务的发展。银行享受数据资产的增值特性走在了时代的前列。银行掌握用户的资金流出、收入水平、资产状况、消费支出等数据，由此产生的数据资产被银行所掌握，这些数据资产暂时难以对银行产生直接的、大幅度的效益提升；但是，当用户有了贷款需求时，数据资产的价值瞬间提升，银行可根据这些数据资产判断用户信用、还款能力等，直接作用于银行放款决策，为银行创造效益。因此，数据资产的增值性是持续的，也是跳跃的。数据资产因数据的持续积累会形成价值的不断增加，数据资产也因业务的需要会迅速产生价值。数据资产的增值性离不开先进的管理思想，离不开公司对数据资产的挖掘、组合、分析和应用，如果缺少对数据资产的管理，数据资产便如同堆砌到墙角的废铜烂铁，难以产生价值，更谈不上增值。

（4）半封闭性

数据资产具有半封闭性的特点。半封闭性指的是数据资产主要在公司内部生成和使用，少部分数据资产会在公司与公司之间、公司与监管机构之间进行传递。造成半封闭性的原因在于：一是数据资产是公司多年商业活动的累积，是重要的商业机密。公司的数据资产来源于客户信息、生产信息、交易信息等众多数据，是公司经营与生存的核心资产。因此，从公司内部角度来讲，有必要保持数据资产的封闭性；但是，有部分数据资产可以帮助上下游公司的生产经营，以更好地配合公司提高效益；也有部分数据资产需要上交监管机构，实现全社会的效益提升。二是数据资产暂时难以确权和定价，传递和交易缺乏衡量标准。在确权方面，数据可以来源于数据生产者（第一方）、加工者（第二方）和搜集者（第三方），那么数据资产也间接来源于上述三方，但是公司是否有权利将不同类型的数据资产进行交易，还未有法律做出明确规定，擅自交易很可能侵犯客户隐私。在定价方面，数据资产不像一般资产一样，可以使用货币来进行计量。一方面，数据资产的形成过程所消费的要素难以衡量，而且具有增值属性，难以准确定价；另一方面，数据资产在不同行业、不同公司的价值决定具有主观性，难以形成公开的价格撮合。因此，数据资产的半封闭性是在部分行业和公司内因为缺少确权和定价的标准而被迫出现的特征。由于数据资产具备半封闭性的特征，拥有数据资产的各大型集团，如阿里巴巴、腾讯、字节跳动等公司正在利用资本、数据、业务等优势，跑马圈地，收购和兼并各种能够产生数据资产的公司，将数据资产在集团内部实现互联互通，打造围绕“数据资产”的新型商业体系，实现数据资产的闭环传递和价值创造。未来，数据资产还将呈现半封闭性的特征，但是随着确权和交易体系的搭建，半封闭性会有所减弱。

银行数据资产具有明显的半封闭性特征。银行的客户信息、交易信息等是数据资产重要的来源，也是银行作为金融中介机构的重要命脉。银行拥有的数据资产规模越大，经营效益提升就越快。无论是国有银行，还是股份制银行，抑或是其他类型银行，所掌握的数据资产不同，对数据资产的运用程度也有所差异，在缺少衡量标准的情况下，相互之间的共享与交易还难以实现。各银行在市场中所处的地位不同，有些银行是全国性的，有些银行是区域性的，各家银行的数据资产在进行传递或交易后，发挥的效应有差异，因此会存在不平衡或不公平的情况。而且，数据资产作为银行的重要基石，也是商业机密的一种。另外，数据资产是建立在客户相关信息之上，是否完全属于银行所有、是否可以自由交易尚未明确。但是，银行的数据资产会向监管机构传递，比如，为建立全国征信系统，银行需要向监管机构提供部分数据资产；为反洗钱、反欺诈等，银行的数据资产也需要向监管机构进行传递。因此，对于银行而言，银行与银行间的数据资产是全封闭性的，银行与监管机构间的数据资产是半封闭性的。未来，银行之间可能会实现数据资产的合作，包括标准制定、数据分析等方面，逐渐形成规范化的管理体系。

（5）共享性

数据资产具有共享性的特点。与上文的半封闭性不同，共享性指的是公司内部的数据资产的共享性，即数据资产是公司的资产，数据资产可以在公司各个部门同时发挥作用，不会因为在某个部门发挥作用而使其他部门不能获得数据资产带来的收益。而且，数据资产在公司内部不是自上而下地传播或转移，是公司内部平行的调取和使用。数据资产源于数据的积累和价值的实现，从数据的角度来看，数据在公司内部的共享特征十分明显。例如：游戏公司通过某个游戏收集用户数据，收集到的用户数据并非只服务于该游戏，也会共享给其他游戏的研发和推广，实现数据价值的最大化利用；电商公司面向全国消费者收集消费数据，通过消费者属性（年龄、性别、收入等）和购买属性（消费价格区间、消费冲动性、消费频次等）等数据对消费者进行画像，而快消品部门、数码产品部门、家用电器部门等都可以依据画像开展大数据营销。从数据资产的根源来看，共享性早已根植在数据之中，并传递至数据资产。

数据资产的共享性是建立在中心化管理的公司架构之上。由数据资产中心对数据资产进行统一管理，各部门可同时调用，互不干扰。基于中心管理，数据资产在公司内部的共享可以更全面、更高效、更安全——更加全面，由各个部门汇集产生的数据资产均可被调用，避免从各个部门分别调用所需的数据资产而出现遗漏；更加高效，节省了部门之间数据资产的传递流程，缩短了数据资产创造收益的时间；更加安全，尽可能规避部门之间传递过程中的数据资产的泄露。

从数据资产的价值实现需求来看，数据资产需要具备共享性的特征。从银行的角度来看，数据资产的共享性特征十分明显。存款人和贷款人的特征、业务都是数据资产，这些数据资产不仅会应用在业务直接发生部门，也会共享至风险管理部门、支持保障部门等中后台部门。数据资产在银行各部门之间共享，支持具体业务和决策的开展，实现银行整体的降本增效。例如：银行个人金融部在为客户办理存取款业务时，能够收集客户的大量数据，通过中心化的数据收集、处理，可共享至风险管理部，为判断客户的潜在风险提供支持，也为贷款业务的开展创造效益。银行内部数据资产的共享，能够全面地了解客户、预测客户的行为，规避客户风险。银行作为金融的中介机构，与一般企业有所不同，未来的数据资产共享将可能由完全的内部共享转化为银行间的共享，在数据资产交易定价困难的现在，银行间的数据资产共享需要人民银行和银保监会的顶层设计和规划。但是，银行作为营利机构，数据资产是银行经营的核心，共享短期内可能停留在征信层面。

综合来看，数据资产具有共享性特征，共享性不仅来源于数据资产的根源，也来源于对数据资产价值的需求。数据资产的共享性体现在公司内部，内部数据资产的共享性建立在中心化管理之上。银行数据资产同样具备内部共享性特征，并从数据资产的共享中实现降本增效。

（6）时效性

数据资产具有时效性的特征。时效性指的是从数据的生成和加工到数据资产的形成和利用的时间间隔。时间间隔越短，数据资产的时效性则越强。另外，信息具有时效性，数据又是信息的载体，因此，数据也具有时效性，而数据资产来源于数据，时效性从信息到数据，再到数据资产，具有传递性，数据资产也因此具有时效性的特征。数据资产在短期内如果不能及时被开发利用，其创造价值的能力会大打折扣，难以跟上公司经营的步伐。数据资产的时效性不仅体现在数据资产形成前，也体现在数据资产形成后。从数据资产的源头和传递来看，在宏观层面，世界和我国的政治、经济、社会等信息不断更新；在微观层面，公司的经营、交易、用户等信息时刻产生。这些信息传递至公司，经过收集、处理、分析成为数据资产，该过程所花费的时间越长，公司经营效益提升的进程越缓慢。但是，信息传导至数据资产的时间间隔与诸多因素有关，如信息的特征，是定期公开信息还是突发信息；数据的特征，是结构化数据还是非结构化数据；公司的情况，是对信息敏感的公司还是不敏感的公司，是数据资产管理体系健全的公司还是不健全的公司。从数据资产的应用来看，公司内部是否拥有健全的内部管理体系，是否有畅通的价值实现通道至关重要。从数据资产的形成到应用，时间间隔越短，越能够迅速对公司的经营效益产生影响。另外，在大数据、云计算、人工智能等技术高速发展的背景下，信息的传递、识别、处理高效且智能，数据资产形成的过程大大加快，为数据资产的时效性提供了软硬件基础。而且，在信息高速产生和更新的时代，公司能通过对信息数据的加工处理迅速形成数据资产，助力公司的经营和决策，如此才能在未来的市场竞争中取胜。因此，从信息的传递性、软硬件基础、公司的需求情况来看，数据资产必然具备时效性这一特征。

从银行的角度来看，银行业务面向众多的公司和个人，接触到的信息和数据在时刻变化和增加，从信息和数据到形成数据资产的时间越短，即数据资产得到应用的时间越短，银行的经营效益提升得越快。比如：部分公司的经营会出现季节性波动，这种信息经过处理便可以形成数据资产，数据资产也会指导银行关注此类公司的经营、评估放贷的风险等。但是，如果时效性较差，银行很可能会错失对公司经营的支持而失去客户，也可能会使放贷的风险增加。银行数据资产，无论是在形成前还是形成后应用，时效性都至关重要。如果缺少时效性，数据资产的价值实现效用会大打折扣，对银行的指导也可能是错误的。因此，时效性是银行数据资产的显著特征之一。

（7）低安全性

数据资产具有低安全性的特征。低安全性指的是数据资产面临被篡改、被泄露的风险，会降低数据资产的价值。从数据资产的生命周期来看，在数据的采集过程中，来自不同部门的不同种类的数据，会因采集过程的不规范而被泄露或者被篡改；在数据转换过程中，不遵守数据标准的转化可能会面临数据的泄露；在数据存储过程中，数据会以物理或者电子形式被放在云端服务器或者公司内部服务器，数据失窃事件时有发生；在数据加工处理过程中，会涉及数据的筛选、整理、分析等诸多步骤，而且由于各部门各业务的需求不同，处理过程会涉及诸多不确定性因素，安全性也会受到影响；在数据资产的使用过程中，涉及数据资产的传递，传递过程中的不规范也会增加数据资产泄露的可能。由于数据资产的生命周期较长，涉及采集、转换、存储、加工、使用等众多步骤，大大增加了数据资产被泄露和被篡改的风险，使数据资产具有低安全性的特征。而且，数据资产会时常处于流通状态，加之拷贝成本较低，导致公司控制或拥有的数据资产的安全性较差。

数据资产与固定资产不同，仅靠加上层层“锁链”，聘请“保安”，安装“监控”等传统手段保护数据资产是不可行的。数据资产的特性决定了其安全性面临巨大挑战，数据资产的价值体现在数据本身，就算数据资产没有被泄露和篡改，数据被泄露和篡改也可能会使公司获取的数据资产丧失价值。数据资产的内在价值从数据成为数据资产过程的起始点便已经丧失。在大数据时代，数据泄露频频发生，数据安全问题仍未得到有效的解决。万豪酒店 5 亿用户开房信息泄露、圆通 10 亿件快递信息泄露、瑞智华胜非法窃取多家互联网公司的 30 亿条用户个人信息、数据堂侵犯公民个人信息达数百亿条等重大数据安全问题频频发生，说明公司的数据安全管理仍存在缺陷。无论是外部攻击还是内部攻击，数据及数据资产都面临被泄露和篡改的风险，因此，数据资产具有低安全性的特征。

银行数据资产同样具有低安全性特点。一方面，数据资产规模大、类型多，银行在精细化管理和布防方面存在困难；另一方面，银行内部员工受利益驱使，监守自盗，使银行成为数据资产泄露的重灾区。2018 年，汇丰银行数据泄露，部分客户的个人和财务信息被入侵者访问；2020 年，中国建设银行某支行行长贩卖用户信息数据，涉及公民个人信息数据 5 万多条。在日益复杂的环境下，银行如何保护数据资产的安全，防止数据资产因外部攻击和内部漏洞而外泄，仍然任重道远。而且，银行内部众多部门均会产生数据及数据资产，也会利用数据资产，在数据资产的形成、传递、利用过程中，可能会存在管理的漏洞，造成数据资产的泄露。综合来看，低安全性是数据资产的显著特征。要解决数据资产的安全性，不仅涉及从数据到数据资产各步骤的技术与人员管理，也涉及数据资产存储和利用的管理。未来，随着公司和组织结构对数据资产的重视和管理体系的建设，数据资产低安全性的特征会得到削弱。

3.3 数据资产管理

众所周知，这是一个大数据时代，是数据产生价值的时代，更是数据成为资产的时代。随着数据交换、共享和应用技术的发展，大数据开启了一次重大的时代转型，不断积淀的数据开始逐渐创造它的价值。因此，业界提出可以将数据作为一项资产，“盘活”数据以实现其附加价值。但是，如果缺乏恰当有效的管理手段，数据也可能会成为一项负债。数据资产管理提供了一种快速找到并易于访问有价值的文件（称为数据资产）的方式。每个人都可以通过比其他人更有效地处理自己的数据资产而获得相对于竞争对手的巨大优势。我们在处理数据资产，无论是有声内容、电影、其他相关的数字数据，还是通过电子邮件发送给我们的文件，都会给我们带来财富。因此，有效的数据资产管理变得越来越重要。然而，相较于实物资产，数据资产的管理和应用目前还处于摸索阶段，数据质量、数据安全、数据资产评估、数据资产交换交易等精细管理、价值挖掘和持续运营也较为薄弱。本节将阐述数据资产管理的定义与内涵，探讨数据资产管理的主要内容。

3.3.1 数据资产管理的定义与内涵

（1）数据资产管理的概念

数据资产管理（Data Asset Management，DAM）是指企业及组织采取的各种管理活动，用以保证数据资产的安全完整、合理配置和有效利用，从而提高数据资产带来的经济效益，保障和促进各项事业发展。在数据资产管理的过程中，为了确保数据资产的保值增值，需要充分发挥业务、技术和管理三者的协同作用。

（2）数据资产管理的内涵

数据资产管理依托大数据底层平台实现全生命周期的数据管理，进而支持以价值实现为导向的数据应用开发，在大数据平台和数据应用开发中起到了承上启下的作用。数据资产管理包含核心职能管理和保障措施（如组织架构、战略规划和制度体系等）两个重要方面。

数据资产管理的整个生命周期包含数据采集、数据存储、数据应用和数据销毁四个方面。企业数据资产管理就是对企业数据进行全生命周期的资产化管理，实现数据内增值和外增效的价值变现。同时，数据资产管理通过对数据的合理管理达到降本的作用，在数据的生命周期开始前，企业通过定义数据规范和制定数据规划，获得实现数据采集、交付、存储和控制所需的基础技术支持。一般而言，数据资产管理包括统筹规划、管理实施、稽核检查和资产运营四个主要阶段。

（3）数据资产管理的演变

伴随着20世纪80年代数据随机存储技术和数据库技术的使用，计算机系统中的数据可以方便地存储和访问，数据管理的概念逐渐被业界提出。国际数据管理协会于2009年发布了数据管理知识体系DMBOK 1.0。DMBOK 1.0将数据管理定义为规划、控制和提供数据资产三个部分，以发挥数据资产的价值。DAMA数据管理体系将数据管理划分为数据治理、数据开发、数据架构管理、数据操作管理、数据安全管理、参考数据和主数据管理、数据仓库和商务智能管理、文档和内容管理、元数据管理和数据质量管理10个领域。其中，数据治理是高层次的、规划性的数据管理制度活动，其关键管理活动包括制定数据战略、完善数据政策、建立数据架构等，注重数据的使用者、使用方式、使用权限等合规性的制定，强调开展数据资产全生命周期管理前的基础工作，关注数据资产管理中的相关保障措施。

2015年，DAMA在DMBOK 2.0知识领域拓展了上一版本的内容，最终形成了数据架构、数据模型与设计、数据存储与操作、数据安全、数据集成与互操作性、文件和内容、参考数据和主数据、数据仓库和商务智能、元数据、数据质量等11项管理职能。

数据资产管理作为数据管理的拓展版，主要包含三个方面：一是数据管理的视角不同。数据资产管理强调数据是一种资产，基于数据资产的价值、成本、收益开展全生命周期的管理；二是管理职能有所不同。数据资产管理在包含数据模型、元数据、数据质量、参考数据和主数据、数据安全等传统数据管理职能的基础之上，整合数据架构、数据存储与操作等内容，将数据标准管理纳入管理职能，并针对当下应用场景、平台建设情况，增加了数据价值管理职能；三是管理要求有所升级。受到“数据资源管理转向数据资产管理”理念的影响，相关的组织架构和管理制度也有所变化，需要有更专业的管理队伍和更细致的管理制度来确保数据资产管理的流程性、安全性和有效性。

3.3.2 数据资产管理的重要性

随着大数据的发展，数据有可能成为比土地、石油、稀土等更加重要的生产要素。那么如何实现各主体的数字化转型，是各方均面临的重要课题。因为有了大数据，管理者可以从根本上更多地了解他们的业务，并直接将这些知识转化为改进的决策和绩效。虽然在充分有效挖掘数据价值的过程中充满了障碍，但是数据资产管理逐步清除了这些障碍。数据资产管理可以让数据更好地分析、加工、应用，进一步可以做到数据间的连接、整合、嫁接等。并且，数据资产管理围绕数据资产本身建立了一个可靠可信的管理机制。然而，当前企业在数据资产管理中面临诸多问题，这些问题阻碍了数据的互联互通和高效利用，成为数据价值难以有效释放的瓶颈。

（1）数据资产管理困境

第一，缺乏统一数据视图。数据形态千变万化，没有一个统一的标准来描述，比如，是以数据记录的条数或者文件数量来计量，还是以数据占用的存储空间来衡量，未有定论。

第二，“数据孤岛”现象普遍存在。据统计，绝大多数企业都存在“数据孤岛”问题。而造成这一现象的原因不仅有技术上的阻碍，更多的是标准和管理制度的不同，这些都成为数据在业务系统之间未能顺畅流通的原因，降低了资源利用率和数据的可得性。另外，大部分企业和政府部门的数据基础还很薄弱，存在数据标准混乱、数据质量参差不齐、各条块之间数据孤岛化严重等现象，阻碍了数据的共享应用。

第三，数据质量千差万别。通常来说，数据质量的好坏在一定程度上影响着业务决策，糟糕的数据质量往往会导致数据统计分析不准确、监管业务难、高层领导难以决策等问题。根据数据质量专家 Larry English 的统计，不良的数据质量会使企业增加 15% ~25% 的成本。

第四，数据环境缺乏安全。数据安全带来的风险主要包括数据泄露与数据滥用等。根据数据泄露水平指数（Breach Level Index）监测，据不完全统计，由于制度不完善等原因，自 2013 年以来，全球数据泄露量高达 130 亿条。随着各个机构数据的快速累积，一旦发生数据安全事件，其对企业经营和用户利益的危害性将越来越大，进而束缚数据价值的创造。

第五，数据价值管理体系缺乏。由于数据价值理念的缺乏，到目前为止，大部分企业还没有建立起一个包括数据价值评估、成本管理等有效管理和应用的数据模式，同时，企业对数据服务和数据应用也缺乏合规性的指导，没有找到一条释放数据价值的“最优路径”。

（2）数据资产管理面临的挑战

第一，存储。数据资产管理面临的挑战之一是存储数字信息的存储设备的物理性能退化。磁性媒体特别容易发生数据丢失和错误。同时还有一个重要的问题，那就是硬件和软件的过时以及当今技术的未来可用性。

第二，程序问题。当保存的资源需要转化为数字形式时，技术问题更加复杂。纸张模拟物的数字化存取和保存是一项费时费力的工作。除了技术问题，还面临一系列的金融、法律和政策问题。

第三，安全性。保护数字资产不被误用、盗窃或损坏均是应该持续关注的问题。

第四，版权问题。与数据资产有关的主要法律问题之一是资源的实际扫描或数字化。版权所有者拥有复制、发行和展示其作品的专有权。数字化相关的版权问题成为亟待解决的难题。

第五，基础设施。数据资产管理需要一个稳定且强大的 IT 基础设施来支持创建和分发。

第六，人为因素。虽然数据资产管理的目的是提高效率，但是让用户适应新环境可能是一个挑战。这是一个重要的问题，因为许多数据资产管理解决方案需要在用户看到任何好处之前改变工作流程。

第七，隐私。数据资产价值创造的过程中许多障碍依然存在。数据科学家很少，但这些技术都是全新的，并且某些情况是新奇的。人们很容易将相关性误认为因果关系，并在数据中发现有误导性的模式，进而作出措施判断与决策。同时，文化方面的挑战也是巨大的，隐私问题更加突出。

第八，数据价值评估。由于数据的价值很难评估，企业难以对数据的成本及其对业务的贡献进行评估，从而难以像运营有形资产一样管理数据资产。

（3）数据资产管理的必要性

数据资产管理通过体系化方式实现数据的可得、可用、好用，解决了释放数据价值实现过程中面临的诸多问题，从而以较小的数据成本获得较大的数据收益。进行数据资产管理的必要性主要有以下几个方面。

第一，全面掌握数据资产现状。数据资产管理的切入点是对数据资源进行全面盘点，形成数据地图，为业务应用和数据获取夯实基础。从资产化管理和展示数据的角度出发，数据地图作为数据资产盘点的输出物之一，不需要承载具体数据内容，却可以帮助业务人员快速、精确地查找他们想要的数据。此外，数据地图作为企业数据的全盘映射，能够帮助数据开发者和数据使用者了解数据，并成为对数据资产管理进行有效监控的手段。

第二，提升数据质量。1957 年，计算机刚刚发明的时候，大家就意识到数据对于计算机决策的影响，提出 Garbage In Garbage Out（无用输入，无用输出）的警示。美国于2001年公布《数据质量法案（Data Quality Act)》，提出了要提升数据质量的指导意见。2018年，中国银行保险监督管理委员会发布《银行业金融机构数据治理指引》，强调高质量的数据在发挥数据价值中的重要性。数据资产管理通过建立一套切实可行的数据质量监控体系，设计数据质量稽核规则，加强从数据源头控制数据质量，形成覆盖数据全生命周期的数据质量管理，实现数据向优质资产的转变。

第三，实现数据互联互通。数据资产管理通过制定企业内部统一的数据标准，建立数据共享制度，完善数据登记、数据申请、数据审批、数据传输、数据使用等数据共享相关流程规范，打破数据孤岛，实现企业内数据高效共享。同时搭建数据流通开放平台，增强数据的可得性，促进数据的交换流通，提升数据的服务应用能力。

第四，提高数据获取效率。据 Gartner 统计，数据分析人员或数据科学家需要花费70%～80%的精力在数据准备上。数据资产管理通过搭建数据管理平台，采取机器学习等相关自动化技术，使前期数据准备时间和交付项目的时间缩短，提升了数据的获取和服务效率，让数据可以随时快速有效就绪，缩短数据分析人员和数据科学家的数据准备时间，加快数据价值的释放过程。

第五，保障数据安全。保障数据安全是数据资产管理的底线，数据资产管理通过制定完善的数据安全策略、建立体系化的数据安全措施和执行数据安全审计，全方位进行安全管控，确保数据获取和使用合法合规，为数据价值的充分挖掘提供了安全可靠的环境。

第六，数据价值持续释放。存储和管理数据的最终目的是实现数据的价值，数据资产管理将数据作为一项资产，并通过一个持续和动态的全生命周期管理过程，使数据资产能够为企业数字化转型提供源源不断的动力。从企业高管到业务人员及技术人员，全员都要以持续释放数据价值为理念来重视数据资源管理工作，具体可以从以下两个方面进行：管理方面，建立一套符合数据驱动的组织管理制度流程和价值评估体系；技术方面，建设现代化数据平台和引入智能化技术。以上两个方面可以确保数据资产管理系统平台持续、健康地为数据资产管理体系服务。

3.3.3 数据资产管理的现状与发展

随着数据管理对象越发复杂，数据处理技术越发成熟，数据应用范围越发广泛，数据资产管理在数据处理架构、组织职能、管理手段等方面呈现出一些新的特点和发展趋势。

（1）数据管理对象发生变化

数据作为数据资产管理的对象，在近些年体现出规模海量、来源多样、格式繁杂和采集实时等特征。在数据量方面，数据规模由以前的 GB 级上升到 TB 级，甚至 PB 级、EB 级，数据量增长快速。在数据格式种类方面，除了传统的结构化数据之外，数据图像、数据文本、数据语音、数据视频等半结构化数据或非结构化数据占比越来越大，种类日益丰富。在数据来源方面，数据既包括传统业务处理采集的业务数据，也包括终端设备、传感器、机器设备、网站网络、日志等技术产生的数据。同时，实时数据可以帮助企业更快地洞察与分析数据，因而逐渐成为企业重要的管理对象，目前，实时数据的采集和处理已广泛应用于互联网、零售、电力、交通等多个行业。企业利用物联网、实时数据库等技术实现交易实时处理、生产实时监控、交通实时调控等。

（2）处理架构更新换代

数据处理的底层架构向云平台和分布式系统迁移。Gartner 在 2018 年针对数据分析采用方式的调查结果表明，目前 63% 的企业使用最普遍的“基于云平台的数据存储”的信息基础架构技术。而以 Hadoop、Spark 等分布式技术和组件为核心的“计算 & 存储混搭”的数据处理架构，能够支持批量和实时的数据加载以及灵活的业务需求。同时，数据的预处理流程也从传统的 ETL 结构向 ELT 结构转变。传统的数据集成处理架构是 ETL 结构，这是构建数据仓库的重要一环，简单来说，就是用户从数据源抽取出所需的数据，经过数据清洗，将数据加载到数据仓库中去。而大数据背景下的 ELT 结构是根据上层的应用需求，随时从数据湖中抽取想要的原始数据进行建模分析。

（3）组织职能升级变迁

在传统的管理制度体系中，IT 部门承担数据管理职能，数据管理是 IT 部门的一项工作，同时业务部门配合 IT 部门执行数据管理。而随着数据分析与业务融合越来越深入，业务部门逐步成为大数据应用的主角，数据使用更加频繁，因而数据资产管理在企业中扮演着越来越重要的角色。越来越多的企业开始设置专门的“数据管理”职能部门或首席数据官（CDO，Chief Data Officer）岗位。在这种变迁背景下，数据管理的组织架构也面临革新的需求。

（4）管理手段自动智能

随着技术的发展，“自动智能”的“专业工具”将逐步取代依靠“手工人力”的电子表格数据治理模式，越来越多的数据管理员、业务分析师和数据领导者开始采用“平台工具”来增强企业的数据管理能力。平台部分功能包括梳理元数据、管理主数据、优化数据集成和提升数据质量等。具体来说，机器学习和人工智能通过自动提取元数据，将不同种类的数据进行关联并分析；通过配置和优化主数据，使主数据的管理更加便捷和准确；通过语义分析实现相同数据源的整合连接，简化数据集成流程；通过数据清洗、增强数据分析和识别提升数据质量。同时，随着智能优化技术不断引入数据管理活动中，数据间的多维关系可以被自动化识别和可视化展现，帮助用户高效探索数据和分析数据，降低数据使用门槛，有助于非专业人士成为数据科学家，扩大数据的使用对象和应用范围。

（5）应用范围不断扩大

数据资产管理不仅仅局限于拥有海量数据或拥有强大数据处理能力的机构，任何一个机构都可以成为数据资产化管理的实践者。选择一个小型且效果明显的项目实施数据资产管理，也可以成为逐渐构建完整数据资产管理体系的良好开端。此外，数据资产的应用范围已经从传统的企业内部应用为主，发展为内部和服务外部应用并重，数据资产和服务范围的扩大成为企业战略发展的一部分，进而实现了数据资产保值到增值的跨越。

3.3.4 数据资产管理的要求

数据资产管理主要围绕以下几个方面提出新的要求。

第一，数据管理职能部门的管理。主要从组织架构、职能设置、规章制度、管理活动等方面进行设计规划并落实管理措施。具体包括审批流程的设置、决策过程的支持等。比如，阿里巴巴集团在 2013 年成立了虚拟组织——数据委员会，负责制定整个企业数据应用的方向和规则，并且协同各个部门利用数据，实现从大数据运营到运营大数据的转变。

第二，数据资产及报告信息的管理。首先，每项数据资产都有一个生命周期，如果了解当年数据资产状态，就能在数据资产生命周期内明确地规划采购活动、同时做好相关预算活动。因此，需要建立数据资产档案、形成数据资产相关统计报告。其要求是必须做到真实、准确、及时、完整，从而有助于实现高效率的动态管理。此外，数据资产的生命周期管理同样依托于元数据，相对于数据资源管理的元数据，除了常规化的技术口径和业务口径等信息，还需要加入管理信息、安全信息和稽核信息等，才能更好地追溯不同生命周期阶段的资产状况。其次，数据资产管理与财务管理有着天然的联系。因此，通过资产信息及统计报告，可以更好地进行预决算报告，比如，采购或者租赁外部数据，从而弥补现有数据资产的不足之处。

第三，数据资产形成及占用的管理。实践中，数据资产的形成大多是来源于企业 IT 活动积累。但是，随着大数据的发展，数据开放和交易的形式逐渐被社会公众所接受，其交易内容和规模不断丰富扩大，数据资产的形成方式也更加多元化。因此，基于数据资产在会计管理方面的要求，要界定、拥有或者控制，或是进行货币计量，就不那么艰难了。同时，随着数据资产越来越受到重视，如何妥善处理数据资产在转移过程中遇到的信息安全问题，资产划拨、调配以及合作转移等各种流通形式也会更加丰富，围绕这个过程的管理手段也会逐渐完善齐备。

此外，在企业并购过程中获得的数据资产，也会给管理带来两方面的调整。其一，如何适当评估、尽职调查，以确保交易可信；其二，在完成交易后，如何处置相关数据资产。例如，与现有数据资产的整合或嫁接、如何恰当地进行价值评估或持续管理等。

第四，数据资产配置使用的管理。企业内部数据资产的优化配置仍然存在很多问题。很多企业拥有 PB 级数据规模，积累了十多年的业务数据，同时还在通过各种手段获取外部数据。但实际上，内部业务分析师却无法有效获取数据，不能更好地利用数据来进行挖掘分析，进而创新产品设计、优化业务流程。这种情况类似于长期闲置、低效运转和超标准配置资产，需要进行针对性的调剂。例如，通过自助服务式的数据工具帮助业务人员快速解除数据，形成业务认知。

此外，在数据资产的配置使用过程中，还需要遵循国家法律法规，保证相关数据访问的合规性，以及安全、隐私等各种要求。总之，盘活数据资产，降低数据资产运营成本，是这一领域需要重点关注并解决的问题。

第五，数据资产处置的管理。数据资产处置管理主要是对数据资产使用权和拥有权的转移及核销，具体包括转让、出售、整合、共享、共用、归档、清除等内容。数据资产处置管理需要在监督执行程序、规范处理过程、强化结果管理和降低综合成本的基础上，予以有效落实。

以数据分级存储为例，数据分级存储就是在不同档次存储介质成本支出差异巨大的情况下，通过合理评估数据资产的使用频率、重要程度，进而采用分级服务方式，将重要的数据资产放在高价值、速度快、更有保障的存储环境中，而那些相对不重要或者可以归档的数据资产，则放在价格相对低廉的存储环境中。

第六，数据资产评估与清查的管理。数据资产的评估与清查通常包括安全性、完整性和有效性的评价方法、标准和机制的建立。同时，还需要对数据资产在使用过程、配置环节、处置手段等各个方面建立有效评估方式。通过评估管理的建立，可以反向促进数据资产管理的有效进行。

3.3.5 数据资产管理的主要内容

数据资产管理是指规划、控制和提供数据及资产信息的一组业务职能，它包括开发、执行和监督有关数据的计划、政策、方案、流程、方法和程序，从而控制、保护、交付和提高数据资产的价值。

在国际上，随着数据管理行业的发展和成熟，数据资产管理逐渐作为一门专业管理领域被人们广泛研究和总结，更有甚者，国外一些数据资产领域的专家和学者为此创立了数据资产管理专业论坛、成立了国家数据管理协会，并总结出数据资产管理相关理论指导体系 DAMA - DMBOK。根据其经典理论，数据资产管理一般包括 8 项管理职能和 5 项保障措施。其中管理职能是指落实数据资产管理的一系列具体行为，保障措施是为了支持管理职能实现的一些辅助的组织架构和制度体系。

（1）数据资产的管理职能

数据资产的管理职能包含 8 大具体行为，分别是数据标准管理、数据模型管理、元数据管理、主数据管理、数据质量管理、数据安全管理、数据价值管理以及数据共享管理。

第一个管理职能是数据标准管理。数据标准管理是关键且基础的活动。数据标准是数据内外部使用和交换一致性、准确性和规范性的保障。数据标准管理则是通过统一的数据标准制定与发布，来实现数据平台的完整、有效、一致与规范。如果数据标准管理做得好，将在很大程度上实现企业内部数据的互联互通，进而推动企业外部数据的共享交换。

此外，数据标准主要分为基础类数据标准以及指标类数据标准。企业在对数据标准进行分类时也可以从其他不同维度进行划分，一个好的分类需要保证每一个类别之间没有较多内容交叉，各类别之间保持一定的独立性。基础类的数据标准主要包括参考数据、主数据标准、逻辑数据标准、物理数据标准、原数据标准、公共代码和编码标准等，而指标类的数据标准则是为了适应一些特定的应用场景以及业务需求，比如经济指标等，指标类的数据标准又细分为基础指标以及计算指标。

数据标准主要包含以下三个要素：①标准的信息项，主要是对标准的特点、性质进行描述；②标准的分类；③公共代码和编码。很多企业的公共代码和编码会参考国标和行标，如果未考虑国标、行标，企业可以在内部形成完整的数据标准编码体系。与国标或者行标保持一致，将推动数据流通的实现。

数据标准管理的第一个关键活动是理解数据标准化的需求。这是数据管理活动的一个出发点，即任何一项管理活动都要和企业的战略规划与企业的需求紧密结合。数据标准管理的第二个关键活动就是制定数据标准的体系与规范。第三个关键活动是制定相应的管理办法以及实施流程要求。第四个关键活动是建立一些数据标准的管理工具。

第二个管理职能是数据模型管理。数据模型是对现实世界数据特征的抽象，数据模型管理将会使业务人员、应用开发人员和管理人员获得企业内部统一的业务数据，在企业开展数据资产管理之前，一个比较好的数据模型可以更好地指导数据资产管理有效地开展。

数据模型包括三个：①概念模型。概念模型是面向用户与客观实践的，其本身与数据库或者数据仓库的架构搭建没有特别大的关系。②逻辑模型。它是建立在概念模型基础之上的，逻辑模型主要是面向业务，一般用于指导一些数据库系统的实现。③物理模型。物理模型是基于逻辑模型，主要面向计算机物理表示，该模型考虑了操作系统、硬件模型以及描述数据在存储介质上的结构。

第三个管理职能是元数据管理。元数据管理是描述数据的数据。以二维表为例，若想描述一个二维表信息，我们可以描述它每一行、每一列，也可以提取这个表中的一些抽象化或者更高层次的信息，比如说这些表的字段或者表的结构，以及表的大小等，这样就对这个表格进行了数据的描述。

元数据管理将帮助各主体实现关键信息的追踪与记录，快速掌握元数据的变化可能带来的风险。元数据管理已逐渐成为数据资产管理发展的关键驱动力。

元数据管理主要划分为技术元数据、业务元数据与管理元数据，其中技术元数据主要是指和技术领域相关的数据元，包括数据结构的定义、数据的转换等。业务元数据是和业务相关的数据元，包括业务的术语信息的分类、指标、统计口径等。管理元数据主要是管理领域相关的概念、规则，包括人员的角色、岗位的职责以及管理的流程等。

元数据非常成熟的运用是进行血缘分析和影响分析，通过进行血缘分析和影响分析，可以帮助我们了解一些数据的走向，知道数据是从哪里来、到哪里去，也可以构建数据地图和数据目录，自动提取元数据信息，帮助了解这个企业目前拥有什么样的数据资产。

第四个管理职能是主数据管理。主数据管理用来描述企业核心业务实体的数据，是企业核心业务对象、交易业务的执行主体。比如供应商数据、物料数据、客户数据、员工数据等。主数据管理可以使企业跨系统使用一致的、共享的数据，从而可以降低成本和复杂度，来支撑跨部门、跨系统数据融合的应用。主数据的关键活动包括识别主数据、定义和维护主数据的架构以及实现数据库与主数据库的同步。

主数据管理在很多行业，尤其是工业行业和制造业等，是企业开展数据资产管理的切入点。通过对主数据的梳理和管理，将建立数据的一个参考，为数据标准后期的管理节约很多的人力和物力，这个效果也是可以在短期内看到的。对于没有数据资产管理经验的企业而言，从主数据管理入手将会为企业开展数据资产管理带来信心。

第五个管理职能是数据质量管理。数据质量管理是保证数据应用效果的基础，数据质量管理通过获得干净、结构清晰的数据，提升了企业数据质量，从而提高数据应用和服务的水平。数据质量的管理非常重要，它可以帮助企业获得一些干净以及结构清晰的数据，进而可以提高数据应用和服务的水平。数据质量衡量指标包括完整性、规范性、一致性、准确性、唯一性、时效性。实际上，企业可以根据自身的需求，灵活地调整数据质量的评价指标。

在进行数据质量管理的同时，企业会付出相应的成本，而数据质量管理应该将管理过程中的成本考虑进去，而不是单纯地从数据分析员的角度，得到最理想化的纯净的数据。比如，如果以 0—100 分对数据质量进行评分，从 50 分到 70 分上升 20 分的时候，企业付出的成本多出 20%，企业效益也多出 20%。但是从 70 分到 90 分也上升 20 分的时候，成本可能在原有的基础上多出 50%，而获得的经济效益只多出 5%，这就是定义数据质量的需求。

数据质量管理要和企业的业务需求紧密结合，找到平衡点。其他有关数据质量管理的关键活动包括持续的测量、监控数据的质量、分析数据质量产生问题的根本原因，以及制订数据质量的改善方案，监控数据质量管理操作和绩效等。

第六个管理职能是数据安全管理。主要是对数据设定一些安全等级来评估数据的安全风险，完善数据安全管理相关的技术规范。通过对数据进行全生命周期的安全管控，包括数据的生成、存储、使用、共享、销毁等，实现事前可管、事中可控、事后可查。

第七个管理职能是数据价值管理。数据资产化管理非常关键的一步是通过对数据内在价值的度量，从数据的成本和数据的应用价值两个方面来开展，使企业能够最优化、最大化地释放数据的价值。

成本价值计量可以从采集、存储、计算成本角度进行评估，也可以从运维成本角度进行评估，还可以从数据的活性以及数据质量应用场景的经济性等角度进行评估。数据的成本和数据价值的评估维度是各主体可以灵活选择与调整的，主要和自己的应用场景和业务需求挂钩即可。

此外，还有三种典型数据评估方法：成本法、收益法和市场法。成本法和收益法有比较大的弊端，比如评估的结果过于主观，企业关注的数据更多的是在企业内部共享使用的数据。而市场法则相对客观一些，通过价格来衡量数据真实的价值。但现在数据的流通市场还不是特别完善，数据变现还存在一定的困难，故市场法在将来可能会成为一个比较好的评估方法。

数据价值管理分为数据成本管理及数据收益管理两部分。通过维度确定它们的核算指标，监控数据成本的产生或者监控数据收益的产生，进而确定成本的优化或者最大化收益的方案，以实现数据内部共享、数据外部流通、数据交易以及数据变现等。

第八个管理职能是数据共享管理。数据共享管理主要是指进行数据共享和数据交换，以及实现数据内外部价值的一系列活动。数据共享管理包括数据内部共享（企业部门内部、部门与部门之间的数据交换）、外部流通（企业之间的数据交换）和对外开放。数据内部共享的关键是打通企业内部各部门间的数据共享瓶颈，建立统一规范的数据标准与数据共享制度；数据外部流通和对外开放可以通过数据直接交易和提供数据分析信息两种方式实现，将数据中符合共享开放层级的信息作为应用商品，以合规安全的形式完成共享交换或开放发布。

（2）数据资产管理的保障措施

第一，制定战略规划。从管理层、领导层出发，从上到下全局部署数据资产管理规范，从而形成全面的标准规则体系和执行调度流程。战略规划是数据资产管理成为企业战略核心任务应用的重要部分，是数据资产得到一定程度内外部应用的指导蓝图。越来越多的企业单位在战略规划阶段决定在 IT 部门和业务部门之间成立专门的数据管理部门。

第二，完善组织架构。典型的组织架构主要由数据资产管理委员会、数据资产管理中心和各业务部门构成。

第三，建立制度体系。为了保障活动正常实施和组织架构正常运转，企业需要建立一套覆盖数据引入、使用和开放等有关整个生产运营过程的数据管理规范，以从制度上保障数据资产管理工作有据、可行、可控。数据资产管理规范包括元数据管理规范、生命周期管理规范、数据质量管理规范以及数据安全管理规范等。在此基础上，规范需细化至接口设计、接口开发、模型设计、模型开发、数据开放以及服务封装等内容。规范的标准一般包括基础分类标准、命名规范要求、数据架构划分、存储与数据权限规则、元数据信息完整性要求等。规范和标准需要在落实的过程中执行监控规定，要求事中检查和事后监控。事中检查指的是在开发和上线时进行控制，包括命名规范，信息完整性、合理性等；事后监控指的是对存储周期、数据安全敏感信息和加密信息、权限赋权进行常态化检查。

第四，设置审计机制。为进一步保障、评估数据资产的安全性、准确性、完整性、规范性、一致性、唯一性和时效性，需有完整的贯穿数据资产管理整个流程的审计机制。审计方式从审计体系规范建设入手，信息技术审计方法和专职人员审计方法并行。审计对象包括数据权限使用制度及其审批流程、日志留存管理办法、数据备份恢复管理机制、监控审计体系规范、安全操作方案等体系制度规范以及敏感、重要数据。数据资产管理在实施过程中需要保障集中审计的可行性。

第五，开展培训宣贯。培训宣贯是企业实施数据资产管理进程中的重要组成部分，是数据资产管理理论落地实践、流程执行运作的基础，是数据资产管理牵头部门在技术部门和业务部门之间顺利开展工作的重要保障。企业需利用现有资源，合理安排员工参与数据资产管理培训相关课程，促进员工有效培训和自我提高，提升人员的职业化水平，强化工作的标准化、规范化。

3.4 数据资产相关政策

目前，针对数据资产的相关政策主要集中在政府（政务）数据资产层面，在数据安全、银行业数据治理等方面，政府已出台相关政策。见一叶而知深秋，窥一斑而见全豹，通过对相关政策的梳理、解读和借鉴，可以预见数据资产政策的方向与趋势。

3.4.1 各地政府数据资产相关政策

（1）《贵州省政府数据资产管理登记暂行办法》

2017 年 7 月 10 日，由贵州省大数据发展领导小组办公室印发的《贵州省政府数据资产管理登记暂行办法》（以下简称“《暂行办法》”）正式施行，标志着贵州省成为全国首个出台政府数据资产管理登记办法的省份，在政府数据资产管理登记方面走在了全国的前列。下面对《暂行办法》的主要内容进行概括和解读。

①《暂行办法》的主要内容：

第一，关于政府数据资产相关概念的界定。《暂行办法》界定了政府数据资产、政务服务实施机构、政府数据资产登记的概念。

第二，关于政府数据资产登记的范围。《暂行办法》明确了政府数据资产的登记范围，包括政府信息系统资产目录清单，硬件资产清单，软件资产清单和采集、使用、产生、管理的数据资产清单，共计四类。

第三，关于政府数据资产的管理架构。《暂行办法》明确了政府数据资产登记工作开展所涉及的领导、执行、监管等机构，对各机构的职责进行了明确的划分，建立了健全的管理体系架构，以保证政府数据资产登记工作的有序开展。

②《暂行办法》的目的和意义：

第一，为政府数据资产管理提供制度保障和法律依据。

第二，通过数据资产登记，全面了解贵州省政府数据资产状况和信息。

第三，完善数据资产的相关规定，带动贵州省大数据产业发展。

（2）《山西省政务数据资产管理试行办法》

2019 年 11 月 27 日，山西省人民政府第 51 次常务会议通过《山西省政务数据资产管理试行办法》（以下简称“《试行办法》”），该《试行办法》自 2020 年 1 月 1 日起施行。这是我国首个对政务数据资产管理中相关问题进行立法上规范的政策，对政务数据资产的管理体系提出了相应的建设意见。下面对《试行办法》的主要内容进行概括和解读。

①《试行办法》规范的主要内容

《试行办法》共十七条，主要内容如下：

第一，关于政务数据资产管理的领导和管理体制。《试行办法》明确县级以上人民政府应当加强政务数据资产管理工作的领导，建立工作机制，协调解决政务数据资产管理和开发利用中的重大问题。县级以上人民政府政务数据主管部门负责本行政区域政务数据的统筹管理、指导监督等工作。县级以上人民政府和其他有关部门按照各自职责，做好政务数据管理的相关工作。

第二，关于政务数据资产管理的具体管理机制。《试行办法》明确政务数据资产管理实行登记制度，明确了政务数据主管部门、政务数据资产主管部门和政务服务实施机构各自的职责。提出了政务数据共享交换平台建设的主体。

第三，关于政务数据资产的权属、交易。《试行办法》明确了政务数据资产属于国有资产范畴，其所有权归国家所有。对政务服务实施机构授权开发利用以及授权行为的备案进行了规定，同时对政务数据资产参与市场交易、流通进行了原则性规定，明确了合同限定的内容。

②《试行办法》的目的和意义：

第一，解决政务数据资产的归属权问题，明确政务服务实施机构在履行职责过程中形成的政务数据资产所有权属于国家，并明确了授权管理制度。

第二，解决政务数据资产管理不统一，责任不清晰，条块分割的问题，构建政务数据资产管理的统一机制，形成政务数据共享的统一平台，联通“信息孤岛”，实现相关领域信息融合。

第三，解决政务数据资产交易和合作开发的问题，在确保政务数据资产安全的前提下，促进政务数据资产的流通，发挥政务数据资产的经济价值。

第四，解决政务数据资产的法理依据。《试行办法》主要以“政务数据资产管理”为切入点，对政务数据资产管理中的一些重点问题进行了立法上的规范。

3.4.2 数据安全相关政策

2020 年 7 月 3 日，《中华人民共和国数据安全法（草案）》（以下简称“《草案》”）全文在中国人大网公开征求意见。《草案》内容共 7 章 51 条，提出国家将对数据实行分级分类保护、开展数据活动必须履行数据安全保护义务、承担社会责任等。参考《草案》中的主要内容，我们认为数据资产安全管理可以从以下几个方面展开：

第一，从数据资产安全的基本情况出发，界定数据资产安全的管理范围、数据资产和数据资产安全的概念、对数据资产安全管理进行分工、明确数据资产安全管理原则等。

第二，从数据资产安全的维护和利用出发，对各级政府如何维护数据资产安全和利用数据资产作出指导和规划，包括建设数据资产安全标准体系、数据交易管理制度、加强数据资产开发利用等。

第三，从数据资产安全的制度出发，提出类似《草案》中阐述的数据分级分类保护制度、数据安全应急处置机制、数据安全审查制度等，对数据资产安全做出制度上的安排。

第四，从数据资产安全保护义务出发，建立数据资产安全保护制度，明确数据资产保护涉及各主体的应尽义务，加强数据资产风险监测。

第五，从各主体拥有的数据资产出发，要求各主体对数据资产的安全负责，建立相关制度，保障数据资产安全。

第六，从法律责任出发，对各主体有关数据资产的各种存在安全风险的行为表现进行划分，根据风险及损失的大小，界定法律责任，保护数据资产安全。

3.4.3 银行业数据治理相关政策

2018 年 5 月，银保监会为引导银行业金融机构加强数据治理，提高数据质量，充分发挥数据价值，提升经营管理水平，全面向高质量发展转变，制定了《银行业金融机构数据治理指引》（以下简称“指引”）。《指引》共七章，参考《指引》的相关内容，从数据资产的角度出发，银行业金融机构对数据资产的治理可以着重考虑以下几个方面：

第一，界定银行业金融机构数据资产治理的概念，明确银行业金融机构数据资产治理应遵循的原则，在此基础上提出具体治理内容。

第二，在数据资产治理架构方面，银行业金融机构可以明确数据资产治理的架构，对已有的各层架构和部门进行职责分工。例如：董事会、高管层、业务部门等应尽的职责；根据具体情况，增设专职岗位和人员；培养专业队伍，建立数据资产文化，遵循职业操守等。

第三，在数据资产管理方面，银行业金融机构可以制定数据资产管理制度，及时跟踪，持续完善相关制度；建立数据资产标准化规划、建立及持续完善相关信息系统、建立数据资产安全标准和应急预案等；另外，还需要建立数据资产的自我评估、激励和问责机制。

第四，在数据资产质量控制方面，银行业金融机构需要明确数据资产质量管理的目标，另外，还需要建立覆盖数据资产全生命周期的监控体系和质量考核体系，设立现场检查和整改机制等。

第五，在数据资产监督管理方面，监管机构可以结合现场监督或非现场监督，通过内部或外部审计机构，对银行业金融机构数据资产治理情况进行跟踪。

综合来看，《指引》对银行业金融机构在数据资产的治理方面具有借鉴意义，有助于银行数据资产发挥价值。

第 4 章　数据资产的理论基础

本章我们分类整理了数据资产管理的相关理论，包括资产管理理论、成本管理理论、风险管理理论、金融创新理论、资产定价理论、技术溢出理论、多元化理论及信息不对称理论，这些理论将对银行数据资产的管理与价值实现起到积极的作用。

4.1　资产管理理论

资产管理理论是以银行的流动性为重点的传统管理方法。在 20 世纪 60 年代以前，该理论认为银行负债的主动权掌握在客户手中，因此银行负债结构主要取决于客户的存款意愿，银行只能被动地接受负债；而资产业务才是银行利润的主要源泉，同时银行对于资产具有绝对的主动权，因此，银行经营管理的重心应该落脚在资产业务，以保持资产的流动性，进而达到盈利性、安全性、流动性的统一。具体地，该理论是指在一定的资产负债条件下，为满足客户的提现和借款需求，银行只调整其主动掌握的资产项目，而对相对被动管理的负债结构保持不变。即银行资金的运用情况是根据资金的来源情况调整的，只有存款增加时银行才考虑增加贷款，在资金来源不变的情况下，如果出现客户的提现或借款，银行只在资产项上作相应调整，改变资产组合。资产管理理论重在资产结构的优化，以实现银行利润的最大化。数据资产管理需要把在各种大数据处理平台上获得的数据资产有效地管理起来，支持它围绕业务价值创造的目标，更好地实现数据资产的流动、加工、分析、应用，广泛拓展到数据间的开放、连接、整合、嫁接等一系列的过程，并且围绕数据资产本身建立起一个可靠可信的管理机制。

银行的数据可以分为资产数据、交易数据、信用数据及客户数据，其中大部分都是结构化数据，具有很强的金融属性，通过数据挖掘分析，可以发现潜藏在其中的商业价值。对银行数据资产的管理不仅是对银行数据的管理，更是借助于数据资产对银行资产进行全面管理。在大数据时代，银行可以利用多维度的大数据来保证数据的质量，为明智正确地进行决策带来真正的推动力量。大数据在银行的典型应用如数据库营销、客户经营、数据风控、产品设计和决策支持等。数据作为一种资产能给银行带来商业价值，其中更多的不是赤裸数据本身的价值，而是数据所蕴含的能够驱动业务经营的各种信息所带来的长远商业价值，如中信银行信用卡中心使用大数据实现实时营销，光大银行建立了社交网络信息数据库等。因此在银行数据资产管理的实践中，已经成熟的资产管理理论仍然是数据资产管理的重要理论组成部分。首先，狭义来讲，数据资产管理包括数据本身的管理以及面对不同的人员角色提供相应的支撑能力，如对于外部合作人员，银行需要进行一定的监督，方便数据资产安全、可靠地形成合作成果；可以借鉴这些成熟的资产管理理论对数据资产进行管理，当然，数据资产本身有其特殊性，我们不能生搬硬套，而是应当灵活地运用这些理论。其次，通过银行的数据管理分析，可以对其他资产业务的运营、管理起到预测和指导作用，从这一视角来讲，数据资产管理和其他资产管理是密不可分的，相应的管理理论亦是如此。最后，广义来讲，数据资产管理还需要满足很多新增的资产问题，以及支持新的商业模式和行业机会的出现和发展。数据资产管理是为了挖掘其商业价值，更好地为银行的资产业务服务，数据资产的管理想必会革新资产管理的方法与理论，为资产管理提供新思路，开辟新视角。

资产管理理论产生于银行发展经营的初级阶段，随着经济社会的发展，前后经历了商业性贷款理论、资产转移理论、预期收入理论及超货币供给理论四个不同的发展阶段。

4.1.1 商业性贷款理论

商业性贷款理论是诞生最早的资产管理理论，由 18 世纪英国经济学家亚当·斯密在其《国富论》一书中提出。商业性贷款理论又被称作生产性贷款理论，该理论指出，为了保证银行资金的高度流动性，其贷款应当是短期的和商业性的。

商业性贷款理论诞生于银行发展初期，当时商品经济发展水平低下，信用关系不够广泛，组织化、规模化生产尚未普遍形成，企业规模相对较小。内源融资是企业的主要融资方式，而企业向银行借入的资金多属于周转性流动资金；当时金融体制不健全，尚未形成居主导地位的金融中心机构——中央银行，因此银行在发生清偿危机时，无法向作为最后贷款人的中央银行求助，致使银行经营管理更强调维护自身的流动性，甚至不惜以牺牲部分盈利为代价。银行资金运营结构单一，主要用于短期自偿性贷款。

商业性贷款理论认为流动性强的活期存款是银行资金的最主要来源，因此银行应该将资产业务的工作重心放在短期自偿性贷款上，以保持与资金来源高度流动性相适应的高资产流动性。短期自偿性贷款主要是指短期的工商业流动资金贷款，包括订单贷款、合约贷款、发票贷款及票据贴现贷款等。由于该理论强调贷款的自动清偿性质，故也被称作自动清偿理论；又由于该理论强调银行贷款以商业行为为基础，并以真实商业票据作为抵押，因此又被称为“真实票据论”。总之，该理论强调银行贷款必须以商业行为为基础，以真实的商业票据为对象，使银行贷款与商品的周转紧密结合在一起。银行不能发放不动产贷款、消费贷款、农业贷款和长期设备贷款，更不能发放用于证券投资的贷款。

商业性贷款理论为现代银行经营理论确定了一些重要原则。首先，该理论强调资金的运用受制于资金的来源、性质和结构，该原则已经成为银行资金运用所遵循的基本准则。其次，该理论强调银行应保持资金的高度流动性，以确保银行的安全运营，这为银行降低风险提供了理论依据。银行业务面对社会大众，经营中出现的问题往往会波及社会各阶层、经济各部门的利益。银行的安全问题，是社会最敏感的问题之一，往往会影响社会心理。因此，对问题银行进行抢救，是银行业务监管的最后一道防线，对于创造一个安定、高效的金融环境，稳定整体金融形势具有十分重要的意义。自 20 世纪 80 年代以来，无论是发达国家，还是发展中国家，许多银行都出现了流动性困难、资不抵债、支付困难，以及其他在可预期的将来可能引发挤兑、倒闭或破产风险的困难。在监管和处理这些问题性银行的过程中，各国根据各自金融体制的实际情况，动用多方面的力量，对问题性银行实施抢救，尽量避免由于单个银行经营不善而引起大的社会震动。除了存款保险外，兼并、接管、注资挽救以及清盘关闭等是常采取的有效的抢救和保护措施。

当然，商业性贷款理论也有其局限性。首先，银行的活期存款量很大，有很多人取款的同时也有很多人存款，总体较为稳定，但商业性贷款理论并没有意识到活期存款余额的相对稳定性，而一味提倡银行资产业务应更多地集中于盈利性较差的短期自偿性贷款。尽管活期存款流动性很强，但按“续短为长”的原理，在活期存款的存取之间，总会存在一个相对稳定的余额，这部分资金可用于发放长期贷款而不会影响其流动性。其次，该理论忽视了贷款需求的多样性。商业贷款理论不主张发放不动产贷款、消费贷款、长期性设备贷款和农业贷款，这样就限制了银行自身业务范围的扩展和盈利能力的提高，进而阻碍了银行的长远发展。最后，该理论忽视了贷款自动清偿的外部条件，过分强调贷款的自动清偿。贷款的自动清偿受制于外部的市场状况。在经济萧条时期往往难以自动清偿，因此短期自偿性贷款的自偿能力是相对的，而不是绝对的。

4.1.2 资产转移理论

Moulton（1918）首次提出了资产转移理论，该理论认为银行可以把可用资金的一部分投放于二级市场上的贷款与证券，以应付提存的流动性需要，进而保持银行资产的整体流动性。当流动性需求增大时，银行可以在金融市场上将这些生利资产随时出售转换为现金，因此放款可以不仅局限于短期和自偿性商业贷款。银行资产业务应该随着客观社会经济环境的发展变化而逐步实现多样化，贷款期限也可以逐步延长。

资产转移理论沿袭了商业性贷款理论关于银行应保持高度流动性的主张。同时资产转移理论有效扩大了银行资产经营管理的业务范围，丰富了银行资产结构，突破了商业性贷款理论拘泥于短期自偿性贷款的资金运用的限制，是银行经营管理理念的一大进步。但需要注意的是，尽管资产转移理论相对于商业性贷款理论体现出明显的进步性与优越性，但并不是将后者取而代之，而是对后者的继承与发展，是对资产管理理论体系的扩充。资产转移理论成立的前提是二级市场上的证券价格是相对稳定的。这一理论适应了资本主义经济快速扩张和发展的要求，在资产转移理论的鼓励以及当时社会条件的配合下，银行资产组合中的票据贴现和短期国债比重迅速增加。

总之，资产转移理论的出现为银行保持流动性提供了全新的思路与方法。根据这一理论，银行一方面消除了通过贷款保持流动性的压力，可用一部分资金作中长期贷款；另一方面又可减少持有的非盈利资产，将一部分现金转化为有价证券。这样不仅保持了流动性，而且增加了银行的收益。

但是，资产转移理论也有其局限性，首先，该理论过分强调通过运用可转换资产来保持流动性，限制了银行高盈利性资产的运用，在一定程度上限制了银行盈利性的提高。其次，可转换资产的变现能力是相对的，与信贷市场的发展状况密切相关，在经济危机时期或证券市场需求不旺盛的情况下，资产转移就成了问题，变现能力也容易受到损害，从而影响银行的流动性和盈利性的实现。因此后来又产生了预期收入理论。

4.1.3 预期收入理论

预期收入理论由美国经济学家普鲁克诺于 1949 年在《定期存款及银行流动性理论》一书中提出。该理论的核心思想是，决定银行资产流动性的核心因素是借款人的预期收入，而非贷款的期限长短。如果借款人的预期收入稳定有保障，期限再长的贷款也可以安全收回，如果借款人的预期收入不稳定，期限再短的贷款也可能会丧失流动性。因此预期收入理论强调的是贷款流动性与借款人未来预期收入稳定性之间的关系，而非贷款期限的长短与贷款流动性之间的关系。

预期收入理论产生于第二次世界大战后西方各国经济恢复和发展的背景之下。从政策导向上看，此时西方国家在经济政策上非常推崇凯恩斯的国家干预主义理论，该理论主张通过增加需求来刺激经济发展与繁荣，即主张政府实行赤字财政，扩大公共项目开支，进行大型基础项目建设；鼓励消费信用的发展，以扩大有效需求（包括投资需求和消费需求）从而刺激战后低迷的经济发展。因此，中长期贷款及消费贷款的需求扩大了。从市场竞争来看，随着金融机构多元化的发展，银行与非银行金融机构的竞争日益激烈，这迫使银行不得不拓展业务种类、增加利润回报率较高的中长期贷款的发放。

预期收入理论为银行开展新的资产业务、发掘新的盈利空间提供了新思路与理论依据，提高了银行的发展能力，巩固了银行在金融业中的地位。预期收入理论依据借款人的未来预期收入来决定其资金投向，打破了传统的资产管理理论依据资产的期限和可转换性来决定资金运用的一贯思路，丰富了银行的经营管理思想。

预期收入理论的主要不足之处在于：第一，由于信息不对称、预测成本等诸多因素的影响，对借款人的未来收入无法做精准、动态的预测，预测过程往往会掺杂很多银行的主观因素，因此借款人的预期收入是一个带有很大主观性的经济参数。随着客观经济条件及借款人工作状况等的变化，借款人实际未来收入与银行的未来预测收入之间可能会存在很大的偏差，从而使银行的经营面临更大的风险。第二，由于收入预测与经济周期有密切关系，因而可能增加银行的信贷风险；银行危机一旦爆发，其规模和影响范围将会越来越大。

4.1.4 超货币供给理论

20 世纪五六十年代以来，货币形式的多样化进一步加剧了金融机构的竞争。银行的信贷市场承受的竞争压力日益增大，银行再也不能就事论事地提供货币了，超货币供给理论正是此背景下的产物。该理论认为，只有银行能够利用信贷方式提供货币的传统观念已经不符合社会经济发展的实际，随着货币形式的多样化，不仅银行能够利用贷款方式提供货币，而且其他众多的非银行金融机构也可以提供货币，造成金融竞争加剧。银行通过信贷提供货币仅仅是银行实现盈利的手段之一，除此之外，它不仅有更多可选择的手段，而且有更加广泛的目标，因此银行资产管理应当超越货币的狭隘眼界，不仅是单纯地提供货币，而且还应该提供各方面的服务。根据这一理论，银行在通过发放贷款和购买证券提供货币的同时，还应积极开展投资咨询、项目评估、市场调查、委托代理等多种配套服务，使银行资产管理达到前所未有的广度和深度。这在当时非金融企业侵入金融领域的情况下，使银行获得了相抗衡的武器，从而改善了银行的竞争地位。

不同的管理理论都是特定社会经济发展背景下的产物，每种理论刚诞生时都是适应当时社会经济发展状况的，但这些理论难免有时代的局限性，随着经济的不断发展，日新月异的经济发展对新管理理论的需求同相对落后的资产管理理论之间的矛盾越来越突出，亟需新理论的诞生。超货币供给理论同样有其自身的局限性，缺陷在于它容易产生两种偏向：一是诱使银行介入过于宽泛的业务范围，导致集中和垄断；二是过于宽泛的业务范围加大了银行经营的风险，可能使银行在自己不熟悉的领域惨遭损失。

4.2 成本管理理论

成本管理理论是借助于管理学的理论、思路和方法，对企业运营过程中各种资源的消耗和使用进行预算和控制的理论、程序和方法的集合。它源于一定的社会经济环境，并由当时社会生产力的发展状况所决定。21 世纪以来，企业的经营环境发生了翻天覆地的变化，日新月异的经营环境给企业带来了诸多可贵的发展机遇，同时也带来不少挑战，如企业传统的成本管理模式难以适应新环境的变化，成本管理的重心也由事中的成本控制进一步向前扩展到事前的成本预测、规划阶段，并与企业发展战略相匹配，形成了一种新型的成本管理模式——战略成本管理，它标志着成本管理理论日趋成熟。

尽管成本管理理论是成熟的企业成本管理理论，但银行数据资产的管理还处在探索阶段，尚无可参考的成熟的标准规范，我们只能从更广义的视角来探索，无论是成熟的银行管理理论还是企业管理理论，都值得我们去借鉴。银行数据资产管理的终极目标是控制成本、降低风险和提升利润，概括来讲，就是成本控制和风险管控。因此，数据资产管理的成本是我们在数据资产管理过程中重点关注的一个方面。具体来讲，围绕数据资产可能发生的成本有采集成本、储存成本、维护成本、计算成本等。采集成本是指银行为获取客户数据、交易数据、信用数据等而付出的成本；储存成本是指银行为了存储数据资产而付出的硬件费用、员工报酬等；维护成本是指为了数据资产的安全而进行质量监控、数据修复等发生的相关费用；计算成本是指为了实现数据资产的价值而进行数据资产分析、计算、处理等发生的成本。

从管理体系来看，银行数据资产的管理可能会围绕职能部门管理、信息报告管理、形成及占用管理、保值增值管理、配置使用管理、资产处理及评估清查管理等方面。在银行数据资产管理的实践中，可以借鉴企业成本管理理论对数据资产管理各个阶段的成本进行控制。例如，对银行数据资产管理职能部门的管理，包括对组织架构、职能设置、规章制度、管理活动等方面进行设计规划，设置审批流程、支持决策过程等。再如，对数据资产信息及报告的管理：每项数据资产都有其生命周期，如果了解当前资产状态，就能在资产生命周期内明智地规划采购活动、更新、更换和其他变更，同时做好预算活动。每一个阶段都发生着相应的管理成本及其他运营成本，在管理实践中需要借助一定的理论、方法对这些成本进行控制，基于成本的属性及相关成本在数据资产管理过程中的发生环节，我们可以参考不同的企业成本管理理论加以管理，并在实践的基础上形成银行数据资产管理的理论体系和方法体系。

在本节我们主要介绍作业成本管理、质量成本管理、战略成本管理、全面成本管理四种成本管理理论，并对成本管理理论在数据资产管理中的作用进行阐述。

4.2.1 作业成本管理

20 世纪 70 年代初，Staubus 教授首次提出了作业和作业会计的概念，但是在当时未能引起人们足够的重视。80 年代以后，随着生产自动化程度的提高，人们逐渐意识到传统的成本核算方法已经越来越难以适应生产实际。Cooper 和 Kaplan 等人在揭示传统成本会计缺陷的基础上，提出了作业成本计算方法。这种方法可以将企业发生的各种费用通过成本动因更为精确地分摊到产品成本中去，从而为企业决策者提供更为准确的产品成本信息。

作业成本法是作业成本管理的基础。作业成本管理使用作业成本的信息，其目的不仅要使所销售的产品和服务合理化，更重要的是明晰各项成本动因，从而通过改变作业与过程以提高生产力。它将成本管理的工作重心深入到供应链作业层次，尽可能消除“非增值作业”，改进“增值作业”，优化“作业链”和“价值链”，从成本优化的角度改造作业和重组作业流程，并且对供应链中的各项作业进行成本效益分析，确定关键作业点，对关键作业点进行重点控制。具体地，它通过对作业及作业成本的确认、计量，计算最终产品成本，同时将成本计算深入作业层次，追踪并动态反映企业所有作业活动，进行成本链分析（包括动因分析、作业分析等），为企业决策提供准确信息；它指导企业有效地执行必要的作业活动，消除和精简不能创造价值的作业，从而达到降低成本、提高效率的目的。可以说，作业成本管理的出现使人们眼前一亮，它突破了传统的人们对于成本的种种认识，并为管理者拓展了企业降低成本的途径。

作业成本管理对企业成本管理的贡献在于：该理论根据因果关系分配间接费用，提高了产品成本计算的准确性；拓宽了成本核算的范围，可将成本追溯到除产品之外的成本对象（如顾客、销售渠道等），为企业提供更为全面可靠的成本信息；成本管理中引入过程观，帮助企业在业务活动的全过程中寻找成本降低的突破点；有利于建立责任会计系统，使责任划分更具合理性；作业成本管理采取以业务过程的实体牵动资金运动的方式，将抽象的资金流动的价值控制与业务过程的实体控制相结合。这种过程的思维方式所控制的信息自然包括了价值信息和非价值信息、企业内部信息和企业外部信息。

作业成本管理自出现以来，便被美国企业界视为管理法宝，但它仍然存在不足，具体表现在：作业成本法需要处理大量的资料，必须要有强大的计算机系统与之相配合，企业从传统的成本管理模式转换到作业成本管理模式需要花费大量成本；在作业的划分、成本动因的选择上工作量较大，带有一定程度的主观性，成本核算要达到完全精确不太可能；作业成本管理主要针对企业内部业务过程，基本上还是属于事中控制，对产品进入制造领域之前的事前控制尚显力不从心。

4.2.2 质量成本管理

质量成本管理是全面质量管理运动兴起之后的理论产物。美国著名质量管理学家朱兰和费根堡姆首先提出了质量成本的概念，进而把产品质量管理同企业的经济效益联系起来，这不仅可以加深对全面质量管理理论与方法的理解及认识，还有助于将质量成本管理的理论付诸实践，对于革新企业的经营观念具有重要意义。

关于质量成本的内涵，较为普遍的一种观点认为，质量成本是指为了保证和提高企业的产品质量而发生的一切费用以及因没有达到既定质量标准而产生的一切损失之和，主要包括制造、发现、返修、报废以及避免不合格产品等发生的费用。这里需要注意的是，生产合格品发生的所有费用属于生产成本，而非质量成本。

质量成本管理作为企业日常成本管理活动的一部分，也包括了成本管理的基本步骤与内容，即包括成本预测和决策、成本分析和核算、成本控制、成本考核等内容。第一，质量成本的预测和决策：质量成本预测是指结合对产品质量的预期目标及相关要求，利用企业原有数据或观察数据，对一定时间内的产品质量成本水平进行测算和分析。衡量质量成本的指标，包括合格率、质量事故损失费用、废品率、返修率、修理费用等。质量成本决策的最终目的就是实现生产最优化，即确定使质量总成本最低、企业净利润最大化的产品质量水平，一般有以下三种成本分析计算方法：经验测算法、合理比例法、公式法。第二，质量成本控制：质量成本控制就是在前一步质量成本预测、决策和成本计划的基础上，对质量成本形成的整个过程进行有效的监督、检查，以便及时发现问题，纠正与预期目标之间的偏差，力图实现最优化目标，通过动态优化管理来不断降低质量成本。对质量成本进行控制的过程，包括产品的整个生命周期，即从设计、生产到使用的全过程。第三，质量成本核算：总的来讲，质量成本属于管理成本的一部分，其出发点和落脚点都是为全面质量管理服务，它是一种专项成本，但也兼具一些现行财务成本的特征。因此，对质量成本的核算应该采用更加广泛的工具和方法，不可狭隘地局限于现行财务成本核算的规章，而应该融合会计核算和统计核算、货币计量和非货币计量等多种核算手段与计量方法，在实际核算过程中根据质量成本数据的来源不同而采取灵活有效的处理方法，采用货币、实物、工时等多种计量手段；运用统计调查、会计记账等多种方式收集、记录数据，方式灵活机动，力求完整。

质量成本管理是企业为了实现最佳产品质量与最低质量成本而对质量成本进行的全面管理活动，它统筹了技术和经济效益两个维度，充分体现了系统管理的理念，扭转了以往技术部门重质量轻成本、财务部门重成本轻技术的局部思维，有利于双方的协同合作。质量成本管理具有以下重要的现实意义：一是有利于控制和降低成本，优化成本结构。二是通过控制产品生命周期各个环节的成本，为提高产品质量提供了一条现实可行的途径。三是对成本产生过程进行动态监管，有助于管理层及时掌握质量管理中存在的任何问题。四是质量成本管理为成本管理开辟了新视野，有效拓宽了成本管理道路。但质量成本管理并不是企业独立的管理系统，而只是企业成本管理系统有关成本管理的一部分，其提供的信息也只是企业所有成本信息中有关质量的那一部分，质量成本信息只有与设计成本、销售成本等信息结合在一起，才能构成完整的成本信息链，更好地为企业决策服务。

4.2.3　战略成本管理

在激烈的全球化竞争中，战略化的考虑已成为企业生存和发展的关键。战略成本管理正是基于这种环境而提出的。20 世纪 80 年代初，英国学者 Simmonds 提出了战略成本管理的概念，他认为战略成本管理是“用于构建与监督企业战略的、有关企业及其竞争对手的管理会计数据的提供与分析”。Wilson 将战略成本管理定义为：“是明确强调战略问题和所关注重点的一种管理会计方法。它通过运用财务信息来发展卓越的战略，以取得持久的竞争优势，从而更加拓宽了管理会计的范围。”

战略成本管理是兼顾企业的成本管理与发展战略，从战略的高度全面把握、分析和控制企业及其关联企业的各项成本行为及成本结构，从而为企业战略管理提供丰富的决策信息，有效提高企业的竞争优势。与传统的成本管理模式不同，战略成本管理的特点主要体现在：一是成本内容的丰富化，企业关注的焦点不再仅仅局限于自身的状况，更多关注的是所处环境及其环境因素给企业造成的影响，包括市场环境、竞争对手的竞争优劣势等，并依据自身所处的竞争地位及发展状况及时调整竞争策略；二是成本范围的扩大化，从企业内部价值链延伸到企业外部价值链；三是成本管理手段的多元化，已超越了传统的格式化的成本报告、成本分析模式，更加注重定性因素对企业的作用，并利用财务和非财务的综合成本信息服务于企业管理、促进企业长远发展，促使企业战略目标的实现。

战略成本管理克服了传统成本管理模式的不足，它可以为企业管理层提供有关战略管理方面的较为全面的成本会计信息，它的分析不再局限于单一会计主体，而是结合对竞争对手的深入分析来综合考察会计主体的竞争地位。它可以从战略角度审视企业的组织、资源、人员、销售、生产等问题，提供内部和外部的、财务和非财务的全面成本信息。战略成本管理的出现开创了企业成本管理发展的新局面，标志着成本管理理论逐步迈向成熟。需要指出的是，战略成本管理是一种理想的成本管理模式，但是由于该理论注重考察企业复杂的外部环境条件，对环境的考察比较繁杂，成本较高，因此在实际实施过程中存在着一定的难度。

4.2.4　全面成本管理

20 世纪 80 年代，Ostrenga 全面地论述了全面成本管理的理论思想和构成全面成本管理的管理过程分析、ABC 分类法（又称巴雷特分析法，把企业的物资按其金额大小分为 A、B、C 三类，然后根据重要性分别对待）、连续改善等主要方法，认为要在一个企业中实现全面成本管理，首先要从管理过程分析的角度，全面审视企业现有的经营管理过程，并从中发现存在的问题；其次要持续改善，全面地、持续不断地进行管理经营的改进、优化，包括管理程序、方式、观念等的不断改进。

全面成本管理成熟的背景与动因主要有三：一是世界经济环境的不断改变。当今日新月异的经济环境要求成本管理理论体系的重新构建。世界范围日趋激烈的竞争压力，服务产业的急速增长，以及信息和生产技术的快速进步已经显著改变了经济的性质，并引起众多企业经营经济业务的方式、理念发生了明显的转变，这些变化反过来又促进有变革性意义的成本管理活动的演化发展。因此，客观情况要求利用会计信息控制成本、发展生产率和估计盈利能力。二是传统成本管理日渐突出的缺陷。随着传统的制造业重要性的降低，经济中服务产业部门的重要性得到显著提升，服务行业的独有特点要求我们必须扩展和采纳符合这一行业特定环境的成本管理方法。服务产业部门竞争的加剧也使这些产业的管理者更加有意识地采用会计信息来进行计划、控制和决策。三是现代成本管理理念的形成。随着计算机数控机床和人工智能工具、电脑辅助设备在生产中的广泛运用，许多企业已从传统的劳动密集型生产转变为资本密集型与技术密集型生产。直接人工成本在总成本中的比例因此不断降低，由 20 世纪 70 年代的 40% 下降到 80 年代的 20%，再下降到 90 年代后期的 10%。同时，间接成本比例大幅度提高，成本结构内容更加复杂，客观上也需要一种能够更加机动灵活地适应各种复杂的产品成本计算的成本管理方法，全面成本管理应运而生。

全面成本管理是运用成本管理的基本原理与方法体系，依据现代企业成本运动规律，以优化成本投入、改善成本结构、规避成本风险为主要目的，对企业经营管理活动实行全过程、广义性、动态性、多维性成本控制的基本理论、思想体系、管理制度、运行机制和行为方式。所谓“全面”包括三个方面，即全员、全面、全过程，亦称为全面成本管理的“三全性”。全面成本管理立足于长远的战略目标，致力于培植企业的核心竞争力。为了达到这一目的，就需要了解并运用价值链这一有效的战略性分析工具。价值链是一系列由各种纽带连接起来的、相互依存的价值活动的集合。价值链并不是独立活动的汇集，而是相互依存的活动构成的一个有机的完整系统，在这一系统内，各项活动之间相互联系，即某项活动进行的方式影响其他活动的成本与效率。联系的普遍性意味着仅仅考察一项活动本身并不能全面理解这项活动的成本性态，同时为降低相互联系的活动的总成本创造了机会，企业可以通过协调或优化这些联系来创建其整体成本优势。

这些成本管理的理论和方法是在新的经济环境中产生的，它们突破了传统成本管理理论和方法的局限性，能够比较准确地反映产品的成本，为决策者作出决策提供科学依据。但是，我们还应该看到这些理论和方法也不是尽善尽美的，它们各自还存在着许多亟待解决的问题，需要不断完善；另外，各种方法之间也缺乏一定的系统性，需要后来人投入更大的精力将各种方法进行整合。

4.3 风险管理理论

风险管理思想的雏形是在公元前就已经出现的共同海损制度与船货押贷制度。风险管理理论与实践始于 20 世纪 30 年代，源于美国。1929—1933 年，美国发生经济危机，破产与倒闭的银行、企业约占 40%，风险管理就在这样的危机环境中应运而生，许多企业开始意识到风险防范的重要性，并设立了保险管理部门。保险是当时进行风险管理的主要手段，即通过转移风险对风险进行管理。关于银行风险管理理论，银行风险管理将风险管理的对象细化为银行，是指银行凭借收集到的各种有关经营活动的数据，通过风险识别、风险衡量、风险评估、提出处理与控制策略、进行决策等方式，对风险进行有效控制和妥善处置的过程。银行风险管理的发展是银行自身、风险管理理论、风险管理技术、相关政策规定共同促成的结果。近年来，银行发展迅速，并且伴随着风险管理理论、技术、相关政策规范的不断完善和发展，银行的风险管理内容与模式也在不断发生变化。

当前，银行对于数据资源的收集是广泛且宽口径的，这指的是银行对于结构化数据和非结构化数据都会进行采集。虽然非结构化数据如行为数据等的使用成本较高，但对其深入挖掘可能会帮助银行对客户的风险偏好和投资行为进行拟合水平更高的建模分析，对于风险的预测也愈加准确，从而显著提升银行的风险预测能力，进而降低风险承担水平。另外，随着数据资源规模增加和对非结构化数据的使用，对后者价值挖掘的边际成本还可能显著降低，产生数据资源的规模经济效应，改善中长期银行的风险承担。

4.3.1 久期理论

久期是衡量利率风险的重要指标之一，由 Macaulay 于 20 世纪 30 年代首次提出。Macaulay 将久期定义为将债券未来的现金流入折现到当前时点，并进行加权平均得出的数值。此后，部分学者将 Macaulay 久期模型进行调整后得到了修正后的久期模型。修正后的久期模型能够更为直观地反映出债券价格相对于利率水平变动而变动的程度，具体表现为修正久期与利率表现出正向变动关系，即修正久期越小，债券价格受利率变动影响的幅度越小，抗风险能力越高。因此，投资者能够通过调整组合久期的大小来进行风险管理。预期未来利率水平上升，则可以适当缩短久期，减少债券价值的贬值幅度；预期未来利率水平下降，则可以适当增加长期债券的持有水平，从而提高组合的收益。

在对债券价格与收益率的关系进行进一步研究后，有学者发现二者在坐标轴上呈现下凸形状，同时下凸的程度与债券收益率存在某种关系，因此久期无法精确地体现债券价格相对于利率变动的敏感程度，于是引进了凸性这一概念。凸性是债券价格对利率变动的敏感程度的二阶导数，反映出债券的久期相对于利率的敏感程度。凸性主要有以下几点特征：一是凸性与久期呈现正相关关系；二是在利率、久期保持一定的情况下，债券的票面利率越大，其凸性也就越大；三是当利率处于下降时，债券的凸性增加；四是没有隐含期权的债券的凸性始终为正数，也即当利率上升时，债券价格以递减的速度降低，当利率下降时，债券价格以递增的速度上涨；

五是与第四点相反，若为含有隐含期权的债券，其凸性一般为负值，也即债券的价格随着利率的下降以递减的速度上升，反之亦然。凸性是由久期进一步发展而来的理论，是对传统久期理论的补充与延伸。当利率变动比较显著时，久期难以反映债券价格变动的全貌，需要通过凸性加以补充。

久期模型在金融领域具有良好的应用场景，对提升金融机构等投资者的风险控制能力以及整体盈利水平具有重要的意义。较为常见的久期策略有久期免疫策略、久期缺口管理等。久期免疫策略指通过对资产和负债进行适当的配对组合，可以减小甚至消除未来利率变动对资产及负债价值产生的不确定性。这一策略在商业银行、保险公司等金融机构得到了广泛的应用。该策略能够使金融机构可以基本满足未来特定的现金支付需求，从而保证了公司运营的安全性。具体而言，公司需要构建一个与现有负债久期相等的资产组合，未来利率下降导致负债的上升将会在一定程度上被资产的下降水平所冲抵，因此弱化了利率变动所带来的不确定性。久期缺口管理指在传统的缺口管理的基础上，考虑久期与凸性，在对利率的变化水平进行分析后，对商业银行的资产端与负债端进行适当的调整，使商业银行的资产负债处于合理水平。

然而，久期仍然存在一定的局限性。一方面，由于商业银行的资产与负债是动态变化的，因此缺口往往难以做到持续的合闭。若出现新增的资产或者负债时，需要对久期进行及时的调整以填补缺口，难度较高且实现成本较大。再加上业务处理上的时滞性，风险敞口仍在一定程度上存在。另一方面，如果商业银行过于重视久期缺口，可能会忽略汇率风险、流动性风险等其他风险，同时在一定程度上对银行的盈利性产生干扰。

4.3.2 COSO 企业风险管理框架理论

美国反欺诈财务报告委员会发起组织（COSO）于2004年发布了《企业风险管理框架》。该理论认为，企业风险管理可以分为八个要素，分别是内部环境、目标设定、事项识别、风险评估、风险反应、内部控制、风险信息处理和报告、后评价和持续改进。

从要素上来看，内部环境指企业日常经营的背景，在企业的风险偏好、决策、经营风格等方面有所体现。目标设定要求商业银行将风险管理的要求贯穿于自身制定的目标中。事项识别指根据国家政策、经济水平、监管标准及法律法规对市场风险进行评价，同时通过持续跟踪来管理信用风险。风险评估指建立一体化的风险管理体系，涵盖信用风险、操作风险等多重风险，从而有利于对风险分析的结果进行权衡比较。风险反应指对所评估的风险采取相应的措施进行应对，银行可以通过合理的资产组合尽可能地消除非系统性风险，通过业务分散化、联合贷款等方式提升银行资产的安全性。内部控制指银行应建立并不断完善的内部控制体系，通过制定科学合理的制度并将其在日常经营中贯彻落实，对可能发生的危险进行防范与控制。风险信息处理和报告指商业银行要建立高效的风险报告制度，定期或不定期地对银行风险进行全面排查，并及时进行总结与汇报，为风险管理决策机构提供及时、真实的信息资料。后评价和持续改进指商业银行应当重视后评价，并建立问责追责制度，对事后发生的问题进行及时的纠正与调整。

COSO企业风险管理框架理论主要有以下几点特征：首先，风险管理的参与者不仅包括公司的管理层，还包括全体员工。由于企业内部职责众多，不同岗位的员工可能发现不同的风险，对风险有不同的理解，因此企业风险管理行为需要在全体员工的共同参与下才能进行。其次，企业风险管理是一个动态、全面的过程。其不是某个特定的行为，而是融入企业日常经营管理活动中的方方面面。因此只有把握全局、注重细节，才能进行有效的风险管理。最后，企业在进行风险管理时应当注重自身风险偏好，在制定策略时应当权衡未来的收益以及所能承受的风险，保证所承受风险与风险偏好基本一致。

4.3.3 全面风险管理

面对激烈的竞争，银行开始开拓发展中间业务，因此20世纪80年代之后，银行非利息业务发展迅速，风险逐渐向多样化、复杂化发展，原有风险管理模式难以适应发展的需要。在这种情况下，银行风险管理有了新的要求。1988年《巴塞尔协议I》的出台，形成了全面风险管理的基本框架，并在全世界范围内得到广泛应用。20世纪90年代之后，出现了亚洲金融危机，另外还有巴林银行对操作风险的管控不当造成了银行的倒闭，这些危机都为银行敲响了警钟，让我们意识到，风险开始日渐多元化、复杂化起来。因此，巴塞尔委员会于2004年公布了《巴塞尔协议Ⅱ》，以资本充足率为核心，以信用风险控制为重点，着手从单一的资本充足约束，转向突出强调银行的最低资本要求、监督检查和市场纪律约束三个方面的共同约束，并提出了规范的风险评估技术。这标志着现代银行风险管理模式的完善与转变，管理手段由单一标准变为多举措并行，管理对象由以前的单一目标（信贷资产风险管理）转变为多目标对象。例如，加强了银行对于信用风险、市场风险、操作风险的重视，并且更新了风险管理的组织流程及技术手段，使银行风险的全面管理向前迈进了一大步。此外，2010年，《巴塞尔协议Ⅲ》问世，对资本充足的指标与水平进行了扩充与更改。为进一步降低流动性风险，其增加了杠杆比率等指标要求，进一步强化了银行在流动性层面的风险管理。

银行业是典型的数据密集型行业，在传统业务开展和数字化转型的过程中，积累了海量的数据资源，其中也包括蕴含银行所面临的风险的数据，银行数据资产管理在这个过程中具有举足轻重的作用，其主要作用是提高了各个流程以及导出结果的精确度。具体来说，银行进行风险管理主要分为以下几个步骤：风险识别、风险计量、风险监测以及风险控制，银行数据资产管理能够对风险管理的各流程进行优化，提高风险管理的有效性。风险识别指在事故发生之前判断出潜在的风险；风险计量是指对于识别到的风险，利用现有的有关环境、财务、客户数据以及模型等对风险进行具体的计量，量化估计风险敞口；风险监测指对可能引起风险的相关因素进行搜集及监测；风险控制指采取各种措施和方法，消除或减少风险事件发生的各种可能性，或减少风险事件发生时造成的损失。可见，在银行风险管理的流程中，风险识别、风险计量、风险监测这三个步骤都需要以银行所拥有的数据资产作为基础，而风险控制是在进行一系列关于风险的数据分析之后所作出的决策，也是间接地以数据资产作为基础的。因此，数据资产的质量在银行风险管理中起着举足轻重的作用。银行所拥有的数据资产是银行进行风险管理决策制定的基础。利用银行数据资产，能够加强内外部信息联动，提升银行风险防控能力，提高银行风险管理能力，进一步加强与税务、海关、法院以及第三方合作机构的数据互联共享，有效拓宽信息来源渠道，深度挖掘整合系统内外客户信息、关联关系、交易行为、交易习惯、上下游交易对手、资金周转频率等数据信息，利用风险评估技术评估风险，并建立相应的决策模型，提升银行风险防控能力。

4.3.4 VaR 模型

VaR，即在险价值，Jorion（2007）将其定义为在市场没有发生重大变化，且持有期限和置信水平既定的前提下，某个资产或资产组合预期将可能发生损失的最大值。该模型在风险管理理论及实务中具有重要地位，是目前包括商业银行在内的大多数金融机构所推崇的风险测量方法之一。由于传统的风险测量工具，如方差、半方差等一系列风险敏感性指标只能描述收益的不确定性，无法覆盖对某一资产或组合的整体风险，同时CAPM 即资本资产定价模型在衍生品的风险度量上难以发挥作用，因此

VaR 模型应运而生。20 世纪 80 年代末，摩根士丹利等世界上具有相当影响力的金融机构，首先使用 VaR 模型来对资产及组合的风险进行衡量与评价，VaR 模型开始进入快速传播与发展的时期。G30 成员国于 1993 年开始推广和使用 VaR 模型，同时在 JP. Morgan 发布的 Risk – Metrics 系统的帮助下，一个统一的 VaR 模型标准被建立起来，大幅提升了 VaR 模型在实务领域中的应用。20 世纪 90 年代，在巴塞尔委员会的要求之下，商业银行必须以 VaR 模型为基础来确立资本充足率的标准。迄今为止，国内外众多金融机构将 VaR 模型作为测绘风险的工具，并进一步搭建起 VaR 风险管理的框架与体系，其行业地位被进一步巩固。

具体而言，VaR 模型可以通过下式表示：

$$P(\Delta P > VaR) = \omega$$

其中，ΔP 为资产组合在既定期限 Δt 内的损失或者收益，$1-\omega$ 为事先给定的置信水平。其中置信水平是一个极为重要的参数，这个参数主要决定于决策者的目标、风险偏好等因素，对整体的风险控制具有巨大的影响。如果选取了过低的置信水平，会高估小概率事件，即损失超过 VaR 的可能性，如果取值偏高，则会拉低 VaR 模型的客观性与准确性。

VaR 的计算方法主要有方差—协方差法、历史模拟法以及蒙特卡洛模拟法。方差—协方差法也称参数法，是目前较为常用的计算方法之一，其基本假设为收益率服从正态分布，对方差及协方差参数的估计决定了 VaR 模型的形状。历史模拟法是基于资产组合历史收益的概率分布来推断 VaR 的数值，其优势在于无需对收益率的分布进行假设，同时较为直观，而不足之处在于它没有考虑资产回报的特定模式，而是认为资产收益是独立且同分布的。蒙特卡洛模拟法通过确定一个充分反映市场因子变化的随机过程，利用相关软件产生一定数量的随机数，通过这一过程形成大量的损益及分布，并最终拟合成为需要构建的模型，找到对应的 VaR 值。该方法的优点在于可以对非线性、波动大的组合进行模拟，相较历史模拟法具有更高的适用性及精确度。

4.3.5 RAROC 模型

RAROC，即经过风险调整后的资本收益率，是用以度量为达到一定的收益所需承受的风险的指标，于 20 世纪 70 年代末首次由美国信孚银行提出。该模型认为在商业银行评估收益时需将所承受的风险纳入考虑范围之内，即便某项业务可能实现较高的盈利水平，但如果其承担了巨大的风险，那么预期损失和非预期损失将会较高，因此可能的亏损及对经济资本的占用将冲抵其名义收益率。根据赵家敏等（2005），该模型基本表达式如下：

$$RAROC=\frac{(R-OE-EL)}{CAR}$$

其中，R 为银行的收入，OE 为银行的经营成本，EL 为预期损失，CAR 为风险资本。具体而言，模型中的收入涵盖了商业银行的利息净收入以及非利息收入；经营成本代表商业银行日常经营管理中的各项费用支出；预期损失的确认有多种形式，但基本具备以下四个要素：违约概率、违约损失率、违约风险以及期限，其中违约概率在很大程度上取决于交易对方的资信以及风险敞口，违约损失率表示的是当违约不可避免、银行确定要受到资产损失时，损失的那一部分与总贷款的比值，涵盖了贷款的本金与利息、在催收及执行担保等后期工作时所付出的费用；违约风险又称为风险暴露或者风险敞口，代表的是未来可能出现损失的资产规模。风险资本表示商业银行基于自身的发展目标、战略规划、风险承受能力等因素汇总出的所需的最低资本数量，这一部分资本是商业银行“最后的防护墙”，在其出现意料之外的巨大损失时需要进行及时的填补，以保证商业银行的持续经营。

与 ROE、ROA 等传统的盈利评价指标相比，RAROC 更为精确，能够更真实地反映收益的安全性。RAROC 模型的关键是预期损失。该模型要求商业银行将开展业务的可计量的损失数量化，作为银行当前的一项成本计入收益率的计算当中，对风险进行合理调整，从全面经营的角度平衡商业银行的盈利性与安全性，同时提前准备一定的风险资本以应对未能预计的重大损失。这一模型将商业银行的经营目标进行了有机的统一，因此在实务界产生了相当大的影响力，包括商业银行在内的众多金融机构将该模型进行了应用与推广。首先，由于 RAROC 是以资产组合框架为基础进行风险评估的，因此可以帮助风险管理部门对资产组合所面临的市场风险、信用风险等进行较为全面的分析，以提高银行资产的安全性；其次，RAROC 在绩效考核方面也发挥着相当大的作用。由于传统考核体系没有关注达到考核目标所承担的风险，因此可能会诱发隐藏的风险，而 RAROC 强化了业绩目标同安全性的统一性；最后，在贷款的定价机制方面，RAROC 考虑了信贷资产的安全程度随时间而变化的动态过程，更能反映信贷资产真实的风险水平。

4.4 金融创新理论

什么是创新？创新就是将一个从来没有使用过的生产条件以及生产要素引进到生产体系中，这是熊彼特于1912年在《经济发展理论》一书中提出的创新的定义。熊彼特首创性地提出了“创新理论”，在这一理论中，创新被认为是技术与经济相结合的产物，在这个基础之上，后世许多专家学者根据此思路提出了金融创新，并加以广泛讨论。

随着科学技术的发展，金融创新已经成为当今时代的潮流。金融创新从20世纪60年代开始兴起，指的是为了规避管制而去丰富金融工具的种类，并改善和发展现存的金融体制，用这种金融创新来获取目前现存的金融体制与金融工具所无法获取的利润，降低交易成本，实现利润最大化。它是一个以盈利为动机、缓慢进行、持续不断的发展过程。

银行业是数据密集型行业，数据是推动其转型发展的关键抓手和核心引擎。因此，发挥数据的创新引擎作用，对于银行业推进数字化转型具有重大意义。以数据为核心推进数字化创新，在银行业主要表现在以下内容。

银行在数字人民币的推广过程中需要线上线下协同精准营销。这背后是数据中台和营销中台的合力，数据中台可以准确提供客户画像、筛选出合适的客户，营销中台在合适的时间推销合适的产品、额度，以数据推动客户精准服务。同时，风控智能化也非常重要，需要用数据的能力提升银行业的风险控制水平。例如，一些集团客户是隐形的，没有办法直接识别，而利用数据、基于知识图谱，能够建立“往下深钻十层”的能力，通过分钟级的数据分析，便可以看到其中的关联，识别隐性、潜在的集团客户、控股关系。此外，对于银行业而言，用数据来支持管理决策已经非常普遍；但如何让数据能力快速支持决策，这个要求是很高的。银行需要准确地、实时地感知行内的生产经营变化，把提示、预警、监控信息发送给经营管理者。总之，数据资产可以从产品创新、精准营销、风控和管理决策等方面助力银行业的金融创新。

了解和利用数据资产促进金融创新，首先需要奠定牢固的理论基础。目前，西方经济学家关于金融创新理论的解释主要有八种学说。

4.4.1 货币促成理论

20世纪70年代，产生了较为严重的汇率、利率波动以及较高的通货膨胀，为了防范这些风险，出现了金融创新。也就是说，金融创新是为了缓解汇率、利率波动以及通胀过快而产生的，该理论提出，引起金融创新的主要因素是货币方面因素。

著名货币学派经济学家米尔顿·弗里德曼是货币促成理论的主要支持者之一。货币学派认为，在20世纪60年代，美国剧烈的通货膨胀致使布雷顿森林体系难以维系，最终导致美元与黄金彻底脱钩。而布雷顿森林体系的瓦解加大了各国政府采取高通胀的政策的动机，而这种动机反过来又促进了通货膨胀的传播与蔓延，形成了一种恶性循环。在通货膨胀加剧以及利率水平不稳定的双重压力之下，世界经济出现了一定程度的震荡与停滞，在这种背景之下，金融创新应运而生。外汇期货期权、通胀挂钩债券、可变利息债券以及其他与市场利率水平和通货膨胀率密切相关的新型金融工具的快速涌现能够帮助市场投资者转移其所面临的利率、汇率、通货膨胀的不确定性，以获得相对稳定的投资收益，或者保证自身资产的相对安全性。然而，该理论的局限之处在于，其仅能解释在高通胀以及美元黄金脱钩背景下所产生的一系列用于转移通胀、汇率、利率风险的金融创新，其他形式的金融创新却未涉及。

4.4.2 财富增长理论

财富增长理论的代表人物主要有 Greenbum 和 Haywood。该理论提出，随着社会经济与科技的不断发展，居民财富会持续地积累，无论是使财富保值还是增值的需求，人们会愈发偏好更加多元化的金融产品。金融创新所带来的金融工具的增加是需要需求市场的，否则，对于市场来说这种创新就是无效率的，而需求增加的很大一个原因是由于人们财富的增长所引致的。该理论的核心观点是人们需求的增加促进了金融创新，即决定金融创新的主要因素是财富的增长。

财富增长理论的提出对实务界与学术界产生了重大影响，其基于需求的视角来分析和研究金融创新，对金融机构的业务以及金融工具的创新发展提供了理论指导。然而，该理论仍然存在一定的局限性。首先，财富增长理论仅仅从金融需求的角度来探究金融创新的动机，没有将制度创新纳入考量范围，如果仅仅存在对新型金融工具或业务的需求，不一定会产生金融创新，因为金融创新往往伴随着新的风险，如果监管当局认为这种风险给社会经济与稳定带来的潜在威胁超过了其可能产生的预期收益，或者会与政策的目标有所冲突，则可能优先考虑金融稳定，而抑制甚至停止新型金融工具的应用与普及。而制度上的创新在一定程度上放松了对金融市场的管制，为金融创新提供了良好的发展环境。其次，金融供给在金融创新中也发挥了重大作用，如果供给方面缺乏动力，金融创新也难以为继。与此同时，该理论没有关注利率变动的影响，因此它虽然能对 20 世纪 70 年代产生的金融创新进行较为合理的解释，但对 70 年代之后出于防范转移汇率、利率与通货膨胀所产生的金融创新则缺乏解释力。除此之外，世界科学技术水平的提升、管理模式与理念的革新、新资源的发现与应用等多方面的创新因素也与金融创新息息相关。因此单从财富增长的角度难以完全衡量金融创新。

4.4.3 约束引致假说

1975 年，西尔伯（W. L. Silber）提出了约束引致假说，该理论于 20 世纪 70 年代提出。在 20 世纪 70 年代，布雷顿森林体系解体，进入了货币本位制度和浮动汇率制度时代，产生了较为严重的汇率、利率波动以及较高的通货膨胀，各国金融机构受到了较大威胁。为了避免金融体系出现剧烈动荡，各国政府加强了对金融机构的监管，这虽然降低了金融机构的风险水平，但也限制了金融机构的盈利，束缚了金融机构的发展。金融机构为满足政府、行业监管的要求，也对自身加强了限制，这些内部与外部约束均限制了其自身的经营发展，具体来说，外部约束指政府等机构的管制，内部约束指金融机构内部制定的各种需要达成的目标，如利润目标等。金融机构受到这两方面约束的制约，为挣脱这两方面的束缚，提高盈利能力，金融机构被迫进行金融创新，在满足外部管制、实现内部目标的同时躲避这些压制，进行自主的经营。

该理论的核心观点为：回避或摆脱内、外部的约束是金融机构不断进行金融创新的主要原因，从而进一步满足微观金融机构实现利润最大化的目标。具体来说，外部约束源自市场竞争和政府管制，激烈的竞争与严厉的监管使金融机构不得不进行金融创新，即使会付出很大的代价，但长痛不如短痛。而内部约束源于金融机构内部，金融机构经营要兼顾安全性、流动性和盈利性，其自行制定的措施和制度形成了内部约束。在双重约束下，金融机构不得不另辟蹊径，进行金融创新以实现利润最大化目标。

4.4.4 市场约束引致的金融创新理论

在市场约束理论下，商业银行的利益相关人，包括存款人、债券持有人、股东等，通过对利率、汇率、通货膨胀等市场信息进行收集与分析，再结合自身的投资目标与风险偏好，提高对较为激进、风险较高的商业银行所要求的风险溢价或要求其他补偿，进而导致商业银行被动提高融资成本与经营成本，降低商业银行的盈利水平，迫使商业银行采取更符合自身利益的经营路线。

Flannery 和 Bliss（2000）认为市场约束通过两个阶段对商业银行的风险水平与风险管理产生影响。第一个阶段的关键在于监督。在商业银行存款的客户会对银行公布的或者市场公开的各类信息进行分析，并采取一定的手段，如及时取回存款、赎回所购买的理财产品等，这一阶段是权利人对风险的评估与处理的集中反映，也是下一个阶段的基础。第二个阶段的关键是对商业银行的影响。在这一阶段中，来自上一阶段的效应会传导到商业银行的决策层面，银行决策者会根据客户的行为、银行的现状等因素来调整资产负债水平与业务结构，从而不断减弱客户的行为效应所带来的后果。第一阶段的监督效应与第二阶段的影响与反馈效应程度一般呈现正向关系，也就是说，客户所采取的行为越激进、迅速，银行调整的幅度也会越大，以应对预期将会对银行产生的不利后果。从具体路径上来看，约束效应可以通过存款或理财产品等业务的价格以及规模对商业银行的风险进行控制。一方面，如果客户认为在当前的宏观经济形势与未来的经济走向下，商业银行的经营风格偏激进，其所承担的风险更高，那么客户就会要求更高的风险溢价，例如，更高的存款利率及理财产品的收益率，于是银行更倾向于降低风险偏好以减少成本，这一影响路径在金融市场比较开放的环境中发挥更大的作用。另一方面，面对高风险偏好的商业银行，客户可以将其所持有的存款转移到风险更低、经营更稳健的银行，或者在这类银行购买理财产品，这一行为将导致高风险银行可用资金的减少，从而降低其盈利能力，因此高风险银行也会随之调整经营模式，降低风险水平。

由此，市场约束实际上是一种市场化的机制，是由客户根据市场变动、银行资产质量等信息进行决策而主导，因此存在诸多不确定性，而这在一定程度上引发了对摆脱市场约束的创新需求。1986 年，国际清算银行（BIS）将金融创新进行了分类，其中两类为价格风险转移型和信用风险转移型，价格风险转移型金融创新认为金融创新的动力为浮动汇率政策，其工具主要为浮动利率票据、掉期、远期汇率安排等。而信用风险转移型金融创新的动力是为了避免债务危机导致银行破产。银行为吸引客户资金、重振存款人对资金安全的信心，推出了信用风险转移类型的金融创新产品，例如，贷款互换、可转让贷款、信用证等。

随着经济全球化的发展，各种生产要素正在进行跨国界流动，各国汇率和利率在不断地波动，产生了汇率风险和利率风险，加剧了经济活动的不确定性。正是这种经济活动的不确定性，推动着金融创新的蓬勃发展，而金融创新正是为了摆脱此类风险而进行的，其目标是降低或者避免不确定性所引致的可能的损失。

4.4.5 需求主导型金融创新理论

需求主导型金融创新理论认为金融主体规避、转移风险需求的增加引致了金融创新，该理论主要包括两个方面：其一为需求推动理论，指在通胀加剧、汇率、利率波动剧烈的不稳定的经济环境下，投资者对于规避、转嫁此类风险的需求有所提升，进而带动了相关的新型金融产品及服务的设计与普及，推动了多元化的金融创新。其二为特征需求理论，又称为兰开斯特现象，由英国经济学家 Desai 和 Kow 通过描述流动性和收益性图形上各点的距离进行分析研究后所得出。该理论认为，在市场环境、竞争情况、市场规模、技术水平等因素的不断变化下，既有的金融产品和服务的流动性与回报率之间的距离将会呈现不断变宽的趋势，又由于不同的投资者有不同的偏好，对产品的流动性和回报率有着不同的要求，此时金融市场便会出现产品缺口。为了弥补其间的空白，就产生了对新的金融资产的需求。总而言之，金融创新是为了满足不同偏好投资者的需求应运而生的。随着新技术的不断出现与普及，金融市场基础设施与制度体系不断完善，我国金融市场产品丰富度较以往有了巨大的提升。以基金市场为例，伴随着新能源、半导体、元宇宙等概念的出现，相关基金产品不断涌现，每一类产品的收益率、风险等特征不尽相同；银行业方面，结构性存款、ESG 理财产品、专精特新型理财产品以及各类混合型产品的出现体现了我国金融产品创新的蓬勃发展，为投资者带来了更多的选择，能够更有效地满足不同投资者的投资理念与风险偏好。

4.4.6 规避管制理论

该理论由著名经济学家 Kane 提出，他认为金融机构进行金融创新的主因是为了获取利润、回避政府的管制。该理论认为，政府部门所采取的许多对金融市场的管控措施，实际上是一种对金融行业的隐性成本，因为这在一定程度上抑制了金融机构既有的盈利能力，而且也使金融机构丧失了凭借纳入管制范围中的金融创新来寻求利润的机会。为了获取更高额的利润、更好地达到其既定的经营目标，金融机构便产生了通过设计新型的金融产品来绕过金融管控的动机。

当外部的监管机制与金融机构的内在盈利要求相关联时，通过一定手段来规避金融管制便引致了金融创新。在实际中，合理规避管制是不违背法律要求的，因此 Kane 研究得出了一个监管与创新相互作用的框架，形成了一个政府部门等规则和程序的制定者与金融机构等规避管制方不断博弈的动态过程。从 1977 年开始，Kane 即开展了对政府管制与金融创新的关系的研究，他运用“斗争模型”（Struggle Model）描述了经济和政治之间不停息的动态博弈，金融的创新是斗争的结果，也是斗争的原因。对于政府管制，金融机构为了实现自身的经营目标，会不断进行金融创新活动。为了应对金融机构为逃避监管而进行的金融创新，监管当局又会增加、改进或改变监管手段，对原有准则加以革新，以取得宏观层面的金融控制权。如此，金融机构为逃避监管的金融新创新又开始了。也就是说，金融创新的发展，是一个“创新—管制—再创新—再管制”的循环往复的过程，最终实现二者的螺旋上升。一个比较有代表性的例子是在 20 世纪 60 年代，美国规定银行的定期存款利率不得高于市场利率，较低的利率导致大量的储户从银行中取走存款，转而投资股票或债券，从而使银行业受到了巨大的影响。然而，花旗银行迅速推行了大额可转让定期存单，通过金融创新成功地绕过了金融监管。

规避管制理论相较于约束引致假说，更加注重外部环境在其中发挥的作用。与此同时，该理论在研究金融创新动因的基础上，还将创新的动态博弈纳入考量范围之中，研究理论覆盖范围更加广泛。

4.4.7 交易费用理论

交易费用理论的主要代表有 Hicks 和 Niehans，其核心在于降低交易费用是金融创新的根本原因。由于进行金融创新会带来交易费用的降低，而交易费用的降低会增加利润，正是由于这种动机，使金融机构不断进行金融创新，降低交易费用以扩大盈利，保持竞争力。该理论有两方面含义：其一，金融工具创新的成功与否取决于交易成本；其二，科学技术进步所带来的交易成本的降低是金融创新的本质。

交易费用理论从企业目标的角度来分析金融创新。由于企业创立的最终目标是为了寻求尽可能高的利润，而产品或服务等的创新所带来的成本下降能够帮助企业达到其目标。

交易费用理论仍存在一些局限性。其过于注重科学技术的革新，因此忽略了可以降低成本的其他因素，例如，市场竞争环境的变化、政策因素等，而这些因素在金融创新中的作用也十分显著，仅仅通过科技进步这一方面难以充分阐释成本下降的原因。

4.4.8 技术创新理论

技术创新理论由 Schumpeter 于 1912 年首次提出，其核心观点是经济发展主要归功于技术的创新。Schumpeter 针对的是企业整体的创新，而将技术创新理论延伸至金融领域的是 Hannon 和 McDowell。通过对 20 世纪 70 年代各种新兴技术在美国银行中的应用情况的研究，Hannon 和 McDowell 总结出金融创新的核心动力是技术的发展与普及这一观点。技术创新理论的支持者认为，计算机等信息技术的发展与普及为金融行业的创新提供了理论与物质基础，让金融行业整体的效率提升成为可能。技术创新理论与交易费用理论存在一定的共同之处，二者都认可科技的进步能够降低成本，但前者更强调新的科技能够带来更优质的金融工具，后者则更倾向于成本下降这一结果所产生的影响。然而，由于该理论的研究对象仅为自动提款机，因此缺乏普适性，同时也无法解释因为市场环境、制度体系等因素的改变所伴随的金融创新。

虽然技术创新理论存在一定的缺陷，但也为后来的金融创新发展提供了新的思路。新技术应用于金融业能够提高金融服务的效率，降低金融服务的各项成本，同时利用新技术可以开发更加多元化的产品与服务，促进金融创新。数字经济时代，数据资产已成为驱动银行业务转型发展、服务多元化的客户需求、创新银行业务模式及业务类型的核心要素，而大数据技术所利用的核心要素也是数据资产，通过大数据技术的应用，能够促进银行业务模式、应用技术及产品等的革新。银行可以通过运用数据资产，获取优质有效的数据，并结合当下技术手段的发展，利用大数据挖掘技术分析各类海量信息，发现市场热点与需求，预测市场发展趋势，实现金融创新，进而引导银行业实现有质量、有效益、紧随时代的发展。

4.5 资产定价理论

“资产定价”是对资产所拥有的风险和报酬的权衡，是针对资产所拥有的风险与收益特征制定合理的市场价格。资产定价理论试图解释在不确定条件下未来支付的资产价格或者价值。资产定价理论和模型的演变与发展，无可替代地影响了宏观经济的运行和决策，并实质性地影响了投资者的投资策略和资本市场的运行。合理应用银行数据资产有助于银行进行更加精准的资产定价，提高银行的定价能力。

4.5.1 期望效用理论

20 世纪 50 年代，冯·诺依曼（Von Neumann）和摩根斯坦（Morgenstern）在数学家 Bernoulli 的基础上提出了期望效用理论，建立了不确定条件下对理性人选择进行分析的框架。期望效用理论有四个公理化假设，即完备性、传递性、连续性与独立性。具体而言，完备性指在任意两个选项中进行对比，只有前者优于后者、后者优于前者以及两者优势相同三种情况；传递性指当选择一优于选择二，且选择二优于选择三时，选择一必定优于选择三；连续性指对于传递性中的三个选择期望而言，必定存在一个概率使选择一及选择三的概率组合等于选择二；独立性指对于传递性中的三个选择期望而言，在同一概率水平之下，选择一与选择三的线性组合较选择二与选择三的线性组合更优。在这些公理化假设下，如果投资者的风险偏好满足特定的条件，那么他的行为可以用期望效用函数来表示。资产价格由投资者的风险偏好和资产未来支付的分布所决定，这是决定资产价格的两个基本因素。期望效用理论探究了无风险资产和单一风险资产之间的选择问题，是构建投资者风险资产选择模型的标准方法，它分析了在何种条件下投资者偏好能够与期望效用函数相一致，并且考虑效用和风险厌恶的内在联系，探究了风险厌恶如何导致资产风险溢价的产生，以及风险厌恶如何影响投资者在风险资产和无风险资产之间配置选择的问题。

期望效用理论经历了一系列的改进与发展。由于早期的期望效用函数受外生变量的影响，难以对实际情况中人们同时频繁进行稳健投资与高风险投资的行为进行合理解释。随后部分学者不断对期望效用理论的假设进行合理的放宽，以使理论更贴合实际的情况。例如，放宽连续性假设后得到的多维期望效用理论；非完备性期望效用理论则是通过完全舍弃完备性这一假设而扩展得来的。然而，在经过长时间的研究与验证后，仍然存在部分个体与上述理论相悖的情况，同时在实验过程中出现的 Allais 悖论和 Ellsberg 悖论加大了学术界对该理论的一般性的质疑。期望效用理论仍然存在不断修正与发展的空间，而这也成为后来的著名的前景理论等出现的基础。

4.5.2 资产组合理论

资产组合理论是 Harry Markowitz 于 1952 年提出的，该理论分析了投资者如何选择多种风险资产、实现资产的最优组合的问题。它做出了两方面的假设。一方面，该理论假设资本市场的交易不存在任何费用，是一个有效的市场；股票等金融工具是无限可分的；市场参与者的买入和卖出行为不会对标的物的价格产生影响，且允许卖空行为的出现。另一方面，该理论认为资本市场投资者将预期收益和可能承受的风险这两个参数作为其投资决策的主要衡量指标，他们的目标是尽可能获得更多的效用；投资者是理性的，也是风险厌恶的，且只进行单期投资。在以上假设的基础上，资产组合理论主要包含两方面内容，首先是提出了均值—方差分析方法，Harry Markowitz 以投资组合的均值作为投资组合的期望收益率，以投资组合的方差作为投资组合的收益率的方差，以刻画投资组合的风险，最优投资的标准根据投资者偏好水平的不同而决定，其选择标准为期望确定条件下方差最小，方差确定情况下期望最大。其次，它刻画了投资组合有效边界，以波动率、收益率分别作为横轴、纵轴，在二维坐标系中描绘出一条曲线，选择最小方差点以及其上方的曲线所对应的投资组合进行投资，也就是最优的投资组合。

资产组合理论的提出是经济学发展历程的重大突破，但它仍然存在一定的局限性。因此，在不断地发展延伸后，现代资产管理组合理论应运而生。广义的现代资产管理组合理论不仅包括传统的资产管理组合理论，还囊括了资本市场理论、效率市场理论等。与传统资产管理组合理论相比，现代资产管理组合理论的研究对象更为广泛，包括实体资产、风险资产等；随着科学技术以及数理理论的不断发展，现代资产管理组合理论较传统资产管理组合理论更加注重对计量模型的应用；现代资产管理组合理论在传统理论的基础上将随机因素纳入考量范围内，因此能够更精准地对风险和收益的关系进行描述。

4.5.3 资本资产定价理论

资本资产定价模型（Capital Assets Pricing Model，CAPM）是一种均衡定价模型，于 1964 年由美国学者 William Sharp 首先提出。他发表的论文《资本资产定价：一个风险条件下的市场均衡理论》，系统地总结了一般化的市场均衡理论，为资本资产定价理论提供了主要基础。该理论主要研究证券市场中资产的预期收益率与风险资产之间的关系，以及均衡价格是如何形成的，它提供了一个可以衡量风险大小的模型，来帮助投资者决定所得到的额外回报是否与其风险相匹配。总的来说，该理论是在资产组合理论和资本市场理论的基础上发展起来的，是对马科维茨的理论在现实中的应用和简化。CAPM 在 Markowitz 模型的基础上，将“风险—收益”关系具体变为“系统性风险—收益”关系。

资本资产定价理论是经济学中的一个经典理论，但仍存在一定的不足之处，后续许多学者也以此为基础不断地完善与拓展延伸。例如，Merton构建了ICAPM，即跨期资本资产定价模型。该模型认为跨期投资者需要同时考虑当期的风险以及未来的风险，因此在该假设下，跨期投资者的目标从当期效用最大化变为考虑终生的效用。在实际生活当中，投资者具有多种不同的投资理念与行为，不一定仅仅局限于当期的投资，而该理论正是在一定程度上解决了CAPM在跨期方面的不足。而Lucas和Breeden等学者在ICAPM的基础上又进行了不断的完善，发展出了CCAPM，即基于消费的资产定价模型。该理论认为相较于投资者的财富总量，其更关注的是自身的消费，因此利用投资者的消费数量取代投资者的财富数量，成为投资者效用的新的决定因素。在资产和消费之间进行取舍时，如果持有的资产增加，则会使当期的消费降低，从而使效用降低，另外，资产的积累会提升其在未来的消费水平，从而使效用增加。因此该模型考虑了投资和消费之间的关联性，将产品市场、金融市场等方面的因素有机结合，是资本资产定价模型的重大理论突破。

虽然由于假设繁多导致CAPM具有许多不足，但是不妨碍其是现代金融市场价格理论的支柱，它提供了一个科学看待投资组合问题的角度，也为后来的APT、Fama－French三因子模型等理论提供了基础，被广泛应用于投资决策和公司理财领域。

4.5.4　套利定价理论

1976年，罗斯（Ross）在研究中阐述了套利定价理论（Arbitrage Pricing Theory，APT），套利的含义指不需要投入却能获得收益，并且不可能发生损失。确切地讲，套利定价理论提出了几点假设：第一，市场参与者都能以平等的机会去寻求资本市场中的套利机会，同时市场是充分竞争且无摩擦的，因此套利的机会不会长期存在；第二，投资者的最终目标是效用的最大化；第三，可以利用因子来描述投资的收益。

套利指通过构建资产组合，在买入资产的同时卖出资产，使投资者承受零风险，获得正收益。套利是获取无风险利润的一种行为，相当于“免费的午餐”，套利主要有三种形式，分别为跨期套利、跨市套利和跨商品套利。当不论采取什么套利策略，所获得的收益均为零时，则认为市场中无套利机会。在有效的竞争性市场处于均衡状态时，意味着不存在套利机会，于是得到了均衡条件下资产的价格。由这一假设可以得出“一价定律”，即同质化的资产应当具有相同价格。

套利定价理论也是一种均衡定价模型，其核心是多因素 CAPM，用多个因素来解释风险资产收益。同时，APT 也是一种相对定价模型，它是根据每一个风险因素的风险溢价以及每种资产对风险因素的敏感程度来确定所有资产的风险溢价的。在市场均衡中，所有充分分散的组合的收益完全由系统因素决定，并且都会位于证券市场线上，否则市场就未达到均衡状态，存在无风险套利的机会。

资本资产定价理论与 APT 既存在密切的联系，也有各自的特点。其一，二者的基本假定存在区别。相较于资本资产定价理论严格的假设，APT 在投资的期限、投资组合的效率、投资者的共同预期等方面进行了放松，因此具有更广泛的应用范围，但它在模型表达上更加复杂多变。其二，资本资产定价理论考量的是静态的均衡特征，而 APT 形容的是在有效市场上因投资者不断进行套利，而达到的一个动态均衡。其三，在风险因子方面，资本资产定价理论关注的是系统性风险，而 APT 将风险进行分解，更为细致和清晰，多元化程度更高。

4.5.5 期权定价理论

期权，是指一种合约，其赋予期权购买者（持有人）在未来某一时期、满足行权条件后，以某一固定价格买入和卖出资产的权利。期权的本质是一种选择权，可以由持有者选择执行或不执行，在有利条件下，持有人会行权，在不利条件下，则会放弃行权。该合约产生于 18 世纪后期的美国和欧洲市场，购买这种选择权，需要支付一定数量的“打赌费”，也就是期权合约的价格。确定期权的价格，就是期权定价的简单含义。

1973 年，美国经济学家 Fisher Black 和 Myron Scholes 建立了 Black - Scholes 期权定价理论，它是一种连续时间定价方法。B - S 期权定价模型对期权的本质认识极为深刻，它认为期权的标的资产为基础资产，其价格反映了投资者对于标的物的未来价值的预期，因此，期权定价的第一步是对这些基础资产的价格运动规律进行刻画。B - S 期权定价模型为后续期权定价提供了新的思路，具有十分重要的理论和实践意义。

1979 年，罗斯等人提出二项式模型对期权进行定价，相比于 B - S 期权定价模型，这种方法更加简便，其推导过程更易被人们理解与接受，这一方法在期权定价方面，同样具有一定的科学价值与借鉴意义。

以上介绍了几种较为经典的资产定价模型，可见，随着时代的发展，资产定价理论变得更加复杂，考虑的因素也更加丰富。在不断的发展过程中，市场上也出现了更多的金融衍生产品，金融产品的种类日益丰富起来。不同的金融产品具有不同的属性，因此在实际中，要为纷繁复杂的金融产品进行定价，必然要考虑成本、风险、期限、收益、法律政策、宏观环境、市场需求以及接受程度等更为全面的因素、建立更为全面的模型、制定更为周全的定价策略，从而得到更为精准的定价和良好的市场反响，实现金融机构自身的目标。而这些关于成本、风险、期限、收益、法律政策、宏观环境、市场需求及接受程度等的数据，就是能够帮助银行实现有效、精准定价的数据资产。对于当下的银行来说，中间业务的发展似乎成为其新的发展目标。银行成立理财子公司，不断开发新的理财产品，必然要对其产品进行定价，这首先要求银行对成本、风险、期限、收益、法律政策、宏观环境、市场需求及接受程度等因素进行评估与衡量，而评估与衡量的基础就是数据，因此银行所拥有的数据资产十分关键。银行通过对其进行进一步的管理，加之使用大数据手段，将会增强数据的有效性，进而实现对银行产品更为精准的定价，有利于银行在同质化的市场竞争中处于更加有利的地位。

4.6　技术溢出理论

技术溢出概念最早由经济学家马歇尔在《经济学原理》中提出，他将技术溢出同外部性联系在一起，认为溢出等同于外部性。例如，具有技术优势的企业增加投入进行技术研发，先进技术拥有者有意识或无意识地转让或传播他们的技术到一些技术相对落后的企业，使它们的生产效率得到有效的提高。目前，技术溢出效应主要指跨国公司的一些行为会产生外部性，使其技术进行溢出，进而使东道国受益，而该公司并不会因为这种技术溢出而得到经济收益。

本书认为，在数据资产及数据资产管理刚开始兴起时，数据资产是银行的特有资源，数据资产的分类等管理手段也是银行的特有体系。从这个角度上来说，数据资产管理可以被看作是银行的一项特有技术，是金融机构在长期的经营实践中积累起来的一系列知识、经验、技巧和手段的总和。银行数据资产管理活动在银行间具有技术溢出效应，其具有三个特点：一是外部性，银行数据资产管理活动的技术溢出体现在进行数据资产管理活动后，它们的经营活动对其他银行产生了影响，在这个过程中，最先进行数据资产管理的银行未必因此而受益；二是非自愿性，排除政策影响与利益交互之外，技术溢出并不是优先进行数据资产管理活动银行的自愿行为，但对于吸收技术的银行来说，却是主动和自愿的行为，它可以通过引进人员、技术、设备等方式帮助吸收技术溢出；三是互动性，进行数据资产管理的银行是技术溢出的输出方，而技术相对落后的银行为技术的吸收方，两者均参与其中，做出相应经济活动，技术溢出才会发生，但是时空可能并不相同。

重视数据资产并进行数据资产管理的银行与在该方面落后的银行之间的技术溢出具有一定的过程，进行数据资产管理的银行具有更大的市场竞争力，因为数据资产是银行进行客户偏好分析、风险分析、策略分析、产品制定等银行经营活动的基础，是运用大数据等手段所凭借的底层基础。拥有一个良好的数据资产库，拥有一个良好的数据资产管理体系，有利于银行运用高科技手段进行数据分析，进而得到更加精准的结果，有利于提高银行运行效率，并有助于银行赢得更广泛的客户群体。因此带来的更加激烈的竞争使数据资产管理相对落后的银行为了生存而不得不主动吸收相关经验，重视并进行数据资产管理。

技术溢出的途径主要表现在四个方面：一是数据资产管理方面相对落后的银行会对技术应用相对成熟的银行进行模仿，包括对管理方式、手段及流程等方面的模仿。二是给数据资产管理方面相对落后的银行营造危机感与紧迫感，调动其主动进行数据资产管理的积极性；三是数据资产管理方面相对落后银行要进行改革创新，往往会通过各种有利条件引进人才，造成技术人员、管理人员等的跨银行流动，从而将有关数据资产管理方面的现有知识与方法引入技术相对落后的银行。四是银行与银行间的业务合作，在银行往来的过程中进行数据资产管理的交流与学习，了解数据资产管理的有效性及应用方法，因此，在银行间进行合作时，也在发生着技术溢出效应。

数据资产管理活动是一门技术，是金融机构在长期的经营实践中积累起来的一系列知识、经验、技巧和手段的总和。银行数据资产管理活动在银行间具有技术溢出效应，通过技术溢出效应，使银行间通过竞争、合作、人员流动实现对数据资产管理的普遍应用，能够提高金融机构体系的资源配置能力（数据资产管理有助于得到更精准有效的数据，利用有效的数据进行分析有助于进一步缓解信息不对称性，提高信贷决策能力与定价水平，进而提高资源配置能力）、增强银行风险管理能力（利用更加优质的数据资产精准识别、评估风险信息），促进整个金融体系和谐稳定地发展。

4.7　多元化理论

银行多元化理论来源于企业多元化经营战略理论。H. I. Ansoff 在《多元化战略》中提出了多元化的概念，多元化指的是“用新的产品去开发新的市场”，这是关于多元化理论最早的研究。银行多元化是指银行经营不局限于某一些产品或服务，进而实现产品与服务等业务模式的创新。银行多元化经营的形式主要有以下三类，具体内容为：

第一类是同心多元化，指银行通过运用现存的技术、以往业务运行过程中积累的经验以及资源，开发与原来不同的业务和产品，从同一圆心向外扩大业务经营范围。例如，银行在现有的金融产品的基础上，再次针对自己的产品与服务进行创新，以满足消费者日渐多元化的需求。

第二类是横向多元化，指银行利用现有的市场，采用不同的技术，针对客户多元化的需求，开发新产品、提供新服务，扩大为顾客群体提供服务与产品的范围，通过数据资产的管理，获得更加优质的数据。辅之以各种科技手段，银行可以通过分析消费行为等数据跟踪用户偏好，以此挖掘客户需求，开发新的产品。同时，通过利用数据资产，例如，传统财务数据、客户信息数据、媒体宣传数据等，银行可以精准定位客户群体，以推销特定的、客户需求的理财服务，也能够通过数据挖掘用户偏好，制定更适合客户的投资组合策略等，增强客户体验感，提高客户黏性。

第三类是纵向多元化，即通过前向或后向一体化经营，进行相关业务的合并，使银行数据资产管理在银行纵向多元化发展过程有所助力。例如，在消费信贷领域，银行需要对贷款人的信用水平进行评估，一些没有进行过贷款的贷款人由于没有历史信用记录，因此无法进行评估，无法获取信用水平，银行也就无法为贷款人发放信用贷款。但是互联网金融公司的崛起使消费信贷领域的“蛋糕”被瓜分，银行盈利能力下降，给银行造成了损失。而通过进行数据资产管理，筛选出能够代表用户消费行为等的数据，并通过大数据等技术建立个人的信用风险评估模型，对客户信用水平进行识别、分析、评估并作出决策，有助于银行在维持安全性的同时，提高自身的盈利能力。

总的来说，银行实现多元化经营的主要作用是分散经营风险，而银行数据资产以及对数据资产良好的管理体系有助于银行进行多元化经营，有利于银行有针对性地开拓产品、开拓业务，有助于实现营销的精准定位、产品的精准定位以及风险的精准评估，使银行能够提高经营安全性，增强应对外部环境变化的能力，同时实现更加多元化的盈利。

4.8 信息不对称理论

从20世纪80年代开始，信息不对称理论被引入金融市场的研究。信息不对称指交易双方掌握的信息不对等，即存在着“信息盲区”，而这种信息不对称的存在，可能会伤害交易中某一方的利益，增加交易的不确定性与发生损失的风险。从金融机构演变的过程来说，信息不对称性的存在是促成金融机构尤其是金融中介机构产生的根本原因，借贷双方需要一个具有广泛信息渠道和专业技术能力的金融机构来帮助借款者和贷款者顺利完成交易。随着社会生产的不断发展，市场上对于资金的需求日益增加，尽管传统银行可以在一定程度上缓解借贷双方因为信息不对称产生的逆向选择和道德风险，但由于信息成本、认知能力等问题并不能完全消除，因此专业性再高的银行也不能完全对借贷者的还款能力以及违约概率作出准确监测和判断，所以在借贷双方的博弈中，银行通常处于不利地位。根据信息不对称发生的时间划分，事前的信息不对称会导致“逆向选择”问题，事后的信息不对称会导致“道德风险”问题。美国经济学家 Akerlof 通过著名的二手车市场模型提出了逆向选择问题。逆向选择具体指当市场的参与者能够通过自身的信息优势来获取收益，使交易的另一方蒙受损失时，其有更大的可能去进行这项交易。久而久之，没有充足信息的交易方无法作出合理的交易决策，从而使市场的价格偏离价值，进而降低市场的整体运营效率。最后由于无法准确地判断商品的真实价格，故只能通过市场的平均价格进行决策，购买者不会选择价格高昂的优质品，出售者会更倾向于出售劣质品，最终陷入“劣币驱逐良币”的困境。道德风险由美国数理经济学家 Arrow 提出。该理论认为，由于信息的不对称，交易的一方难以对交易对手进行持续监督，因此对方有动机利用信息差异来实现自身效用的最大化，即使这种行为会损害到对手的利益。例如，在购买保险之后，当事人可能会倾向于采取更激进的行为，从而使保险公司受到损失。

信息不对称理论的诞生与发展对经济学研究具有重大的意义。首先，以往的经济学理论认为市场参与者不存在信息差异，各方都可以平等、快速地获取所有的市场信息，然而这在实际当中是非常难实现的，因此信息不对称理论成为传统经济学理论的重大突破。后续不断有学者在信息不对称理论的基础上进行理论的发展与外延，例如，后来出现的新资本结构理论便以信息不对称理论为中心思想，通过企业内部的信息因素对资本结构进行考量，而不仅仅局限于外部的税收政策等因素；同时信息不对称理论在行为金融学、博弈论等学科的兴起中也起到了重要的作用。其次，信息不对称理论提升了人们对信息这一因素在社会发展中的重视程度，也为后来各国不断建立健全信息披露、监管制度体系等通过减弱信息不对称现象来提高市场效率的行为提供了理论指导。

信息不对称理论的中心思想在现代银行的数据资产管理中也得到深刻体现。银行通过利用数据资产，可以在一定程度上缓解信息不对称问题，在传统风险控制模式下，银行涉及的客户信息面广、数据收集链条长、耗时高，存在着信息不完全、数据真实性问题，因此银行与客户双方在交易的过程中存在着信息不对称问题。而通过进行数据资产管理，构建数据资产统一标准，建立数据资产名称及目录，建立完整的数据资产管理体系，使银行数据资产的分类更加精细，突出了数据资产可控性、可见性、可靠性、可用性等特征，同时结合大数据等风控技术手段，通过这些海量数据建立风险预警模型对银行的风险进行评估和预警，降低了银行因为信息不对称问题蒙受损失的可能性以及在各项业务中所面临的风险水平，提高了银行的风险管理效率。

第 5 章　银行数据资产价值实现研究：成本管理视角

本章我们从成本管理视角探讨银行数据资产的价值实现。我们首先从样本选取、变量定义、模型设定、假设提出四个方面进行研究设计。其次，我们对本章所用的关键变量进行测度。再次，我们基于成本管理视角对银行数据资产的价值实现进行实证分析，包括基准回归分析、稳健性检验、内生性检验、潜在影响渠道检验以及异质性检验等。最后，我们对本章内容进行总结讨论。

5.1　研究设计

5.1.1　样本选取

本章的研究样本由 2013—2021 年中国 169 家银行的数据组成，包括 6 家国有银行、12 家股份制银行、108 家城市银行、43 家农村银行。样本银行的总资产占中国所有银行总资产的 97% 以上。

出于两方面原因，我们将研究时间的跨度选择始于 2013 年。首先，银行等金融机构对于数据资产的关注是大数据科技发展的必然产物，而 2013 年正是公认的大数据时代元年（Mayer - Schönberger & Cukier, 2013; Waller & Fawcett, 2013）。正是因为大数据科技的发展，那些难以被传统数据分析技术利用的准结构化数据、半结构化数据和非结构化数据得到了关注。通过大数据与诸如机器学习等新兴科技的结合，这些长久以来未被充分利用的数据资源有了发挥价值的潜在空间，从而带动了当前数据资产概念的诞生。因此，我们设定 2013 年为研究起点时间。其次，应用 ASO（App Store Optimization）来测度银行的数据资产，需要对移动应用市场的历史流量数据进行追溯和节点监测，而 2013 年之前的移动应用市场流量数据因为距今较远，已经无法被访问。笔者咨询了国内领先的 ASO 服务提供商，它们均表示 2013 年之前的流量数据因为商业价值过时从而被国内主流的移动应用市场抛弃，且由于数据储存成本的问题，大多数移动应用市场服务提供商均选择直接删除了 2013 年之前的数据。因此，受制于移动应用市场的流量数据储存现实，我们选择 2013 年作为研究起始年份。

在实证分析部分，我们需要控制银行个体特征，如银行资产规模和信用风险等，这些财务数据均来自 Bank Focus 数据库。对于部分缺失的财务数据，我们从《中国金融年鉴》和中国股票市场会计数据库（China Stock Market & Accounting Research Database，CSMAR）收集数据进行了补充。《中国金融年鉴》是中国人民银行主管、中国金融学会主办的一部大型资料性、历史性、综合性年刊。它全面、系统地记载了中国的银行、信托、保险、证券等金融业务的改革和发展情况。内容涉及货币、银行、信贷、保险、信托、证券、利率、汇率、结算、投资、金融市场等，是一部具有权威性、专业性、连续性和科学性的大型工具书。CSMAR 是希施玛公司从学术研究的需求出发，借鉴国际知名数据库的处理方式，结合中国实际国情，开发出的经济金融型数据库。CSMAR 是中国目前规模最大、信息最精准、最全面的金融经济数据库。另外，我们对实证分析部分所使用的所有连续变量都在 1% 置信水平上进行了缩尾处理，以减少数据误差和异常值的影响。

5.1.2 变量定义

（1）解释变量：数据资产

本章基于成本管理视角探讨银行数据资产的价值实现。因此，解释变量为银行数据资产。

从数据资产的广义视角来看，数据资产是指由特定企业拥有或控制的，能够为其带来未来经济利益的，以物理或电子的方式记录的数据资源。需要注意的是，并非所有的数据都构成数据资产，数据资产是能够为企业创造价值的数据资源。换言之，具有潜在价值是数据资产在经济效益层面的本质属性。

在本书中，我们聚焦银行的数据资产，定义银行的数据资产为由银行拥有或者控制的，能够为银行带来未来利益的，以物理或电子的方式记录的数据资源，如传统财务数据、客户信息数据、媒体宣传数据等数据资源。其物理层面的属性单位为比特，价值层面的属性单位为货币单位。在我们的测度框架下，我们绕开数据资产的属性单位，直接关注数据资产的规模，在对数化处理后数据资产规模（$DataAssets_{it}$）变量完成了无量纲化。变量 $DataAssets_{it}$ 的数值越大，数据资产规模越大。

（2）被解释变量：成本效率

本章基于成本管理视角探讨银行数据资产的价值实现。因此，被解释变量为银行成本管理能力。我们选择采用成本效率来衡量成本管理能力。成本效率是一个代表性的综合指标，反映了银行的成本管理能力，成本效率越高，成本管理水平越高。成本效率的测度通常有参数方法和非参数方法两种，前者以随机前沿分析为代表，后者以数据包络分析为代表。随机前沿分析（SFA）与数据包络分析（DEA）都是前沿度量方法，它们都是在构造生产前沿的基础上度量技术效率。它们度量出的技术效率是相对效率，其效率值在样本内部具有很强的可比性。两种方法的差异体现在模型的基本假设和模型扩展的复杂程度不同、对实际产出的解释和处理方法不同、构造前沿的方法不同、结果的稳定性不同、相关经济信息不同、分析影响效率因素不同。我们基于以下两方面原因选择 SFA 来获得成本效率。首先，SFA 避免了由于不完整的财务信息覆盖而可能产生的效率估计偏差。其次，SFA 允许我们控制时变效率和多级固定效应，可以帮助我们在一定程度上控制潜在的内生性偏差。在具体的变量选择上，我们选择 SFA 测度的无效率项作为成本效率的测度，无效率项 $\mu_{c,it}$ 衡量了成本管理现状和潜在最优状态之间的差距，无效率项越大，成本效率越低。

（3）控制变量

本章的因变量为银行成本效率，因此选取影响银行成本效率的常用指标予以控制，指标的选取主要依据第 2 章文献回顾中有关银行成本效率影响因素的内容。具体控制变量如：银行规模（$Size_{it}$），使用银行总资产的对数作为银行规模特征的测度（Barth 等，2013；Peng 等，2017；Ahamed 等，2021）；银行资本结构（$Equity_{it}$），使用银行总权益与总资产的比率作为银行资本结构特征的测度（Barth 等，2013；Chortareas 等，2012；Peng 等，2017）；银行净利息收益率（NIM_{it}），使用净利息收入与总生息资产之比测度（López－Espinosa 等，2011；Chortareas 等，2012）；银行运营能力（CIR_{it}），使用营运收入与净收入之比测度（Ariff 和 Luc，2008；Chortareas 等，2012）；银行存贷比（LD_{it}），使用贷款总额与存款总额之比测度（Fang 等，2019）；银行短期偿债能力（$Liquidity_{it}$），使用流动资产与流动负债之比测度（Gaganis 和 Pasiouras，2013）；银行资产质量（NPL_{it}），以不良贷款占总贷款的比率测度（Jiang 等，2009；Fiordelisi 等，2011）；银行所有权结构，包括四个虚拟变量，即国有银行（$SOCB_i$）、全国股份制银行（$JSCB_i$）、城市银行（CCB_i）、农村银行（RCB_i），采用银行是否为该类型银行的虚拟变量测度；银行上市特征（$List_i$），采用银行是否上市虚拟变量测度。所有变量的定义见表 5-1。

表 5-1　　变量定义与测度

变量类型	变量名称	变量符号	变量设计
被解释变量	成本效率	$\mu_{c,it}$	银行成本无效率值
解释变量	数据资产	$DataAssets_{it}$	银行代表性移动应用程序的下载次数
控制变量	银行规模	$Size_{it}$	银行总资产的自然对数
	银行资本结构	$Equity_{it}$	银行总权益与总资产的比率
	银行净利息收益率	NIM_{it}	银行净利息收入与总生息资产的比率
	银行运营能力	CIR_{it}	银行营运收入与净收入的比率
	银行存贷比	LD_{it}	银行贷款总额与存款总额的比率
	银行短期偿债能力	$Liquidity_{it}$	银行流动资产与流动负债的比率
	银行资产质量	NPL_{it}	银行不良贷款与总贷款的比率
	国有银行	$SOCB_i$	若该银行为国有银行，则取值为 1，否则为 0
	全国股份制银行	$JSCB_i$	若该银行为全国股份制银行，则取值为 1，否则为 0
	城市银行	CCB_i	若该银行为城市银行，则取值为 1，否则为 0
	农村银行	RCB_i	若该银行为农村银行，则取值为 1，否则为 0
	上市银行特征	$List_i$	若该银行为上市银行，则取值为 1，否则为 0

5.1.3　模型设定

在测度了银行数据资产、成本效率以及控制变量等相关指标的基础上，本章构建多元回归模型，实证检验银行数据资产对成本效率的影响。我们采用双向固定效应模型对分析模型进行回归。双向固定效应模型可以控制同一时点不同个体的差异（组间差异）和不同时点同一个体的差异（组内差异），这在一定程度上降低了由于潜在遗漏变量偏差引起的内生性偏差。

$$\mu_{c,it} = Constant + a \times DataAssets_{it} + r \times Controls_{it} + Bank_i + Year_t + \varepsilon \quad (5-1)$$

其中，i 代表第 i 家商业银行；t 代表第 t 年；$\mu_{c,it}$为本章的成本效率测度；$DataAssets_{it}$为本章的数据资产测度；$Controls_{it}$为本章的控制变量，包含 $Size_{it}$、$Equity_{it}$、NIM_{it}、CIR_{it}、LD_{it}、$Liquidity_{it}$、NPL_{it}、$SOCB_i$、$JSCB_i$、CCB_i、RCB_i和 $List_i$；$Bank_i$为银行个体固定效应；$Year_t$为时间固定效应；ε为误差项。所有变量的测度见表 5-1。

5.1.4 假设提出

本章以成本管理为研究视角，探讨银行数据资产的价值实现。具体而言，本章采用成本效率衡量成本管理能力，探讨银行数据资产对成本效率的影响。

一方面，我们认为银行数据资产有助于降低经营成本，从而提高成本效率。第一，银行数据资产降低了人力成本，从而提高成本效率。借助数据资产，银行可以以线上消息推送的方式完成目标客户的业务推广，且在客户关系管理中以在线贵宾服务的模式颠覆传统的客户经理服务模式。数据资产带来的这些改变使人力支出大大降低，从而提高成本效率。第二，银行数据资产降低了交易成本，从而提高成本效率。银行数据资产囊括了用户的关联交易信息，在数据授权许可的框架下，有交易需求的用户之间的信息不对称在一定程度上降低，信息成本得到控制，交易流程得到简化，交易成本显著降低，从而提高成本效率。第三，银行数据资产降低了产品研发成本，从而提高成本效率。传统的金融产品研发需要支付巨大的市场调查成本，但借助数据资产内含的向第三方应用程序的授权信息和使用偏好信息，银行本质上掌握了客户的动态需求，因此市场调查成本的节约带来产品研发成本的降低，从而提高成本效率。

另一方面，我们认为银行数据资产会提高银行经营成本，从而降低成本效率。银行的数据资产囤积行为增加了银行的管理成本，而管理成本的增加无疑会降低成本效率。在银行数据资产的重要性逐渐被认识到的今天，各家银行无一例外地将数据资产视为一种重要的战略资源。然而，新的战略资源带来的是对既定管理体系的冲击和对现有管理模式的挑战。数据资产从数据属性来讲，由大量的结构化、半结构化、准结构化和非结构化数据构成，传统的轻型数据库无法满足对其存储以及复杂的数据挖掘和分析操作，因此，通常使用分布式文件系统、No SQL 数据库、云数据库等。以分布式文件系统为例，分布式系统包含多个自主的处理单元，通过计算机网络互连来协作完成分配的任务，其分而治之的策略能够更好地处理大规模数据分析问题，主要包含分布式文件系统和分布式键值系统。这些新型数据库会带来新的管理成本，从而降低成本效率。

基于上述分析，本章提出如下对立假设，验证在我国银行背景下，银行数据资产对成本效率的影响：

假设 1a：银行数据资产提高了成本效率。

假设 1b：银行数据资产降低了成本效率。

5.2 关键变量测度

5.2.1 解释变量：数据资产

本章的研究核心是探讨银行数据资产对成本效率的影响，因此我们首先通过对银行数据资产相关理论进行分析，从技术角度入手，量化银行数据资产的规模。银行数据资产是一个新兴概念，它伴随着大数据科技的发展形成了自身的模糊范畴，是银行相关理论框架下的新价值资产与新生产要素。银行数据资产与相对成熟的资产管理理论、技术创新理论等相关理论均存在学科交叉，同时也冲击着传统的金融学和管理学理论体系。一方面，从资产管理理论角度分析银行数据资产，我们认为银行管理和使用数据资产的目标是实现数据资产所蕴含的价值信息的释放，从而推进银行的利润最大化目标。因此，银行数据资产的量化核心应当遵从“有价信息”的量化原则，与信息价值的规模量化保持范畴上的一致。另一方面，从技术创新理论角度分析银行数据资产，我们认为银行数据资产的出现带来了一种全新的生产函数，具体而言，高附加值的数据资源作为一种新的生产要素，与现有的生产条件进行了有效结合，最终有效改进了现有的生产体系。因此，银行数据资产的量化手段应当也是创新的，只有从与数据资产相关的技术角度切入，才能最具可靠性地量化数据资产的规模。

为了量化银行数据资产的规模，我们对数据资产相关的学术研究和商业调查进行了系统的回顾。我们发现，数据资产的量化存在两难困境。一方面，当我们试图从“数据”的角度（即数据量）去量化数据资产规模时，数据储存单位比特将是我们最终的测度单位。然而，银行数据资产的储存和管理并未系统化，其呈现分散化的特征，而且不同类型的数据储存在不同的管理体系下。例如，媒体宣传数据的管理部门是银行的对外宣传部门，而客户数据的管理和运维是由银行的业务部门负责的。这从根本上限制了我们从数据资产的“数据”特征来测度数据资产的数据量。另外，银行的数据资产作为企业内部的重要战略资源，一般不会主动进行信息披露，我们一一查阅了国内在资本市场上市银行的年度财报，在财报中，它们并未披露数据资产的数量。因此，从数据资产的数据量角度测度银行的数据资产不具有可行性。另一方面，当我们试图从“资产”的角度（即数据价值）去量化数据资产时，资产负债表中的货币单位即为我们最终的测度单位。这时，量化数据资产等价于数据资产的估值。然而，目前数据资产的估值并未达成共识，且 Sarkar（2015）等学者提出的数据资产估值框架和 Fisher（2018）等学者提出的数字资产估值理论，在现阶段还缺乏可行性，这是因为数据资产还远未达到可以进行标准化估值的高质量水平。因此，从资产价值角度测度银行的数据资产虽然在方法上具有一定的可行性，但鉴于学术界未对估值方法达成统一，且数据资产的存续现状不满足其进行标准化估值的要求，该方法对我们的研究也不具有参考价值。

结合现有的数据资产管理理论的发展状况，我们构建了如下数据资产测度体系。我们首先需要了解数据资产管理理论中 Master Data 的概念。Master Data，通常被译为主数据或基本数据，指的是企业内部的核心数据，描述开展业务所围绕的对象。Master Data 帮助我们实现了银行数据资产结构的逐层剖析。Master Data 通常在结构和组成上不发生根本性的改变，是具有一定稳定性的包含经营业务所需的参考数据。Master Data 本质上并不是事务性的，只是它确实与企业的事务息息相关。概括地讲，Master Data 是数据资产中潜在价值存续的集中体现，是一个具有高价值密度的数据群或数据集，它的规模和数量与数据资产存在正相关的关系。也就是说，Master Data 的价值越大，数据资产的潜在价值越大，Master Data 的规模越大，数据资产的规模越大。因此，我们采用 Master Data 指代数据资产。

在明确了 Master Data 的概念后，我们将完整展示银行数据资产量化测度方案。我们的量化分为以下四个步骤：

第一步，从 Master Data 的角度对银行的数据资产进行识别。中国信通院（CAICT）在 2019 年公布的《数据资产管理实践白皮书 4.0》中指出，Master Data 是用来描述企业核心业务的数据，即核心业务的执行主体。这种高价值的数据可以在企业价值链中重复使用，应用于多个业务流程，并跨多个业务部门共享。Master Data 是数据资产中潜在价值存续的集中体现，是一个具有高价值密度的数据群或数据集，它的规模和数量与数据资产存在正相关的关系，即 Master Data 的价值越大，数据资产的潜在价值越大，Master Data 的规模越大，数据资产的规模越大。因此，我们采用银行的 Master Data 来替代银行的数据资产。

第二步，我们采用银行的客户数据来表示银行的 Master Data。数据管理协会（DAMA）是一个非营利性的商业和技术专业人士协会，致力于促进数据资源管理（DRM）和信息资源管理（IRM）。该组织负责程序、实践、策略和体系结构的开发和执行，这些程序、实践、策略和体系结构正确地管理企业的整个数据生命周期。该协会和国际知名的咨询公司高德纳（Gartner）在 2018 年给出了一些 Master Data 的商业实例。例如，反映供应链相关信息的供应商数据，反映核心业务来源的客户数据，反映企业内部治理结构的员工数据，反映企业核心竞争力的产品数据，反映企业市场依存度的渠道数据和传统的如资产负债表等的财务数据。银行作为重要的金融中介，其核心的信用中介角色需要连接大量的客户数据。以传统的存款业务和贷款业务为例，银行在完成信用创造的同时也创造并连接了客户信息数据。零售业务带来的客户信息量的激增不容忽视，以招商银行为例，其零售客户总量到 2020 年初已突破 1.4 亿。这意味着有 1.4 亿个体的信息数据被招商银行所掌握。招商银行高管在公开场合多次表示，客户数据是数字经济时代招商银行的核心驱动力。此外，银行在金融科技时代推出的大量创新性业务连接了具有多维信息的第三方客户数据，进一步丰富了银行数据资产。因此，结合银行的业务特征以及客户数据的基础性，基于 Master Data 的概念内涵，我们使用银行客户数据来替代银行的 Master Data。

第三步，我们借助移动互联网和智能手机的普及来准确量化银行的客户数据规模。在完成第一步和第二步后，银行的客户数据和银行的数据资产在本质上共享了潜在的有价值数据（Potential Valuable Data）这一内涵。因此，对于银行数据资产的量化测度变成了对于银行客户数据的量化测度。与之前提及的数据资产量化测度的现实困难类似，无论从数据量的角度还是从资产价值的角度，我们都难以量化银行的客户数据。一方面，当我们试图从“数据”的角度去量化客户数据时，数据储存单位比特将是我们量化测度的单位。然而，银行的客户数据在银行内的储存和管理并未系统化，其呈现分散化的特征，不同类型的数据并不会储存在同一管理体系下。这从根本上限制了我们从客户数据的“数据”特征来测度客户数据的量（Volume）。另外，银行的客户数据作为企业内部的重要战略资源，一般不会主动进行信息披露，我们查阅了国内在资本市场上市的多家银行的年度财报，在财报中它们并未披露客户数据的数量，只是偶有提到目前海量数据增长的行业环境。因此，从客户数据的数据量角度测度银行的客户数据不具有可行性。另一方面，当我们试图从“资产”的角度去量化客户数据时，资产负债表中的货币单位即为我们量化测度的单位。这时，量化客户数据等价于客户数据的估值。然而，客户数据的估值现在并未达成共识，且 Sarkar（2015）等学者提出的客户数据估值框架和 Fisher（2018）等学者提出的数字资产估值理论，在现阶段还缺乏可行性，这是因为客户数据还远未达到可以进行标准化估值的高质量水平。因此，从客户数据的资产价值角度测度银行的客户数据，虽然在方法上具有一定的可行性，但鉴于学术界未对估值方法达成一致，且客户数据的存续现状不满足进行标准化估值的要求，该方法对我们的研究也不具有参考价值。然而，随着移动互联网的快速发展和智能手机的迅速普及，我们有了从客户视角量化银行客户数据的可行性方案。我们的测度方案始于银行客户数据的产生过程。银行的客户数据积累于银行的日常业务，业务产生了数据，数据又催生了新的业务，如此循环往复。传统的银行业务只能通过线下办理，例如，通过柜台办理或者客户经理上门服务、借助纸质的表格收集客户信息等，信息收集方式不仅效率较低，且客户数据信息单一。智能机的普及带来了业务模式办理的革新。银行推荐客户下载移动应用程序，在功能板块完成自助业务办理。简言之，银行的移动应用程序借助移动网络实现银行与消费者的虚拟连接。与传统的客户与银行线下联系的服务模式不同，银行的移动应用程序功能日益完善，使线上业务处理成为现实，并且在一定程度上逐渐取代线下业务。一方面，越来越多的新客户在银行开户时会下载移动应用程序来完成一些基本的个人信息录入，比如个人指纹；另一方面，现有客户的客户经理也建议银行的客户下载安装移动应用程序，更方便地享受 VIP 定制服务。因此，在这种推广趋势下，银行的移动应用程序下载量与客户数据规模呈正相关关系。

此时，借助数据资产管理理论、银行业务特征以及银行移动应用程序推广趋势，我们完成了银行数据资产的量化。即先将银行的数据资产测度等价于银行的 Master Data 测度，再将银行的 Master Data 测度等价于银行的客户数据测度，最后将银行的客户数据测度等价于银行移动应用程序的下载量。接下来，也是我们测度的最后一步，我们借助 ASO 技术框架下的下载流量监测，获取银行移动应用程序下载次数。在我们的论述中，我们不展示过多的 ASO 技术框架细节，因为 ASO 技术框架对于下载流量的监测有成熟的打包化服务，但我们需要解释在应用 ASO 技术框架时我们进行的三个简化处理。第一个是简化移动应用程序的操作系统问题。在现有的移动智能设备中，目前主流操作系统主要有 Android（来自 Google）、iOS（来自 Apple）、Windows Phone（来自 Microsoft）、Symbian（来自 Nokia）、BlackBerry OS（来自 Black Berry）、Harmony（来自 Huawei）等，但在市场占有率上绝对领先的操作系统只有 Android 和 iOS。这导致银行的技术部门在开发移动应用程序的时候也主要瞄准了这两种操作系统。因此，我们对银行移动应用程序下载量的关注聚焦于 Android 和 iOS 两大操作系统。第二个是对 iOS 操作系统中的移动应用程序的下载量的问题。Apple 的移动应用程序开发区别于 Android 的开源特征，Apple 的严格隐私条款保护移动应用程序开发者只能观测到自己开发的应用程序的下载量变化。因此，我们主要的移动应用程序的下载量来源于 Android 操作系统。第三个是对银行的移动应用程序的多样性的处理。在移动应用市场上，银行的竞争也愈发激烈，而一个直接的竞争策略就是应用程序矩阵策略。应用程序矩阵策略指的是银行推出多款移动应用程序，增强银行的所有应用程序的竞争力，尤其是国有银行和全国股份制银行。例如，中国工商银行有 9 款个人移动应用程序，中国建设银行有 12 款个人移动应用程序。在借助 ASO 技术框架抓取下载流量的相关信息时，我们发现银行其他移动应用程序的下载量明显低于其代表性的移动应用程序的下载量，而无论是在业务层面还是用户层面，代表性应用的覆盖范围往往更广，且这些代表性的移动应用程序也往往采用更直接的、更具有宣传性的名称，如某某银行。因此，我们只关注每家银行代表性的移动应用程序的下载量。

第四步，我们用银行 i 在 t 年最后一天的 App 累计下载量作为银行 i 在 t 年的数据资产的度量，取对数后得到我们的解释变量 $DataAssets_{it}$。另外，为了完善我们的银行数据资产测度，我们还得到了另外三个变量，即 $DataAssets2_{it}$、$MultiApp_{it}$和 $OpTime_{it}$。其中，$DataAssets2_{it} = DataAssets_{it}/AndroidRatio_t$，即采用安卓应用系统在移动操作系统市场的占有率来换算得到银行 App 在所有移动操作系统下的下载量，从而弥补了测度步骤第三步中的前两个简化操作；$MultiApp_{it}$为一个类别变量，表示银行 i 在 t 年拥有几个活跃的 App 产品，这个变量完善了测度步骤第三步中的第三个简化操作；$OpTime_{it}$为我们构建的银行数据资产补充测度，表示银行 i 从第 t 年起已经运营了多少年。我们设置 $OpTime_{it}$的原因是在关于大数据和金融科技的最新研究中（Begenau 等，2018；Farboodi 和 Veldkamp，2020；Jones 和 Tonetti，2020），研究者认为较早成立的公司在发展大数据等新兴数据技术方面积累了潜在优势。其内在原因是运行时间越长，数据积累越多。类似地，银行运营的年限越长，银行积累的数据和信息越多，从而产生的数据资产也就越多。

5.2.2　被解释变量：成本效率

本章的被解释变量为银行成本管理能力，我们采用成本效率测度银行成本管理能力。如前所述，我们采用 SFA 来测度银行的成本效率。与 Berger 和 Mester（1997）、Lensink 等（2008）和 Barth 等（2013）一致，我们衡量银行效率的标准是，在相同的输入价格条件下，在相同产出时，银行状态与潜在最佳状态的接近程度。具体来讲，银行的成本效率衡量的是银行的实际成本和潜在的最优成本之间的差距。

商业银行成本效率的测量方法主要有非参数法和参数法，非参数法有数据包络分析法（DEA）和无界分析法（FDH）两种，参数法有随机前沿法（SFA）、自由分布法（DFA）和厚前沿分布法（TFA）三种。与非参数法相比，参数法不仅考虑了价格对成本效率的影响，而且考虑了随机误差的干扰，使成本效率评价结果离散度降低，提高了成本效率测量的精确性。本书使用我国商业银行 9 年的数据，不同类型、不同时期银行的成本效率会有很大的差别，随机误差对成本效率的影响很大，因此，我们要综合考虑非参数法和参数法的优缺点，本书选择参数法对商业银行成本效率进行测量。在参数法的三种形式中，应用最广泛的是 SFA，它测量的是某一时间截面的成本效率情况，DFA 和 TFA 均为 SFA 的变形，它们测量的是平均成本效率，鉴于本书的研究目的，我们选择 SFA 对我国商业银行成本效率进行测量。

SFA 首先定义成本效率的前沿函数形式，并引进复合误差，即认为随机误差由 u 和 v 两部分组成，u 代表了样本的无效率项，也就是一些可以被控制并对成本效率产生影响的因素导致的无效率，v 代表了研究的随机扰动性，属于不可控制的系统误差。然后，通过对成本效率前沿函数中各参数的测量，获得无效率项的数值，最终得出样本的成本效率值。

在采用 SFA 测量成本效率时首先需要确定成本效率前沿函数，在已有的研究中，应用最为广泛的是柯布—道格拉斯函数和超越对数函数。相比柯布—道格拉斯函数，超越对数函数中引入了投入产出指标的交互影响项，更符合我国商业银行规模收益可变的实际情况，使成本效率模型具有一定的柔性特征，这种柔性特征使潜在的成本结构以及生产结构的限制较少。在投入产出指标的选取上大多采取中介法，把银行视为金融中介服务机构，将资金、劳动力、固定资产定义为投入变量，将贷款、其他生息资产、存款定义为产出变量。具体的成本效率前沿函数如下：

$$\ln\frac{TC_{it}}{W_{3,it}} = \alpha_0 + \sum_{j=1}^{3}\alpha_j\ln Y_{j,it} + \sum_{l=1}^{2}\beta_l\ln\frac{W_{l,it}}{W_{3,it}} + \frac{1}{2}\sum_{j=1}^{3}\sum_{k=1}^{3}\alpha_{jk}\ln Y_{j,it}\ln Y_{k,it} + \frac{1}{2}\sum_{l=1}^{2}\sum_{m=1}^{2}\beta_{lm}\ln\frac{W_{l,it}}{W_{3,it}}\ln\frac{W_{m,it}}{W_{3,it}} + \sum_{j=1}^{3}\sum_{l=1}^{2}\rho_{jl}\ln Y_{j,it}\ln\frac{W_{l,it}}{W_{3,it}} + (\nu_{c,it} + \upsilon_{c,it}) \tag{5-2}$$

式（5－2）中，TC_{it}表示第 t 年银行 i 的总成本；Y_{it}表示银行 i 在 t 年的三种产出，即贷款、其他生息资产、存款；W_{it}表示银行 i 在 t 年的三种投入的价格，即资金价格、劳动力价格和固定资产价格。$\nu_{c,it}$和$\upsilon_{c,it}$构成了误差项。前者服从正态分布，$\nu_{c,it} \sim N(0,\sigma^2_{c\nu})$；后者服从半正态分布，$\upsilon_{c,it} \sim N^+(\mu_{c,it},\sigma^2_{c\upsilon})$。在这两个方程中，同质性条件是通过固定资产价格对总成本、资金价格和劳动力价格进行标准化来实现的。我们采用$\mu_{c,it}$作为成本效率的测度，它衡量了成本管理现状和潜在最优状态之间的差距，无效率项越大，成本效率越低。

表 5－2 列示了 SFA 相关检验结果，结果显示，本书采取的成本效率前沿函数是有效的。

表 5－2　　SFA 相关检验结果

Test Statistics	Coefficient	Robust Std. Err.	P－value
Usigma_ cons	－3.283	0.134	0.000
Vsigma_ cons	－28.932	0.201	0.000
Sigmau	0.191	0.012	0.000
Sigmav	5.21E－7	5.32E－8	0.000
Lambda	3.70E－5	0.012	0.000

5.3　实证结果分析

5.3.1　描述性分析

前文我们获得了本章研究所需的两个关键变量的量化测度结果：银行数据资产规模 $DataAssets_{it}$和成本效率$\mu_{c,it}$。表 5－3 列示了本章两大核心变量和回归模型（5－1）中所用到的控制变量的描述性统计结果。银行成本无效率的均值为 0.191，标准差为 0.233，最大值为 1.992，最小值为

1.931E－6；银行数据资产规模的均值为13.192，标准差为2.924，最大值为22.271，最小值为3.636。总的来看，我们选取的银行研究样本在数据资产规模上是富于变化的，且成本效率的测度与现有的关于中国银行成本效率研究的测度结果基本一致。

表5－3　　　　描述性统计

变量	观测值	Mean	Std. Dev.	Minimum	Maximum
$\mu_{c,it}$	1186	0.191	0.233	1.931E－6	1.992
$DataAssets_{it}$	1186	13.192	2.924	3.636	22.271
$Size_{it}$	1186	15.037	2.152	1.114	20.003
$Equity_{it}$	1186	0.317	0.113	0.001	0.723
NIM_{it}	1186	0.021	3.483	0.003	0.073
CIR_{it}	1186	0.384	8.769	0.165	0.852
LD_{it}	1186	4.482	25.751	2.244	8.946
$Liquidity_{it}$	1186	0.257	11.063	0.030	0.671
NPL_{it}	1186	0.014	0.012	0.001	0.133
$List_{it}$	1186	0.236	1.416	0.000	1.000
$SOCB_i$	1186	0.036	0.197	0.000	1.000
$JSCB_i$	1186	0.792	0.273	0.000	1.000
CCB_i	1186	0.721	0.449	0.000	1.000
RCB_i	1186	0.157	0.367	0.000	1.000

注：所有变量定义见表5－1。

5.3.2　基准回归结果分析

在进行本节基准回归结果分析之前，我们首先检验解释变量是否存在多重共线性问题。方差膨胀因子（限于篇幅，结果未列示）很好地表明我们设定的回归模型（5－1）中没有严重的多重共线性问题。我们进一步采用Im（2003）提出的Fisher检验和Pesaran（2006）提出的残差截面相关性检验（又称CD检验）来确定我们的数据是否更适合面板估计模型，结果支持我们选择面板数据形式来进行回归模型（5－1）的估计。另外，在估计回归模型（5－1）时，我们使用White（1980）方法考虑可能的异方差问题。

表5－4报告了回归模型（5－1）的结果，其中第一列不包含控制变量，第二列加入了控制变量。可以发现，当被解释变量为银行成本无效率时，（1）列和（2）列中的银行数据资产变量$DataAssets_{it}$的系数均显著为正，说明银行数据资产显著提高成本无效率，即银行数据资产会降低成本

效率，支持假设1b。我们认为银行成本效率的显著下降主要是以下原因：银行数据资产的囤积行为导致数据资产规模增加，直接提高了银行的管理成本，而管理成本的增加导致了成本效率的降低。一方面，银行数据资产的增加对银行的资产管理提出了更高的要求。新的资产类型需要新的管理模式，相关的管理支出加重了管理负担。另一方面，在大数据技术等新兴金融科技的帮助下，银行数据资产的价值探索已经成为银行的运营共识，这种新的技术战略带来了研发费用的增加，最终导致银行管理负担的增加。

表5-4　　银行数据资产对成本效率的影响

	(1)	(2)
	$\mu_{c,it}$	$\mu_{c,it}$
$DataAssets_{it}$	0.018 *	0.021 **
	(0.012)	(0.021)
$Size_{it}$		0.056 ***
		(0.014)
$Equity_{it}$		-0.706 *
		(0.374)
NIM_{it}		0.113 ***
		(0.032)
CIR_{it}		0.005
		(0.005)
LD_{it}		0.000
		(0.001)
$Liquidity_{it}$		0.002 *
		(0.001)
NPL_{it}		-1.787 *
		(0.916)
Year FE	Yes	Yes
Bank FE	Yes	Yes
常数	-0.182 *	-1.616 **
	(0.109)	(0.524)
N	1186	1186
adj. R^2	0.203	0.211
F	25.326	30.136

注：我们使用固定效应模型估计所有的回归。***、**、*分别表示1%、5%、10%水平下显著性。我们还将所有连续变量在1%和99%的水平上进行缩尾，以减轻离群值的影响。括号内的标准误差根据White（1980）的方法纠正了异方差。所有变量定义详见表5-1。

5.4 稳健性检验

本节我们对 5.3 中基准回归的结果进行稳健性分析。具体来讲，我们探讨银行数据资产与成本效率之间的结果是否受到一系列其他因素的影响，这些因素包括但不局限于在应用 ASO 技术框架获取银行数据资产测度时的一些技术简化处理。

第一，由于之前所述的 Apple 的严格版权保护，移动应用程序的开发者只能在 Apple 的开发者界面上看到自己开发的移动应用程序的下载量变化，所以我们无法获得银行的代表性移动应用程序在 iOS 系统中的下载量。因此，我们设计了如下的稳健性分析来控制这种潜在的偏差因素。我们采用国际数据公司（International Data Corporation，IDC）关于移动操作系统市场份额的报告来控制这种潜在的偏见。原因如下：Android 和 iOS 在中国移动操作系统中占据了很大的市场份额。这使我们可以认为，在银行对这两种系统应用推广没有偏好的前提下，两种系统的市场份额之比可以反映两种系统的下载量之比。因此，根据 ASO 技术框架获取的银行数据资产的数据，以及 Android 和 iOS 两大操作系统的市场占有率，我们可以推算出每家银行的移动应用程序在 iOS 上的下载量。结合借助 ASO 技术框架获取的 Android 操作系统中的银行代表性移动应用程序的下载量和借助市场份额变化推算的在 iOS 操作系统中的下载量，我们可以得到每家银行在两大主流操作系统中的代表性移动应用程序的全部下载量，取对数后我们可以得到银行数据资产规模的替代测度，即 $DataAssets2_{it}$。我们用 $DataAssets2_{it}$ 替代 $DataAssets_{it}$ 重新对模型（5－1）进行回归分析，表 5－5 列示了我们的结果。结果表明，当我们控制了 Apple 的严格版权保护造成的数据偏差时，银行数据资产降低了成本效率这一结论是稳健的。

表 5－5　　银行数据资产对成本效率的影响：稳健性检验 1

	(1)	(2)
	$\mu_{c,it}$	$\mu_{c,it}$
$DataAssets2_{it}$	0.016 *	0.024 **
	(0.013)	(0.013)
$Size_{it}$		0.056 **
		(0.017)

续表

	(1)	(2)
	$\mu_{c,it}$	$\mu_{c,it}$
$Equity_{it}$		-0.705*
		(0.364)
NIM_{it}		0.114**
		(0.033)
CIR_{it}		0.006
		(0.005)
LD_{it}		0.000
		(0.000)
$Liquidity_{it}$		0.002*
		(0.001)
NPL_{it}		-1.778*
		(0.916)
Year FE	Yes	Yes
Bank FE	Yes	Yes
常数	-0.185	-1.625*
	(0.112)	(0.525)
N	1186	1186
adj. R^2	0.203	0.210
F	22.432	27.241

注：我们使用固定效应模型估计所有的回归。***、**、* 分别表示 1%、5%、10% 水平下显著性。我们还将所有连续变量在 1% 和 99% 的水平上进行缩尾，以减轻离群值的影响。括号内的标准误差根据 White（1980）的方法纠正了异方差。所有变量定义详见表 5-1。

第二，银行的移动应用程序矩阵发展策略（即同时开发多款移动应用程序）是多数银行的发展战略。例如，工商银行有 9 款个人应用，而建设银行有 12 款个人应用。然而，在我们使用 ASO 技术框架获取银行的移动应用程序下载量时，我们选择采取只抓取银行代表性移动应用程序的下载量而忽略其他移动应用程序。这主要是出于两点原因：首先是客户数据的潜在重叠和重复。从银行对移动应用程序的定位来讲，用户会首先下载某家银行的代表性移动应用程序，之后结合更专业化的需求下载其他移动应用程序来获取更专业的服务。因此，银行代表性移动应用程序的下载量包含的客户数据信息已经涵盖了其他移动应用程序中的客户数据信息。其次是这些其他移动应用程序的相关信息的部分缺失。体现在只有极少数银行会持续维护移动应用程序矩阵中的所有移动应用程序，在不再提供日常维护后，一些银行的专业化移动应用程序也停止更新，并逐渐退出移动应用程序商店。为了剔除移动应用程序矩阵发展策略对本书研究结果的影响，我们构造了一个虚拟变量 $MultiApp_{it}$，表明银行 i 在 t 年有几款移动应用程序处于正常状态，将这一变量加入我们的基准回归模型（5－1），采用双重固定效应模型对新的模型进行回归分析，结果如表 5－6 所示。结果表明，当我们控制移动应用程序矩阵发展策略影响时，我们的主要结论仍然是稳健的。

表 5－6　　银行数据资产对成本效率的影响：稳健性检验 2

	(1)	(2)
	$\mu_{c,it}$	$\mu_{c,it}$
$DataAssets_{it}$	0.015*	0.021**
	(0.012)	(0.013)
$MultiApp_{it}$	0.034**	0.053**
	(0.016)	(0.023)
$Size_{it}$		0.054***
		(0.016)
$Equity_{it}$		－0.706*
		(0.373)
NIM_{it}		0.112***
		(0.034)
CIR_{it}		0.005
		(0.004)
LD_{it}		0.000
		(0.000)
$Liquidity_{it}$		0.002*
		(0.001)
NPL_{it}		－1.791*
		(0.922)
Year FE	Yes	Yes
Bank FE	Yes	Yes
常数	－0.522*	－2.143**
	(0.154)	(0.643)
N	1186	1186
adj. R^2	0.203	0.215
F	27.085	31.152

注：我们使用固定效应模型估计所有的回归。***、**、* 分别表示 1%、5%、10% 水平下显著性。我们还将所有连续变量在 1% 和 99% 的水平上进行缩尾，以减轻离群值的影响。括号内的标准误差根据 White（1980）的方法纠正了异方差。所有变量定义详见表 5－1。

第三，在一些关于大数据和金融科技的最新研究中（Begenau 等，2018；Farboodi 和 Veldkamp，2020；Jones 和 Tonetti，2020），研究者通常认为较早成立的公司由于运营年限较长，数据积累越多。我们也认同这一观点，即营业时间越长，银行积累的数据和信息越多，从而产生的数据资产也就越多。因此，我们构建 $OpTime_{it}$ 变量替代 $DataAssets_{it}$ 来进行稳健性检验。$OpTime_{it}$ 表示银行 i 从第 t 年起已经运营了多少年。我们采用双重固定效应模型进行分析，表 5－7 中列示了我们的回归结果。结果表明，我们的结论，即银行数据资产与成本效率存在负相关关系，仍然是稳健的。

表 5－7　　银行数据资产对成本效率的影响：稳健性检验 3

	(1)	(2)
	$\mu_{c,it}$	$\mu_{c,it}$
$OpTime_{it}$	0.041***	0.078***
	(0.007)	(0.013)
$Size_{it}$		0.027*
		(0.014)
$Equity_{it}$		-0.717**
		(0.343)
NIM_{it}		0.121***
		(0.028)
CIR_{it}		0.007*
		(0.004)
LD_{it}		-0.000
		(0.000)
$Liquidity_{it}$		0.002
		(0.001)
NPL_{it}		-1.693
		(1.225)
Year FE	Yes	Yes
Bank FE	Yes	Yes
常数	-0.647**	-2.331**
	(0.158)	(0.606)
N	1186	1186
adj. R^2	0.184	0.196
F	22.362	24.653

注：我们使用固定效应模型估计所有的回归。***、**、*分别表示 1%、5%、10% 水平下显著性。我们还将所有连续变量在 1% 和 99% 的水平上进行缩尾，以减轻离群值的影响。括号内的标准误差根据 White（1980）的方法纠正了异方差。所有变量定义详见表 5－1。

第四，在对银行效率的相关研究中，除了使用无效率项作为效率测度外，还有一些研究直接使用取值范围为 0 ~ 1 的银行效率值作为测度，如 Jiang 等（2013）。为了排除我们的结论是因为采用了无效率项作为效率测度得到的特定回归结果，我们采用银行成本效率值作为被解释变量，并采用 Simar 和 Wilso（2007）提出的截断回归模型来重新分析回归模型（5 - 1）。具体地，银行成本效率值 CEFF 等于 exp（ $-\mu_{c,it}$ ），取值范围为 0 ~ 1，我们在表 5 - 8 中列示了我们的分析结果。结果表明，本章的研究结论，即银行数据资产的增加降低了成本效率，不受特定的被解释变量形式和特定的回归方法影响。换言之，我们的结论是稳健的。

表 5 - 8　　银行数据资产对成本效率的影响：稳健性检验 4

	(1)	(2)
	$CEFF_{it}$	$CEFF_{it}$
$DataAssets_{it}$	-0.011 *	-0.014 *
	(0.006)	(0.006)
$Size_{it}$		-0.038 *
		(0.011)
$Equity_{it}$		0.364 **
		(0.165)
NIM_{it}		-0.071 *
		(0.017)
CIR_{it}		-0.002
		(0.001)
LD_{it}		-0.000
		(0.000)
$Liquidity_{it}$		-0.002 *
		(0.001)
NPL_{it}		1.285 **
		(0.633)
Year FE	Yes	Yes
Bank FE	Yes	Yes
常数	1.107 *	2.036 ***
	(0.074)	(0.289)
N	1186	1186
adj. R^2	0.171	0.183
F	23.683	26.536

注：我们使用截断回归模型估计所有的回归。***、**、* 分别表示 1%、5%、10% 水平下显著性。我们还将所有连续变量在 1% 和 99% 的水平上进行缩尾，以减轻离群值的影响。括号内的标准误差根据 White（1980）的方法纠正了异方差。所有变量定义详见表 5 - 1。

第五，近年来的一些关于银行效率的研究简要地提到了银行开设分支机构的影响（Degl Innocenti 等，2017），但由于这些数据的可获得性较低，中国银行效率的实证证据很少涉及这些因素。我们从中国银行与保险监督委员会官网和 CSMAR 数据库收集并补充了这两组关于银行分支机构和银行员工数量的稀缺信息，得到了 $Branch_{it}$ 和 $Employee_{it}$ 两个变量。我们将这两个变量引入回归模型（5－1）中，在表5－9中列示了我们的回归结果。结果表明，在引入两个新的非金融因素变量后，回归结果与表5－4中的基准回归结果一致，证明了我们的结论的稳健性。

表5－9　　银行数据资产对成本效率的影响：稳健性检验5

	(1)	(2)	(3)
	$\mu_{c,it}$	$\mu_{c,it}$	$\mu_{c,it}$
$DataAssets_{it}$	0.031***	0.020**	0.029***
	(0.011)	(0.009)	(0.010)
$Size_{it}$	0.067**	0.054***	0.060**
	(0.024)	(0.016)	(0.025)
$Equity_{it}$	−0.781**	−0.708*	−0.712*
	(0.382)	(0.389)	(0.406)
NIM_{it}	0.116***	0.104***	0.112***
	(0.034)	(0.032)	(0.036)
CIR_{it}	0.008	0.005	0.007
	(0.006)	(0.005)	(0.006)
LD_{it}	0.000	0.000	0.000
	(0.000)	(0.000)	(0.000)
$Liquidity_{it}$	0.002	0.002**	0.003*
	(0.002)	(0.001)	(0.002)
NPL_{it}	−0.856	−2.021**	−1.191
	(0.935)	(0.923)	(0.953)
$Branch_{it}$	−0.001***		−0.001***
	(0.000)		(0.000)
$Employee_{it}$		16.326**	20.116**
		(6.542)	(7.352)
Year FE	Yes	Yes	Yes
Bank FE	Yes	Yes	Yes
常数	0.701	−1.463***	0.574
	(1.062)	(0.532)	(1.024)
N	1186	1186	1186
adj. R^2	0.216	0.216	0.217
F	30.352	30.436	31.246

注：我们使用固定效应模型估计所有的回归。***、**、*分别表示1%、5%、10%水平下显著性。我们还将所有连续变量在1%和99%的水平上进行缩尾，以减轻离群值的影响。括号内的标准误差根据 White（1980）的方法纠正了异方差。所有变量定义详见表5－1。

第六，在本章中，我们的研究样本的时间跨度为 2013 年至 2021 年。然而，一些城市银行和农村银行受制于科技发展水平，在 2014 年后才拥有了自己的移动应用程序，因此在 2013 年的样本中，只有部分银行拥有自己的移动应用程序。为了防止我们的研究结论受到 2013 年的观测结果的影响，我们剔除了 2013 年的所有样本，然后利用回归模型（5－1）重新分析剩余的研究样本。我们在表 5－10 中列示了我们的分析结果，结果表明，本书关于银行数据资产与成本效率之间的关系不受 2013 年的观测值影响，换言之，我们在本章的研究结论是稳健的。

表 5－10　　银行数据资产对成本效率的影响：稳健性检验 6

	(1)	(2)
	$\mu_{c,it}$	$\mu_{c,it}$
$DataAssets_{it}$	0.014 *	0.017 **
	(0.008)	(0.010)
$Size_{it}$		0.053 **
		(0.013)
$Equity_{it}$		－0.862 *
		(0.356)
NIM_{it}		0.102 **
		(0.031)
CIR_{it}		0.006
		(0.005)
LD_{it}		0.000
		(0.000)
$Liquidity_{it}$		0.003 **
		(0.001)
NPL_{it}		－1.822 *
		(0.876)
Year FE	Yes	Yes
Bank FE	Yes	Yes
常数	－0.153	－1.468 **
	(0.112)	(0.463)
N	1086	1086
adj. R^2	0.202	0.213
F	25.326	29.326

注：我们使用固定效应模型估计所有的回归。***、**、* 分别表示 1%、5%、10% 水平下显著性。我们还将所有连续变量在 1% 和 99% 的水平上进行缩尾，以减轻离群值的影响。括号内的标准误差根据 White（1980）的方法纠正了异方差。所有变量定义详见表 5－1。

5.5 内生性检验

双重固定效应模型在一定程度上解决了部分内生性问题，但银行数据资产与成本效率之间仍然可能存在内生性问题。例如，如果银行数据资产对成本效率的影响会导致银行调整银行数据资产的规模，那么潜在的内生性困扰可能会使我们的结果产生偏差。在本节中，我们采取以下方法解决潜在的内生性问题。首先，我们从影响数据资产增长的技术因素的角度构建工具变量，并采用面板工具变量法降低可能的内生性问题（Roberts 和 Whited，2013）。其次，我们寻找与银行数据资产相关的政策冲击，采用准自然实验法框架下的 Difference – in – Difference（DID）方法来确认银行数据资产与成本效率之间的因果关系。

首先，我们采用面板工具变量法（Roberts 和 Whited，2013）来降低基准回归结果中潜在的内生性问题。在本章的分析中，我们使用银行代表性移动应用程序下载量的时变数据来测度银行数据资产，这是我们本章实证分析的定量基础。虽然来自 ASO 技术框架的下载量具有一定程度的外生性，但我们仍然试图找到一个银行代表性移动应用程序下载量的外生的工具变量。在 ASO 技术框架中，除了下载量信息，还有一个关于移动应用程序的重要信息，即综合排名（Comprehensive Ranking）。更高的综合排名会带来更强的竞争力，这是显而易见的。例如，当用户打开移动应用商店时，综合排名靠前的移动应用程序对目标用户更具吸引力。一方面，这是因为综合排名反映了移动应用程序当前的受欢迎程度或影响力，暗含了可以带来更多的页面浏览量和更多的使用评论等信息。另一方面，从社会学的角度看，不是所有的用户都愿意点开“查看更多”或“展开全部”。因此，我们认为银行的移动应用程序的综合排名与银行的代表性移动应用程序的下载量呈正相关关系。即综合排名 $Rank_{it}$越高，应用程序的下载量越大。我们构造工具变量 $Rank_{it}$，为第 t 年银行 i 的移动应用程序在移动应用程序商店的平均排名的正向化处理值①。我们手动将工具变量 $Rank_{it}$与我们的银行—年度观测数据进行匹配，并进行面板工具变量回归。表 5 – 11 和表 5 – 12 为面板工具回归估计的结果，表 5 – 11 为面板工具变量法第一阶段的回归结果，表 5 – 12 为面板工具变量法第二阶段的回归结

① 由于平均排名值与排名高低为负相关关系，因此我们对平均排名值进行正向化处理。

果。表 5－11 的回归结果表明，工具变量 $Rank_{it}$ 与银行数据资产 $DataAssets_{it}$ 显著正相关。表 5－11 底部的相关检验拒绝了变量 $Rank_{it}$ 是弱工具变量的假设。我们将银行数据资产变量 $DataAssets_{it}$ 替换为来自面板工具变量法第一阶段回归的预测值，即 $P-DataAssets_{it}$。结果表明，在修正了潜在的内生性偏差后，银行数据资产和成本效率之间的关系继续保持稳健，这表明我们的结果不是由潜在的内生性偏差驱动的。

表 5－11　银行数据资产对成本效率的影响：内生性检验 1（第一阶段）

	(1)	(2)
	$DataAssets_{it}$	$DataAssets_{it}$
$Rank_{it}$	1.526***	1.626***
	(0.061)	(0.071)
$Size_{it}$		-0.027
		(0.031)
$Equity_{it}$		1.174**
		(0.526)
NIM_{it}		0.021
		(0.042)
CIR_{it}		0.005
		(0.004)
LD_{it}		0.000
		(0.000)
$Liquidity_{it}$		-0.004
		(0.003)
NPL_{it}		-0.142
		(0.895)
Year FE	Yes	Yes
Bank FE	Yes	Yes
常数	5.011***	4.847***
	(0.154)	(0.757)
N	1186	1186
adj. R^2	0.652	0.753
F	106.463	518.425

注：我们使用固定效应回归模型估计所有的回归。***、**、* 分别表示 1%、5%、10% 水平下显著性。所有的测试统计数据都报告在每个回归表的底部。其中包括识别不足测试和弱工具变量检验。因为我们只使用一个工具变量，所以结果不包括 Sargan 检验结果。我们还将所有连续变量在 1% 和 99% 的水平上进行缩尾，以减轻离群值的影响。括号内的标准误差根据 White（1980）的方法纠正了异方差。所有变量定义详见表 5－1。

表 5-12 银行数据资产对成本效率的影响：内生性检验 1（第二阶段）

	(1)	(2)
	$\mu_{c,it}$	$\mu_{c,it}$
P-DataAssets$_{it}$	0.017*	0.016**
	(0.012)	(0.008)
Size$_{it}$		0.054***
		(0.011)
Equity$_{it}$		-0.702**
		(0.161)
NIM$_{it}$		0.114**
		(0.018)
CIR$_{it}$		0.005**
		(0.002)
LD$_{it}$		0.000
		(0.000)
Liquidity$_{it}$		0.002**
		(0.001)
NPL$_{it}$		-1.781*
		(0.793)
Year FE	Yes	Yes
Bank FE	Yes	Yes
N	1086	1086
adj. R^2	0.158	0.183
F	20.124	26.126

注：我们使用固定效应模型估计所有的回归。***、**、* 分别表示 1%、5%、10% 水平下显著性。我们还将所有连续变量在 1% 和 99% 的水平上进行缩尾，以减轻离群值的影响。括号内的标准误差根据 White（1980）的方法纠正了异方差。所有变量定义详见表 5-1。

其次，我们采用准自然实验法框架下的 DID 方法来识别银行数据资产与成本效率之间的因果关系。为了分析我们基准回归中潜在的内生性问题，我们考虑了一个刺激银行数据资产囤积行为的政策冲击，并且这个政策冲击对我们的银行样本有不同的影响。具体来说，我们采用 2016 年 7 月中国人民银行发布的《关于中国银行业信息技术“十三五”发展规划的监督指导意见》（以下简称《意见》）作为政策冲击，原因有两个方面：一方面，该文件明确指出了中国金融业高新技术发展的使命目标和配套保障措施；也就是说，此次发布全面推动了以大数据为代表的新兴技术在包括银行业在内的整个金融行业的应用。另一方面，官方对该文件的解释强调了这一政策的不同影响。以银行业为例，大型银行具有基础设施体系较好、人才储备较为丰富、研发能力较强等内在优势，政策影响较大。然而，由于盈利能力较低、技术基础设施不完善等因素，小型银行在发展大数据等数据科技方面面临诸多困难，导致这些银行受政策影响较小。此外，数据科技的发展推动了银行数据资产的囤积行为。《意见》几乎是对我们的研究的一个外生的政策冲击。《意见》作为“十三五”发展规划的组成部分，服务于中国国家战略决策，是中国共产党发展意志的体现，不受其他干扰因素的影响。基于这个准自然实验，我们使用 DID 模型进行分析。DID 是一种常用的统计技术，通过比较两组是否接受冲击的关键差异来衡量影响效果（Meyer，1995）。在我们的研究中，我们分大型银行和小型银行来区分这一政策不同的反应程度。我们采用与大多数研究一致的分类策略（Berger 等，2017；Vallascas 等，2017；Lorenc 和 Zhang，2020；Mkhaiber 和 Werner，2021），即根据银行规模来划分大型银行和小型银行。具体来说，当银行 i 的总资产大于研究样本总资产的中位数时，我们的处理变量 $BigBank_i$ 等于 1。换句话说，$BigBank_i$ 的系数捕捉了处理组（大型银行）和对照组（小型银行）之间的差异。政策冲击变量 $Shock_t$ 在该政策发布后观测发生时为 1，即 2016 年之后取值为 1。因此，我们感兴趣的关键变量 $Shock_t \times BigBank_i$ 的系数捕捉了差异中的差异。我们认为如果 $Shock_t \times BigBank_i$ 显著提高成本无效率，则说明本章研究结论稳健。我们的 DID 回归模型如下：

$$\mu_{c,it} = Constant + a \times Shock_t \times BigBank_i + r \times Controls_{it} + Bank_i + Year_t + \varepsilon \quad (5-3)$$

表 5 - 13 报告了模型（5 - 3）的结果，我们可以发现 $Shock_t \times BigBank_i$ 变量的系数与我们的预期一致，即政策冲击显著提高银行成本无效率。也就是说，在我们有效地解决了潜在的内生性问题之后，我们的研究结论是稳健的。

表 5 - 13　　银行数据资产对成本效率的影响：内生性检验 2

	(1)	(2)
	$\mu_{c,it}$	$\mu_{c,it}$
$Shock_t \times BigBank_i$	0.014*	0.015**
	(0.008)	(0.006)
$Size_{it}$		0.054***
		(0.013)

续表

	(1)	(2)
	$\mu_{c,it}$	$\mu_{c,it}$
$Equity_{it}$		-0.735*
		(0.348)
NIM_{it}		0.112***
		(0.031)
CIR_{it}		0.006
		(0.004)
LD_{it}		-0.000
		(0.000)
$Liquidity_{it}$		0.003*
		(0.001)
NPL_{it}		-1.668*
		(0.936)
Year FE	Yes	Yes
Bank FE	Yes	Yes
常数	-0.051	-1.447***
	(0.049)	(0.467)
N	1186	1186
adj. R^2	0.194	0.202
F	24.463	28.226

注：我们使用固定效应模型估计所有的回归。***、**、*分别表示1%、5%、10%水平下显著性。我们还将所有连续变量在1%和99%的水平上进行缩尾，以减轻离群值的影响。括号内的标准误差根据White（1980）的方法纠正了异方差。所有变量定义详见表5-1。

5.6 潜在影响渠道检验

通过上述分析，我们发现银行数据资产与银行的成本效率存在显著的负相关关系，即银行数据资产会降低成本效率。我们认为这主要是由于银行的数据资产囤积行为增加了银行的管理成本负担，而管理成本的增加降低了银行的成本效率。在此部分，我们通过检验银行数据资产对管理成本的影响，来验证该影响机制。我们采用银行运营成本（$Overheads_{it}$）测度银行管理成本，$Overheads_{it}$是在t年银行i的管理成本与总资产的比值。

表5－14报告了银行数据资产对管理成本的影响结果，其中第一列不包含控制变量，第二列中加入控制变量。我们可以发现，当被解释变量为银行管理成本时，（1）列和（2）列中的银行数据资产变量 $DataAssets_{it}$ 的系数均显著为正，说明银行数据资产显著提高管理成本。这与我们的预期一致，即银行的数据资产囤积行为增加了银行的管理成本负担。也就是说，银行数据资产可能通过提高管理成本，从而降低银行成本效率。

表5－14　　　　银行数据资产对管理成本的影响

	(1)	(2)
	$Overheads_{it}$	$Overheads_{it}$
$DataAssets_{it}$	0.006***	0.012***
	(0.008)	(0.005)
$Size_{it}$		0.026**
		(0.008)
$Equity_{it}$		－0.075
		(0.032)
NIM_{it}		0.064*
		(0.011)
CIR_{it}		0.002
		(0.015)
LD_{it}		0.003**
		(0.025)
$Liquidity_{it}$		0.016
		(0.001)
NPL_{it}		－0.215*
		(0.084)
Year FE	Yes	Yes
Bank FE	Yes	Yes
常数	－0.432**	－0.842***
	(0.064)	(0.143)
N	1186	1186
adj. R^2	0.156	0.175
F	21.763	25.542

注：我们使用固定效应模型估计所有的回归。***、**、*分别表示1%、5%、10%水平下显著性。我们还将所有连续变量在1%和99%的水平上进行缩尾，以减轻离群值的影响。括号内的标准误差根据 White（1980）的方法纠正了异方差。所有变量定义详见表5－1。

5.7 异质性检验

本节我们对本章的基准结论进行进一步分析，分析银行个体特征带来的异质性影响。具体地，我们在回归模型（5－1）中加入银行数据资产变量 $DataAssets_{it}$ 与银行所有权结构或上市特征虚拟变量的交叉项，即 $DataAssets_{it} \times JSCB_i$、$DataAssets_{it} \times CCB_i$、$DataAssets_{it} \times RCB_i$ 和 $DataAssets_{it} \times List_i$，检验银行所有权结构和上市状况带来的调节效应。

首先，我们分析了银行所有权结构的调节效应，回归结果如表 5－15 所示。我们发现，银行数据资产变量 $DataAssets_{it}$ 的系数显著为正，表明银行数据资产与成本无效率值呈显著正相关关系，即银行数据资产的囤积行为降低成本效率；银行数据资产与全国股份制银行的交叉项 $DataAssets_{it} \times JSCB_i$ 的系数显著为正，表明与国有银行相比，银行数据资产对成本效率的影响在全国股份制银行中更强，即在全国股份制银行中，成本效率的下降更多、更显著。银行数据资产与城市银行的交叉项 $DataAssets_{it} \times CCB_i$ 的系数显著为正，表明与国有银行相比，银行数据资产对成本效率的影响在城市银行中更强，即在城市银行中，成本效率的下降更多、更显著。这表明，国有银行因为有更强的技术背景，因而在数据资产的管理中更有效率。而在全国股份制银行、城市银行和农村银行中，银行的数据资产管理不容乐观。

表 5－15　　银行数据资产对成本效率的影响：异质性检验 1

	(1)	(2)	(3)
	$\mu_{c,it}$	$\mu_{c,it}$	$\mu_{c,it}$
$DataAssets_{it}$	0.021**	0.005*	0.022**
	(0.010)	(0.010)	(0.009)
$DataAssets_{it} \times JSCB_i$	0.005***		
	(0.012)		
$DataAssets_{it} \times CCB_i$		0.021**	
		(0.010)	
$DataAssets_{it} \times RCB_i$			0.006**
			(0.011)
$Size_{it}$	0.056***	0.061***	0.057***
	(0.016)	(0.016)	(0.017)

续表

	(1)	(2)	(3)
	$\mu_{c,it}$	$\mu_{c,it}$	$\mu_{c,it}$
$Equity_{it}$	-0.731 *	-0.802 **	-0.687 *
	(0.385)	(0.364)	(0.358)
NIM_{it}	0.114 ***	0.115 ***	0.115 ***
	(0.033)	(0.032)	(0.033)
CIR_{it}	0.006	0.005	0.006
	(0.004)	(0.005)	(0.004)
LD_{it}	0.000	-0.000	0.000
	(0.000)	(0.000)	(0.000)
$Liquidity_{it}$	0.003 *	0.003 *	0.003 *
	(0.001)	(0.001)	(0.001)
NPL_{it}	-1.778 *	-1.834 **	-1.758 *
	(0.863)	(0.873)	(0.878)
Year FE	Yes	Yes	Yes
Bank FE	Yes	Yes	Yes
常数	-1.583 ***	-1.586 ***	-1.636 ***
	(0.514)	(0.503)	(0.527)
N	1186	1186	1186
adj. R^2	0.213	0.214	0.213
F	31.573	32.215	31.085

注：我们使用固定效应模型估计所有的回归。***、**、*分别表示1%、5%、10%水平下显著性。我们还将所有连续变量在1%和99%的水平上进行缩尾，以减轻离群值的影响。括号内的标准误差根据White（1980）的方法纠正了异方差。所有变量定义详见表5-1。

其次，我们分析了银行上市状况的调节效应，回归结果如表5-16所示。我们发现，银行数据资产变量$DataAssets_{it}$的系数显著为正，表明银行数据资产与成本无效率值呈显著正相关关系，即银行数据资产的囤积行为降低成本效率；银行数据资产与上市银行交叉项$DataAssets_{it} \times List_i$的系数显著为负，表明与非上市银行相比，银行数据资产对成本效率的影响在上市银行中更弱，即成本效率的下降更弱。换言之，上市银行在数据资产的成本管理中表现更好。主要原因如下：一方面，上市银行面临严格的信息披露要求，这使它们会严格控制成本支出结构，因而数据资产增加为成本效率带来的冲击影响较小。另一方面，上市银行在发展新兴科技时具有先发优势，更容易接触金融科技初创企业，这可以为它们带来先进的数据资产管理理念和管理模型，使数据资产的不利影响得到一定程度的控制。

表 5－16　银行数据资产对成本效率的影响：异质性检验 2

	(1)	(2)
	$\mu_{c,it}$	$\mu_{c,it}$
$DataAssets_{it}$	0.018 *	0.021 **
	(0.010)	(0.008)
$DataAssets_{it} \times List_i$	－0.013 *	－0.006
	(0.011)	(0.008)
$Size_{it}$		0.054 ***
		(0.015)
$Equity_{it}$		－0.716 *
		(0.358)
NIM_{it}		0.114 ***
		(0.033)
CIR_{it}		0.005
		(0.004)
LD_{it}		0.000
		(0.000)
$Liquidity_{it}$		0.003 *
		(0.001)
NPL_{it}		－1.658 **
		(0.784)
Year FE	Yes	Yes
Bank FE	Yes	Yes
常数	－0.161	－1.614 ***
	(0.096)	(0.486)
N	1186	1186
adj. R^2	0.204	0.213
F	26.436	31.152

注：我们使用固定效应模型估计所有的回归。***、**、* 分别表示 1%、5%、10% 水平下显著性。我们还将所有连续变量在 1% 和 99% 的水平上进行缩尾，以减轻离群值的影响。括号内的标准误差根据 White（1980）的方法纠正了异方差。所有变量定义详见表 5－1。

5.8 本章小结

本章从成本控制视角出发，探讨了银行数据资产的价值实现。我们首先量化了银行的数据资产规模，然后通过 SFA 获得了衡量银行成本控制水平的测度变量：成本效率。之后，我们建立了银行数据资产与成本效率之间的基准回归模型探讨两者之间的关系。研究发现，银行数据资产的囤积行为带来了显著的成本管理负担，即银行数据资产显著降低成本效率。我们的结论通过了一系列的稳健性检验和内生性检验。潜在的影响渠道分析表明，银行数据资产可能通过提高管理成本，从而降低银行成本效率。在异质性分析中，我们发现与国有银行相比，数据资产对成本效率的负向影响在全国股份制银行和城市商业银行中更大，也就是说，在这些银行中，数据资产造成的成本负担更大。与非上市银行相比，数据资产对成本效率的负向影响在上市银行中更小，也就是说，上市银行能够更好地进行数据资产成本管理。

第 6 章　银行数据资产价值实现研究：利润创造视角

本章我们从利润创造视角探讨银行数据资产的价值实现。首先，从样本选取、变量定义、模型设定、假设提出四个方面进行研究设计。其次，我们对本章所用的关键变量进行测度。再次，我们基于利润创造视角对银行数据资产价值实现进行实证分析，包括基准回归分析、稳健性检验、内生性检验、潜在影响渠道检验以及异质性检验等。最后，我们对本章内容进行总结讨论。

6.1　研究设计

6.1.1　样本选取

与 5.1 类似，本节的研究样本由 2013—2021 年中国 169 家银行的数据组成，包括 6 家国有银行、12 家股份制银行、108 家城市银行、43 家农村银行。研究样本总资产占中国银行总资产的 97% 以上。

实证分析部分的数据来源与 5.1 相同，此处不再赘述。

6.1.2　变量定义

（1）解释变量：数据资产

本章基于利润创造视角探讨银行数据资产的价值实现。因此，解释变量为银行数据资产。本章采用和第 5 章相同的方法来定义银行数据资产（$DataAssets_{it}$），详见 5.1.2 相关内容。

（2）被解释变量：利润效率

本章基于利润创造视角探讨银行数据资产的价值实现。因此，被解释变量为银行利润创造能力。我们选择采用利润效率来衡量利润创造能力。

利润效率是一个代表性的综合指标，反映银行的利润创造能力，利润效率越高，利润的管理水平越高。利润效率的测度通常有参数方法和非参数方法两种，前者以随机前沿分析为代表，后者以数据包络分析为代表。随机前沿分析（SFA）与数据包络分析（DEA）都是前沿度量方法，它们都是在构造生产前沿的基础上度量技术效率。它们度量出的技术效率是相对效率，其效率值在样本内部具有很强的可比性。两种方法的差异体现在模型基本假设和模型扩展的复杂程度不同、对实际产出的解释和处理方法不同、构造前沿的方法不同、结果的稳定性不同、相关经济信息不同、分析影响效率因素不同。我们基于两方面原因选择 SFA 来获得利润效率。首先，SFA 避免了由于不完整的财务信息覆盖而可能产生的效率估计偏差。其次，SFA 允许我们控制时变效率和多级固定效应，可以帮助我们在一定程度上控制潜在的内生性偏差。在具体的变量选择上，我们选择 SFA 测度的无效率项作为利润效率的测度，无效率项 $\mu_{p,it}$ 衡量了利润创造现状和潜在最优状态之间的差距，无效率项越大，利润效率越低。

（3）控制变量

本章的因变量为银行利润效率，因此选取影响银行利润效率的常用指标予以控制，指标的选取主要依据第 2 章文献回顾中有关银行利润效率影响因素的内容。具体控制变量如：银行规模（$Size_{it}$），使用银行总资产的对数作为银行规模特征的测度（Barth 等，2013；Peng 等，2017；Ahamed 等，2021）；银行资本结构（$Equity_{it}$），使用银行总权益与总资产的比率作为银行资本结构特征的测度（Barth 等，2013；Chortareas 等，2012；Peng 等，2017）；银行净利息收益率（NIM_{it}），使用净利息收入与总生息资产之比测度（López – Espinosa 等，2011；Chortareas 等，2012）；银行运营能力（CIR_{it}），使用营运收入与净收入之比测度（Ariff 和 Luc，2008；Chortareas 等，2012）；银行存贷比（LD_{it}），使用贷款总额与存款总额之比测度（Fang 等，2019）；银行短期偿债能力（$Liquidity_{it}$），使用流动资产与流动负债之比测度（Gaganis 和 Pasiouras，2013）；银行资产质量（NPL_{it}），以不良贷款占总贷款比率测度（Jiang 等，2009；Fiordelisi 等，2011）；银行所有权结构，包括四个虚拟变量，即国有银行（$SOCB_i$）、全国股份制银行（$JSCB_i$）、城市银行（CCB_i）、农村银行（RCB_i），采用银行是否为该类型银行的虚拟变量测度；银行上市特征（$List_i$），采用银行是否上市虚拟变量测度。所有变量的定义见表 6 – 1。

表 6－1　　　　变量定义与测度

变量类型	变量名称	变量符号	变量设计
被解释变量	利润效率	$\mu_{p,it}$	银行利润无效率值
解释变量	数据资产	$DataAssets_{it}$	银行代表性移动应用程序的下载次数
控制变量	银行规模	$Size_{it}$	银行总资产的自然对数
	银行资本结构	$Equity_{it}$	银行总权益与总资产的比率
	银行净利息收益率	NIM_{it}	银行净利息收入与总生息资产的比率
	银行运营能力	CIR_{it}	银行营运收入与净收入的比率
	银行存贷比	LD_{it}	银行贷款总额与存款总额的比率
	银行短期偿债能力	$Liquidity_{it}$	银行流动资产与流动负债的比率
	银行资产质量	NPL_{it}	银行不良贷款与总贷款的比率
	国有银行	$SOCB_i$	若该银行为国有银行，则取值为1，否则为0
	全国股份制银行	$JSCB_i$	若该银行为全国股份制银行，则取值为1，否则为0
	城市银行	CCB_i	若该银行为城市银行，则取值为1，否则为0
	农村银行	RCB_i	若该银行为农村银行，则取值为1，否则为0
	银行上市特征	$List_i$	若该银行为上市银行，则取值为1，否则为0

6.1.3　模型设定

在测度了银行数据资产、利润效率以及控制变量等相关指标的基础上，本章构建多元回归模型，实证检验银行数据资产对利润效率的影响。我们采用双向固定效应模型对分析模型进行回归。双向固定效应模型可以控制同一时点不同个体的差异（组间差异）和不同时点同一个体的差异（组内差异），这在一定程度上降低了由于潜在遗漏变量偏差引起的内生性偏差。

$$\mu_{p,it} = Constant + a \times DataAssets_{it} + r \times Controls_{it} + Bank_i + Year_t + \varepsilon \tag{6-1}$$

其中，i 代表第 i 家商业银行；t 代表第 t 年；$\mu_{p,it}$ 为本章的利润效率测度；$DataAssets_{it}$为本章的数据资产测度；$Controls_{it}$为本章的控制变量，包含 $Size_{it}$、$Equity_{it}$、NIM_{it}、CIR_{it}、LD_{it}、$Liquidity_{it}$、NPL_{it}、$SOCB_{i}$、$JSCB_{i}$、CCB_{i}、RCB_{i}和 $List_{i}$；$Bank_{i}$为银行个体固定效应；$Year_{t}$为时间固定效应；ε 为误差项。所有变量的测度见表 6-1。

6.1.4 假设提出

本章以利润创造为研究视角，探讨银行数据资产的价值实现。具体而言，本章采用利润效率衡量利润创造能力，探讨银行数据资产对利润效率的影响。

一方面，我们认为银行数据资产有助于提高盈利能力，从而提高利润效率。第一，银行数据资产有助于实现精准营销，提高盈利能力，从而提高利润效率。银行借助数据资产可以实现对客户的精准营销，实时的金融偏好分析，以及更有针对性地进行业务创新，从而提高银行的盈利能力和利润效率。第二，银行数据资产有助于提升资产定价水平。银行可以借助数据资产实现对目标客户的历史交易信息挖掘，从而更为准确地对金融资产进行估值和定价，提高银行盈利能力和利润效率。第三，银行数据资产有助于降低产品推广成本。传统的金融产品推广需要支付巨大的市场调查成本，银行借助数据资产掌握了客户的动态需求，可以节约市场调查成本，降低产品推广成本，从而提高银行盈利能力，提高利润效率。

另一方面，我们认为银行数据资产可能降低了盈利能力，从而降低了利润效率。第一，数据资产规模的扩张增加了银行的管理负担，而管理负担的增加侵蚀了银行的利润，降低了盈利能力，从而降低了利润效率。第二，银行在将数据资源转化为数据资产时，为了剔除重复信息、纠正存在的错误，并保证数据的一致性，需要对数据进行重新审查和校验，也就是数据清洗（Data Cleaning）。大量非结构化、半结构化数据的清洗需要人工智能的介入，而这带来了额外的研发支出，降低了银行盈利能力，从而降低了利润效率。第三，数据资产管理对银行的资产管理提出了新的技术要求和制度要求，银行需要发展与数据资产相匹配的数据技术并完善与数据资产相关的管理制度。这也会在短时间内增加成本支出，降低盈利能力，从而降低利润效率。

基于此，本章提出一对对立假设：

假设 2a：银行数据资产提高了利润效率。

假设 2b：银行数据资产降低了利润效率。

6.2 关键变量测度

6.2.1 解释变量：数据资产

本章的研究核心是探讨银行数据资产对利润效率的影响，因此，首先需要对银行数据资产进行量化。本章采用和第 5 章相同的方法来测度银行数据资产（$DataAssets_{it}$），详见 5.2.1 相关内容。

6.2.2 被解释变量：利润效率

本章的被解释变量为银行利润创造能力，我们采用利润效率测度银行利润创造能力。如前所述，我们采用 SFA 来测度银行的利润效率。与 Berger 和 Mester（1997）、Lensink 等（2008）和 Barth 等（2013）一致，我们衡量利润效率的标准是：在相同的输入价格条件下，在相同产出时，银行的状态与潜在最佳状态的接近程度。具体来讲，银行的利润效率衡量的是银行的实际利润和潜在的最优利润之间的差距。

商业银行利润效率的测量方法主要有非参数法和参数法，非参数法有数据包络分析法（DEA）和无界分析法（FDH）两种，参数法有随机前沿法（SFA）、自由分布法（DFA）和厚前沿分布法（TFA）三种。与非参数法相比，参数法不仅考虑了价格对利润效率的影响，而且考虑了随机误差的干扰，使利润效率评价结果的离散度降低，提高了利润效率测量的精确性。本书使用我国商业银行 9 年的数据，在不同时期，不同类型的银行的利润效率会有很大的差别，随机误差对利润效率的影响很大，因此，我们要综合考虑非参数法和参数法的优缺点，本书选择参数法对商业银行利润效率进行测量。在参数法的三种形式中，应用最广泛的是 SFA，它测量的是某一时间截面的利润效率情况，DFA 和 TFA 均为 SFA 的变形，它们测量的是平均利润效率，鉴于本书的研究目的，我们选择 SFA 对我国商业银行利润效率进行测量。

SFA 首先定义利润效率前沿函数形式，并引进了复合误差，即认为随机误差由 u 和 v 两部分组成，u 代表了样本的无效率项，也就是一些可以被控制并对利润效率产生影响的因素导致的无效率，v 代表了研究的随机扰动性，属于不可控制的系统误差。然后，通过对利润效率前沿函数中各参数的测量，获得无效率项的数值，最终得出样本的利润效率值。

在采用SFA测量利润效率时，首先需要确定利润效率前沿函数，在已有的研究中，应用最为广泛的是柯布—道格拉斯函数和超越对数函数。相比柯布—道格拉斯函数，超越对数函数中引入了投入产出指标的交互影响项，更符合我国商业银行规模收益可变的实际情况，使利润效率模型具有一定的柔性特征，这种柔性特征使潜在的成本结构以及生产结构的限制较少。在投入产出指标的选取上，大多数研究采取中介法，把银行视为金融中介服务机构，将资金、劳动力、固定资产定义为投入变量，将贷款、其他生息资产、存款定义为产出变量。具体利润效率前沿函数如下：

$$\ln\frac{PBT_{it}}{W_{3,it}} = \alpha_0 + \sum_{j=1}^{3}\alpha_j \ln Y_{j,it} + \sum_{l=1}^{2}\beta_l \ln\frac{W_{l,it}}{W_{3,it}} + \frac{1}{2}\sum_{j=1}^{3}\sum_{k=1}^{3}\alpha_{jk}\ln Y_{j,it}\ln Y_{k,it} + \frac{1}{2}\sum_{l=1}^{2}\sum_{m=1}^{2}\beta_{lm}\ln\frac{W_{l,it}}{W_{3,it}}\ln\frac{W_{m,it}}{W_{3,it}} + \sum_{j=1}^{3}\sum_{l=1}^{2}\rho_{jl}\ln Y_{j,it}\ln\frac{W_{l,it}}{W_{3,it}} + (\nu_{p,it} + \upsilon_{p,it}) \quad (6-2)$$

式（6-2）中，PBT_{it}表示第t年银行i的总税前利润；Y_{it}表示银行i在t年的三种产出，即贷款、其他生息资产、存款；W_{it}表示银行i在t年的三种投入的价格，即资金价格、劳动力价格和固定资产价格。$\nu_{p,it}$和$\upsilon_{p,it}$构成了误差项。前者服从正态分布，$\nu_{p,it} \sim N(0,\sigma_{p\nu}^2)$；后者服从半正态分布，$\upsilon_{p,it} \sim N^+(\mu_{p,it},\sigma_{p\upsilon}^2)$。在这两个方程中，同质性条件是通过固定资产价格对总税前利润、资金价格和劳动力价格进行标准化来实现的。我们采用$\mu_{p,it}$作为利润效率的测度，它衡量了利润创造现状和潜在最优状态之间的差距，无效率项越大，利润效率越低。

表6-2列示了SFA相关检验结果，结果显示，本书采取的利润效率前沿函数是有效的。

表6-2　　SFA相关检验结果

Test Statistics	Coefficient	Robust Std. Err.	P-value
Usigma_ cons	-3.413	0.182	0.000
Vsigma_ cons	-32.543	0.172	0.000
Sigmau	0.157	0.012	0.000
Sigmav	8.47E-8	7.54E-9	0.000
Lambda	2.13E-6	0.013	0.000

6.3 实证结果分析

6.3.1 描述性分析

前文我们获得了本章研究所需的两个关键变量的量化测度结果，一个是解释变量银行数据资产规模 $DataAssets_{it}$；另一个是被解释变量银行利润效率$\mu_{p,it}$。表6－3 列示了本章两大核心变量和回归模型（6－1）中所用到的控制变量的描述性统计结果。银行利润无效率均值为0.182，标准差为0.334，最大值为4.178，最小值为3.961E－7；银行数据资产均值为13.192，标准差为2.924，最大值为22.271，最小值为3.636。总的来看，我们选取的银行研究样本在数据资产规模上是富于变化的，且利润效率的测度与现有的关于中国银行利润效率研究的测度结果基本一致。

表6－3　　　　描述性统计

变量	观测值	Mean	Std. Dev.	Minimum	Maximum
$\mu_{p,it}$	1186	0.182	0.334	3.961E－7	4.178
$DataAssets_{it}$	1186	13.192	2.924	3.636	22.271
$Size_{it}$	1186	15.037	2.152	1.114	20.003
$Equity_{it}$	1186	0.317	0.113	0.001	0.723
NIM_{it}	1186	0.021	3.483	0.003	0.073
CIR_{it}	1186	0.384	8.769	0.165	0.852
LD_{it}	1186	4.482	25.751	2.244	8.946
$Liquidity_{it}$	1186	0.257	11.063	0.030	0.671
NPL_{it}	1186	0.014	0.012	0.001	0.133
$List_{it}$	1186	0.236	1.416	0.000	1.000
$SOCB_i$	1186	0.036	0.197	0.000	1.000
$JSCB_i$	1186	0.792	0.273	0.000	1.000
CCB_i	1186	0.721	0.449	0.000	1.000
RCB_i	1186	0.157	0.367	0.000	1.000

注：所有变量定义见表6－1。

6.3.2 基准回归结果分析

在进行本节基准回归结果分析之前，我们首先检验解释变量是否存在多重共线性问题。方差膨胀因子（限于篇幅，结果未列示）很好地表明我们设定的回归模型（6－1）中不存在严重的多重共线性问题。我们进一步采用 Im（2003）提出的 Fisher 检验和 Pesaran（2006）提出的残差截面相关性检验（又称 CD 检验）来确定我们的数据是否更适合面板估计模型，结果支持我们选择面板数据形式来进行回归模型（6－1）的估计。另外，在估计回归模型（6－1）时，我们使用 White（1980）方法考虑可能的异方差问题。

表 6－4 报告了我们关于回归模型（6－1）的基准回归结果，其中第一列不包含控制变量，第二列中加入了控制变量。可以发现，当被解释变量为银行利润无效率时，（1）列和（2）列中的银行数据资产变量 $DataAssets_{it}$ 的系数均不显著，说明银行数据资产与利润无效率不存在显著的相关关系，说明银行数据资产并未显著影响利润效率。这可能是因为现阶段对于数据资产的价值挖掘还处于初步阶段，数据资产蕴含的潜在价值并没有提高利润效率，实现利润创造能力的飞跃。

表 6－4　　银行数据资产对利润效率的影响

	(1)	(2)
	$\mu_{p,it}$	$\mu_{p,it}$
$DataAssets_{it}$	0.011	0.006
	(0.012)	(0.013)
$Size_{it}$		−0.038
		(0.035)
$Equity_{it}$		0.006
		(0.357)
NIM_{it}		−0.045
		(0.051)
CIR_{it}		−0.000
		(0.005)
LD_{it}		0.000
		(0.000)
$Liquidity_{it}$		0.002
		(0.003)
NPL_{it}		15.184***
		(5.583)

续表

	(1)	(2)
	$\mu_{p,it}$	$\mu_{p,it}$
Year FE	Yes	Yes
Bank FE	Yes	Yes
常数	0.041	0.543
	(0.126)	(0.722)
N	1186	1186
adj. R^2	0.127	0.143
F	18.125	25.785

注：我们使用固定效应模型估计所有的回归。***、**、*分别表示1%、5%、10%水平下显著性。我们还将所有连续变量在1%和99%的水平上进行缩尾，以减轻离群值的影响。括号内的标准误差根据White（1980）的方法纠正了异方差。所有变量定义详见表6-1。

6.4 稳健性检验

本节我们对6.3中的基准回归结果进行稳健性分析。具体来讲，我们探讨银行数据资产与利润效率之间的结果是否受到一系列其他因素的影响，这些因素包括但不局限于在应用ASO技术框架获取银行数据资产测度时的一些技术简化处理。

第一，与5.4类似，我们采用替代银行数据资产测度方式进行稳健性检验。本部分用5.4的$DataAssets2_{it}$替代$DataAssets_{it}$，重新对模型（6-1）进行回归。结果如表6-5所示，当我们控制了Apple的严格版权保护造成的数据偏差时，银行数据资产对利润效率无显著影响这一结论是稳健的。

表6-5　　银行数据资产对利润效率的影响：稳健性检验1

	(1)	(2)
	$\mu_{p,it}$	$\mu_{p,it}$
$DataAssets2_{it}$	0.011	0.006
	(0.013)	(0.012)
$Size_{it}$		-0.035
		(0.037)

续表

	(1)	(2)
	$\mu_{p,it}$	$\mu_{p,it}$
$Equity_{it}$		0.005
		(0.354)
NIM_{it}		-0.042
		(0.047)
CIR_{it}		-0.000
		(0.005)
LD_{it}		0.000
		(0.000)
$Liquidity_{it}$		0.002
		(0.003)
NPL_{it}		15.163***
		(5.652)
Year FE	Yes	Yes
Bank FE	Yes	Yes
常数	-0.181	-1.622*
	(0.132)	(0.729)
N	1186	1186
adj. R^2	0.125	0.141
F	17.125	24.652

注：我们使用固定效应模型估计所有的回归。***、**、*分别表示1%、5%、10%水平下显著性。我们还将所有连续变量在1%和99%的水平上进行缩尾，以减轻离群值的影响。括号内的标准误差根据White（1980）的方法纠正了异方差。所有变量定义详见表6-1。

第二，与5.4类似，我们在模型（6-1）中加入$MultiApp_{it}$变量，检验一家银行多款移动应用程序是否会影响本章的研究结论。结果如表6-6所示，当我们控制移动应用程序矩阵发展策略影响时，我们的主要结论仍然是稳健的。

表6-6　银行数据资产对利润效率的影响：稳健性检验2

	(1)	(2)
	$\mu_{p,it}$	$\mu_{p,it}$
$DataAssets_{it}$	0.009	0.006
	(0.013)	(0.013)

续表

	(1)	(2)
	$\mu_{p,it}$	$\mu_{p,it}$
$MultiApp_{it}$	-0.002	-0.021
	(0.018)	(0.023)
$Size_{it}$		-0.039
		(0.038)
$Equity_{it}$		0.005
		(0.357)
NIM_{it}		-0.044
		(0.045)
CIR_{it}		-0.000
		(0.005)
LD_{it}		0.000
		(0.000)
$Liquidity_{it}$		0.002
		(0.003)
NPL_{it}		15.212***
		(5.684)
Year FE	Yes	Yes
Bank FE	Yes	Yes
常数	0.059	0.751
	(0.106)	(0.703)
N	1186	1186
adj. R^2	0.127	0.144
F	18.436	25.152

注：我们使用固定效应模型估计所有的回归。***、**、*分别表示1%、5%、10%水平下显著性。我们还将所有连续变量在1%和99%的水平上进行缩尾，以减轻离群值的影响。括号内的标准误差根据White（1980）的方法纠正了异方差。所有变量定义详见表6-1。

第三，与5.4类似，我们认为银行营业时间越长，银行积累的数据和信息越多，从而产生的数据资产也就越多。因此，我们构建 $OpTime_{it}$ 作为银行运营时间的度量替代银行数据资产变量，表示银行i从第t年起已经运营了多少年，并在回归模型（6-1）中用这个新的变量替换 $DataAssets_{it}$。结果如表6-7所示，银行数据资产与利润效率无显著关系结论仍然稳健。

表 6-7　　银行数据资产对利润效率的影响：稳健性检验 3

	(1)	(2)
	$\mu_{p,it}$	$\mu_{p,it}$
$OpTime_{it}$	0.024	0.007
	(0.007)	(0.014)
$Size_{it}$		-0.011
		(0.023)
$Equity_{it}$		-0.267
		(0.458)
NIM_{it}		-0.017
		(0.036)
CIR_{it}		0.003
		(0.004)
LD_{it}		0.000
		(0.000)
$Liquidity_{it}$		-0.000
		(0.001)
NPL_{it}		18.485***
		(5.013)
Year FE	Yes	Yes
Bank FE	Yes	Yes
常数	-0.357*	-0.242
	(0.189)	(0.657)
N	1186	1186
adj. R^2	0.123	0.140
F	17.015	23.326

注：我们使用固定效应模型估计所有的回归。***、**、*分别表示 1%、5%、10% 水平下显著性。我们还将所有连续变量在 1% 和 99% 的水平上进行缩尾，以减轻离群值的影响。括号内的标准误差根据 White（1980）的方法纠正了异方差。所有变量定义详见表 6-1。

第四，与 5.4 类似，我们采用银行利润效率值代替无效率项，作为被解释变量的测度，并采用 Simar 和 Wilso（2007）提出的截断回归模型来重新分析回归模型（6-1）。结果如表 6-8 所示，银行数据资产与利润效率不相关，不受特定的被解释变量形式和特定的回归方法影响。换言之，我们的结论是稳健的。

表6-8　　银行数据资产对利润效率的影响：稳健性检验4

	(1)	(2)
	$PEFF_{it}$	$PEFF_{it}$
$DataAssets_{it}$	-0.011	-0.007
	(0.006)	(0.006)
$Size_{it}$		-0.000
		(0.012)
$Equity_{it}$		-0.154
		(0.178)
NIM_{it}		-0.004
		(0.023)
CIR_{it}		-0.000
		(0.002)
LD_{it}		-0.000
		(0.000)
$Liquidity_{it}$		-0.001
		(0.001)
NPL_{it}		-5.326***
		(1.554)
Year FE	Yes	Yes
Bank FE	Yes	Yes
常数	0.768*	1.085***
	(0.076)	(0.285)
N	1186	1186
adj. R^2	0.122	0.138
F	16.643	23.663

注：我们使用截断回归模型估计所有的回归。***、**、*分别表示1%、5%、10%水平下显著性。我们还将所有连续变量在1%和99%的水平上进行缩尾，以减轻离群值的影响。括号内的标准误差根据White（1980）的方法纠正了异方差。所有变量定义详见表6-1。

第五，与5.4类似，我们决定在回归模型（6-1）中引入两个新的非金融因素变量作为控制变量：$Branch_{it}$和$Employee_{it}$。结果如表6-9所示，在引入两个新的非金融因素变量后，回归结果与表6-4中的基准回归结果一致，证明了我们的结论的稳健性。

表 6-9　　银行数据资产对利润效率的影响：稳健性检验 5

	(1)	(2)	(3)
	$\mu_{p,it}$	$\mu_{p,it}$	$\mu_{p,it}$
$DataAssets_{it}$	0.009	0.006	0.008
	(0.014)	(0.013)	(0.015)
$Size_{it}$	-0.058	-0.036	-0.051
	(0.047)	(0.036)	(0.044)
$Equity_{it}$	0.054	-0.035	-0.085
	(0.361)	(0.375)	(0.374)
NIM_{it}	-0.067	-0.038	-0.072
	(0.061)	(0.045)	(0.057)
CIR_{it}	0.003	0.000	0.003
	(0.004)	(0.005)	(0.006)
LD_{it}	0.000	0.000	0.000
	(0.000)	(0.000)	(0.000)
$Liquidity_{it}$	0.001	0.002	0.001
	(0.003)	(0.003)	(0.004)
NPL_{it}	18.463***	15.463***	19.153***
	(5.326)	(5.573)	(5.374)
$Branch_{it}$	-0.001**		-0.001**
	(0.001)		(0.001)
$Employee_{it}$		-0.265*	-0.336*
		(0.168)	(0.175)
Year FE	Yes	Yes	Yes
Bank FE	Yes	Yes	Yes
常数	1.478	0.583	1.458
	(0.684)	(0.684)	(0.874)
N	1186	1186	1186
adj. R^2	0.141	0.141	0.142
F	25.463	25.652	25.864

注：我们使用固定效应模型估计所有的回归。***、**、*分别表示1%、5%、10%水平下显著性。我们还将所有连续变量在1%和99%的水平上进行缩尾，以减轻离群值的影响。括号内的标准误差根据 White（1980）的方法纠正了异方差。所有变量定义详见表6-1。

第六，与5.4类似，我们控制了解释变量中的异常值对我们基准结论的影响。具体而言，我们剔除了2013年的所有样本，然后利用回归模型

（6－1）重新分析剩余的研究样本。结果如表6－10所示，表明我们关于银行数据资产与利润效率之间的关系不受2013年的观测值影响，即本章的研究结论是稳健的。

表6－10　　银行数据资产对利润效率的影响：稳健性检验6

	(1)	(2)
	$\mu_{p,it}$	$\mu_{p,it}$
$DataAssets_{it}$	0.008	0.004
	(0.014)	(0.014)
$Size_{it}$		－0.037
		(0.038)
$Equity_{it}$		－0.081
		(0.375)
NIM_{it}		－0.043
		(0.049)
CIR_{it}		0.000
		(0.005)
LD_{it}		0.000
		(0.000)
$Liquidity_{it}$		0.002
		(0.003)
NPL_{it}		15.197*
		(5.584)
Year FE	Yes	Yes
Bank FE	Yes	Yes
常数	0.103	0.569
	(0.146)	(0.683)
N	1086	1086
adj. R^2	0.125	0.139
F	17.325	25.125

注：我们使用固定效应模型估计所有的回归。***、**、*分别表示1%、5%、10%水平下显著性。我们还将所有连续变量在1%和99%的水平上进行缩尾，以减轻离群值的影响。括号内的标准误差根据White（1980）的方法纠正了异方差。所有变量定义详见表6－1。

6.5 内生性检验

双重固定效应模型在一定程度上解决了部分内生性问题，但银行数据资产与利润效率之间仍然可能存在内生性问题。例如，如果银行数据资产对利润效率的影响会导致银行调整银行数据资产的规模，那么潜在的内生性困扰可能会使我们的结果产生偏差。在本节中，我们借鉴 5.5 的方法，首先，我们从影响数据资产增长的技术因素的角度构建工具变量，并采用面板工具变量法以减少可能的内生性问题（Roberts 和 Whited，2013）。其次，我们寻找与银行数据资产相关的政策冲击，采用准自然实验法框架下的 Difference – in – Difference（DID）方法来确认银行数据资产与利润效率之间的因果关系。

首先，借鉴 5.5 相关内容，我们构建工具变量 $Rank_{it}$ 进行面板工具变量回归，$Rank_{it}$ 为第 t 年银行 i 的移动应用程序在移动应用程序商店的平均排名。表 6 – 11 的回归结果表明，工具变量 $Rank_{it}$ 与银行数据资产 $DataAssets_{it}$ 显著正相关。表 6 – 11 底部的相关检验拒绝了变量 $Rank_{it}$ 是弱工具变量的假设。表 6 – 12 给出了面板工具变量第二阶段回归估计的结果。我们将银行数据资产变量 $DataAssets_{it}$ 替换为来自面板工具变量第一阶段回归的预测值，即 P – $DataAssets_{it}$。结果表明，在修正了潜在的内生性偏差后，银行数据资产和利润效率之间的关系继续保持稳健，这表明我们的结果不是由潜在的内生性偏差驱动的。

表 6 – 11　银行数据资产对利润效率的影响：内生性检验 1（第一阶段）

	(1)	(2)
	$DataAssets_{it}$	$DataAssets_{it}$
$Rank_{it}$	1.526 ***	1.626 ***
	(0.061)	(0.071)
$Size_{it}$		−0.027
		(0.031)
$Equity_{it}$		1.174 **
		(0.526)
NIM_{it}		0.021
		(0.042)

续表

	(1)	(2)
	$DataAssets_{it}$	$DataAssets_{it}$
CIR_{it}		0.005
		(0.004)
LD_{it}		0.000
		(0.000)
$Liquidity_{it}$		-0.004
		(0.003)
NPL_{it}		-0.142
		(0.895)
Year FE	Yes	Yes
Bank FE	Yes	Yes
常数	5.011 ***	4.847 ***
	(0.154)	(0.757)
N	1186	1186
adj. R^2	0.652	0.753
F	106.463	518.425

注：我们使用固定效应回归模型估计所有的回归。***、**、*分别表示1%、5%、10%水平下显著性。所有的测试统计数据都报告在每个回归表的底部。其中包括识别不足测试和弱工具变量检验。因为我们只使用一个工具变量，所以结果不包括 Sargan 检验结果。我们还将所有连续变量在1%和99%的水平上进行缩尾，以减轻离群值的影响。括号内的标准误差根据 White (1980) 的方法纠正了异方差。所有变量定义详见表6-1。

表6-12　银行数据资产对利润效率的影响：内生性检验1（第二阶段）

	(1)	(2)
	$\mu_{p,it}$	$\mu_{p,it}$
$P-DataAssets_{it}$	-0.001	-0.005
	(0.018)	(0.017)
$Size_{it}$		-0.036
		(0.023)
$Equity_{it}$		0.036
		(0.326)

续表

	(1)	(2)
	$\mu_{p,it}$	$\mu_{p,it}$
NIM_{it}		-0.044
		(0.041)
CIR_{it}		0.000
		(0.003)
LD_{it}		0.000**
		(0.000)
$Liquidity_{it}$		0.003
		(0.003)
NPL_{it}		15.154*
		(2.058)
Year FE	Yes	Yes
Bank FE	Yes	Yes
N	1186	1186
adj. R^2	0.124	0.141
F	16.252	25.163

注：我们使用固定效应模型估计所有的回归。***、**、*分别表示1%、5%、10%水平下显著性。我们还将所有连续变量在1%和99%的水平上进行缩尾，以减轻离群值的影响。括号内的标准误差根据White（1980）的方法纠正了异方差。所有变量定义详见表6-1。

其次，借鉴5.5相关内容，我们构建准自然实验法框架下的DID方法来识别银行数据资产与利润效率之间的因果关系。具体来说，我们采用2016年7月中国人民银行发布的《关于中国银行业信息技术“十三五”发展规划的监督指导意见》（以下简称《意见》）作为政策冲击。政策冲击有效性原因见5.5相关内容。

具体来说，当银行i的总资产大于研究样本总资产的中位数时，我们的处理变量$BigBank_i$等于1。换句话说，$BigBank_i$的系数捕捉了处理组（大型银行）和对照组（小型银行）之间的差异。政策冲击变量$Shock_t$在该政策发布后观测发生时为1，其系数为《意见》发布前后的差值。因此，我们感兴趣的关键变量$Shock_t \times BigBank_i$的系数捕捉了差异中的差异。我们认为如果$Shock_t \times BigBank_i$与利润无效率不相关，则说明本章的研究结论稳健。我们的DID回归模型如下：

$$\mu_{p,it} = Constant + a \times Shock_t \times BigBank_i + r \times Controls_{it} + Bank_i + Year_t + \varepsilon \quad (6-3)$$

表 6 – 13 报告了模型（6 – 3）的结果，我们可以发现 $Shock_t \times BigBank_i$ 变量的系数与我们的预期一致，即政策冲击与利润无效率不相关。也就是说，在我们有效地解决了潜在的内生性问题之后，我们的研究结论是稳健的。

表 6 – 13　　银行数据资产对利润效率的影响：内生性检验 2

	(1)	(2)
	$\mu_{p,it}$	$\mu_{p,it}$
$Shock_t \times BigBank_i$	0.005	0.004
	(0.010)	(0.011)
$Size_{it}$		−0.025
		(0.034)
$Equity_{it}$		−0.357
		(0.524)
NIM_{it}		−0.053
		(0.052)
CIR_{it}		−0.002
		(0.004)
LD_{it}		−0.000
		(0.002)
$Liquidity_{it}$		15.254***
		(5.646)
NPL_{it}		−0.023
		(0.032)
Year FE	Yes	Yes
Bank FE	Yes	Yes
常数	0.147***	0.714
	(0.036)	(0.714)
N	1186	1186
adj. R^2	0.123	0.141
F	17.436	25.152

注：我们使用固定效应模型估计所有的回归。***、**、*分别表示 1%、5%、10% 水平下显著性。我们还将所有连续变量在 1% 和 99% 的水平上进行缩尾，以减轻离群值的影响。括号内的标准误差根据 White（1980）的方法纠正了异方差。所有变量定义详见表 6 – 1。

6.6 潜在影响渠道检验

6.3 研究表明，由于现阶段对数据资产的价值挖掘还处于初步阶段，银行数据资产并未提高银行的利润效率。理论分析中，我们认为银行数据资产主要通过盈利能力影响利润效率。

在此部分，我们通过检验银行数据资产对盈利能力的影响来验证影响机制。我们采用银行总资产收益率（ROA_{it}）测度银行资产收益率，ROA_{it} 是在第 t 年银行 i 的总资产收益率。

表 6 - 14 报告了银行数据资产对盈利能力的影响结果，其中第一列不包含控制变量，第二列中加入了控制变量。我们可以发现，当被解释变量为银行盈利能力时，(1) 列和 (2) 列中的银行数据资产变量 $DataAssets_{it}$ 的系数均不显著，说明银行数据资产并未显著影响盈利能力。该结论也符合我们的预期，说明银行数据资产未显著影响盈利能力，从而也未显著影响利润效率。

表 6 - 14　　银行数据资产对盈利能力的影响

	(1)	(2)
	ROA_{it}	ROA_{it}
$DataAssets_{it}$	-0.036	-0.024
	(-0.032)	(-0.035)
$Size_{it}$		0.057
		(0.025)
$Equity_{it}$		-0.013
		(0.542)
NIM_{it}		0.057
		(0.241)
CIR_{it}		0.014
		(0.532)
LD_{it}		-0.006
		(0.142)
$Liquidity_{it}$		-0.008
		(0.025)
NPL_{it}		-8.436***
		(1.124)

续表

	(1) ROA_{it}	(2) ROA_{it}
Year FE	Yes	Yes
Bank FE	Yes	Yes
常数	0.214	0.342
	(0.442)	(0.242)
N	1186	1186
adj. R^2	0.084	0.113
F	16.432	21.324

注：我们使用固定效应模型估计所有的回归。***、**、*分别表示1%、5%、10%水平下显著性。我们还将所有连续变量在1%和99%的水平上进行缩尾，以减轻离群值的影响。括号内的标准误差根据White（1980）的方法纠正了异方差。所有变量定义详见表6-1。

6.7 异质性检验

本节我们对本章的基准结论进行进一步分析，分析银行个体特征带来的异质性影响。具体地，我们在回归模型（6-1）中加入银行数据资产变量 $DataAssets_{it}$ 与银行所有权结构或上市特征虚拟变量的交叉项，即 $DataAssets_{it} \times JSCB_i$、$DataAssets_{it} \times CCB_i$、$DataAssets_{it} \times RCB_i$ 和 $DataAssets_{it} \times List_i$，检验银行所有权结构和上市状况带来的调节性影响。

首先，借鉴5.7的逻辑思路，我们分析了银行所有权结构的异质性，回归结果如表6-15所示。我们发现，银行数据资产变量 $DataAssets_{it}$ 的系数不显著，表明银行数据资产与利润无效率值无显著关系，即银行数据资产的囤积行为带来的数据资产的增加并未产生直接的利润。银行数据资产与所有权结构的交叉项，$DataAssets_{it} \times JSCB_i$、$DataAssets_{it} \times CCB_i$、$DataAssets_{it} \times RCB_i$ 的系数均为正值，但不具有统计显著性。这表明银行数据资产对利润效率的影响在各股权结构银行中并无显著差别。

表6-15　银行数据资产对利润效率的影响：异质性检验1

	(1) $\mu_{p,it}$	(2) $\mu_{p,it}$	(3) $\mu_{p,it}$
$DataAssets_{it}$	0.003	0.002	0.012
	(0.014)	(0.013)	(0.014)

续表

	(1)	(2)	(3)
	$\mu_{p,it}$	$\mu_{p,it}$	$\mu_{p,it}$
$DataAssets_{it} \times JSCB_i$	0.018		
	(0.011)		
$DataAssets_{it} \times CCB_i$		0.010	
		(0.011)	
$DataAssets_{it} \times RCB_i$			0.025
			(0.014)
$Size_{it}$	-0.040	-0.037	-0.033
	(0.036)	(0.038)	(0.039)
$Equity_{it}$	0.081	-0.037	0.042
	(0.361)	(0.362)	(0.364)
NIM_{it}	-0.043	-0.044	-0.043
	(0.047)	(0.048)	(0.048)
CIR_{it}	0.000	-0.000	0.000
	(0.006)	(0.006)	(0.005)
LD_{it}	0.000	0.000	0.000
	(0.000)	(0.000)	(0.000)
$Liquidity_{it}$	0.002	0.002	0.001
	(0.003)	(0.002)	(0.002)
NPL_{it}	15.154***	15.115***	15.264***
	(5.463)	(5.436)	(5.574)
Year FE	Yes	Yes	Yes
Bank FE	Yes	Yes	Yes
常数	0.516	0.544	0.437
	(0.689)	(0.684)	(0.692)
N	1186	1186	1186
adj. R^2	0.143	0.143	0.144
F	25.933	25.743	26.124

注：我们使用固定效应模型估计所有的回归。***、**、*分别表示1%、5%、10%水平下显著性。我们还将所有连续变量在1%和99%的水平上进行缩尾，以减轻离群值的影响。括号内的标准误差根据White（1980）的方法纠正了异方差。所有变量定义详见表6-1。

其次，借鉴5.7的逻辑思路，我们分析了银行上市状况的异质性，回归结果如表6-16所示。我们发现，银行数据资产变量$DataAssets_{it}$的系数均不显著，表明银行数据资产与利润无效率值无显著的相关关系，即银行数据资产的囤积行为并没有带来显著的利润提升；银行数据资产与上市银行的交叉项 $DataAssets_{it} \times List_i$ 的系数为负，但不显著，说明银行数据资产对利润效率的影响在上市银行和非上市银行中无显著差别。

表 6-16　　银行数据资产对利润效率的影响：异质性检验 2

	(1)	(2)
	$\mu_{p,it}$	$\mu_{p,it}$
$DataAssets_{it}$	0.011	0.004
	(0.013)	(0.012)
$DataAssets_{it} \times List_i$	-0.013	-0.002
	(0.011)	(0.012)
$Size_{it}$		-0.037
		(0.037)
$Equity_{it}$		0.012
		(0.353)
NIM_{it}		-0.044
		(0.052)
CIR_{it}		-0.000
		(0.005)
LD_{it}		0.000
		(0.000)
$Liquidity_{it}$		0.002
		(0.003)
NPL_{it}		15.142***
		(5.642)
Year FE	Yes	Yes
Bank FE	Yes	Yes
常数	0.062	0.536
	(0.126)	(0.684)
N	1186	1186
adj. R^2	0.124	0.142
F	18.152	25.321

注：我们使用固定效应模型估计所有的回归。***、**、*分别表示1%、5%、10%水平下显著性。我们还将所有连续变量在1%和99%的水平上进行缩尾，以减轻离群值的影响。括号内的标准误差根据 White（1980）的方法纠正了异方差。所有变量定义详见表 6-1。

6.8 本章小结

本章从利润创造视角探讨了银行数据资产的价值实现。我们首先量化了银行的数据资产规模，然后通过 SFA 获得了衡量银行利润管理水平的测度变量：利润效率。之后，我们建立了银行数据资产与利润效率之间的基准回归模型。研究发现，银行数据资产并没有带来利润效率的显著提升。我们的结论在排除了样本选择偏差、变量测度偏差、分析方法偏差和潜在的内生性偏差后，依然保持稳健。异质性分析发现银行数据资产与利润效率的关系在不同所有权结构银行和不同上市状况的银行中并无显著差别。

第7章　银行数据资产价值实现研究：风险控制视角

本章我们从风险控制视角探讨银行数据资产的价值实现。首先，从样本选取、变量定义、模型设定、假设提出四个方面进行研究设计。其次，我们对本章所用的关键变量进行测度。再次，我们基于风险控制视角对银行数据资产价值实现进行实证分析，包括基准回归分析、稳健性检验、内生性检验、潜在影响渠道检验以及异质性检验等。最后，我们对本章内容进行总结讨论。

7.1　研究设计

7.1.1　样本选取

与5.1类似，本节的研究样本由2013—2021年中国169家银行的数据组成，包括6家国有银行、12家股份制银行、108家城市银行、43家农村银行。研究样本总资产占中国银行总资产的97%以上。

实证分析部分的数据来源与5.1相同，此处不再赘述。

7.1.2　变量定义

（1）解释变量：数据资产

本章的研究核心是探讨银行数据资产对风险效率的影响，因此，首先需要对银行数据资产进行量化。本章采用和第5章相同的方法来测度银行数据资产（$DataAssets_{it}$），详见5.1.2相关内容。

（2）被解释变量：风险效率

本章基于风险控制视角探讨银行数据资产的价值实现。因此，被解释变量为银行风险控制能力。我们选择采用风险效率来衡量风险控制能力。风险效率是一个代表性的综合指标，反映银行的风险控制能力，风险效率越高，风险控制水平就越高。风险效率的测度通常有参数方法和非参数方法两种，前者以随机前沿分析（SFA）为代表，后者以数据包络分析（DEA）为代表。SFA 与 DEA 都是前沿度量方法，它们都是在构造生产前沿的基础上度量技术效率。它们度量出的技术效率是相对效率，其效率值在样本内部具有很强的可比性。两种方法的差异体现在模型基本假设和模型扩展的复杂程度不同、对实际产出的解释和处理方法不同、构造前沿的方法不同、结果的稳定性不同、相关经济信息不同、分析影响效率因素不同。我们基于两方面原因选择 SFA 来获得风险效率。首先，SFA 避免了由于不完整的财务信息覆盖而可能产生的效率估计偏差。其次，SFA 允许我们控制时变效率和多级固定效应，可以帮助我们在一定程度上控制潜在的内生性偏差。在具体的变量选择上，我们选择 SFA 测度的无效率项作为风险效率的测度，无效率项 $\mu_{r,it}$ 衡量了风险控制现状和潜在最优状态之间的差距，无效率项越大，风险效率越低。

（3）控制变量

本章的因变量为银行风险效率，因此选取影响银行风险效率的常用指标予以控制，指标的选取主要依据第 2 章文献回顾中有关银行风险效率影响因素的内容。具体控制变量如：银行规模（$Size_{it}$），使用银行总资产的对数作为银行规模特征的测度（Barth 等，2013；Peng 等，2017；Ahamed 等，2021）；银行资本结构（$Equity_{it}$），使用银行总权益与总资产的比率作为银行资本结构特征的测度（Barth 等，2013；Chortareas 等，2012；Peng 等，2017）；银行净利息收益率（NIM_{it}），使用净利息收入与总生息资产之比测度（López – Espinosa 等，2011；Chortareas 等，2012）；银行运营能力（CIR_{it}），使用营运收入与净收入之比测度（Ariff 和 Luc，2008；Chortareas 等，2012）；银行存贷比（LD_{it}），使用贷款总额与存款总额之比测度（Fang 等，2019）；银行短期偿债能力（$Liquidity_{it}$），使用流动资产与流动负债之比测度（Gaganis 和 Pasiouras，2013）；银行所有权结构，包括四个虚拟变量，即国有银行（$SOCB_i$）、全国股份制银行（$JSCB_i$）、城市银行（CCB_i）、农村银行（RCB_i），采用银行是否为该类型银行的虚拟变量测度；银行上市特征（$List_i$），采用银行是否上市虚拟变量测度。所有变量的定义见表 7 – 1。

表 7-1　　变量定义与测度

变量类型	变量名称	变量符号	变量设计
被解释变量	风险效率	$\mu_{r,it}$	银行风险无效率值
解释变量	数据资产	$DataAssets_{it}$	银行代表性移动应用程序的下载次数
控制变量	银行规模	$Size_{it}$	银行总资产的自然对数
	银行资本结构	$Equity_{it}$	银行总权益与总资产的比率
	银行净利息收益率	NIM_{it}	银行净利息收入与总生息资产的比率
	银行运营能力	CIR_{it}	银行营运收入与净收入的比率
	银行存贷比	LD_{it}	银行贷款总额与存款总额的比率
	银行短期偿债能力	$Liquidity_{it}$	银行流动资产与流动负债的比率
	国有银行	$SOCB_i$	若该银行为国有银行，则取值为1，否则为0
	全国股份制银行	$JSCB_i$	若该银行为全国股份制银行，则取值为1，否则为0
	城市银行	CCB_i	若该银行为城市银行，则取值为1，否则为0
	农村银行	RCB_i	若该银行为农村银行，则取值为1，否则为0
	银行上市特征	$List_i$	若该银行为上市银行，则取值为1，否则为0

7.1.3 模型设定

在测度了银行数据资产、风险效率以及控制变量等相关指标的基础上，本章构建多元回归模型，实证检验银行数据资产对风险效率的影响。我们采用双向固定效应模型对分析模型进行回归。双向固定效应模型可以控制同一时点不同个体的差异（组间差异）和不同时点同一个体的差异（组内差异），这在一定程度上降低了由于潜在遗漏变量偏差引起的内生性偏差。

$$\mu_{r,it} = Constant + a \times DataAssets_{it} + r \times Controls_{it} + Bank_i + Year_t + \varepsilon \qquad (7-1)$$

其中，i 代表第 i 家商业银行；t 代表第 t 年；$\mu_{r,it}$为本章的风险效率测度；$DataAssets_{it}$为本章的数据资产测度；$Controls_{it}$为本章的控制变量，包含 $Size_{it}$、$Equity_{it}$、NIM_{it}、CIR_{it}、LD_{it}、$Liquidity_{it}$、$SOCB_i$、$JSCB_i$、CCB_i、RCB_i 和 $List_i$；$Bank_i$ 为银行个体固定效应；$Year_t$ 为时间固定效应；ε 为误差项。所有变量的测度见表 7-1。

7.1.4 假设提出

本章以风险控制为研究视角，探讨银行数据资产的价值实现。具体而言，本章采用风险效率衡量风险控制能力，探讨银行数据资产对风险效率的影响。

一方面，我们认为银行数据资产有助于降低信用风险水平，从而提高银行风险效率。第一，银行数据资产可以提升风险识别水平。相比于基于贷款资产的风险类型来识别违约、损失等信息的传统风险识别，银行数据资产提供了更为丰富的资产信息和交易信息。借助历史违约额信息、历史损失额信息、账户变更信息、交易频率信息等，银行可以更精准地识别风险，从而带来风险识别水平的显著提升，降低信用风险，提高风险效率。第二，银行数据资产可以革新风险监测模型。伴随着数字经济时代的降临，银行的数据资产数量已经迈入了 EB（1EB = 210PB，1PB = 210TB）时代。基于海量数据资产，银行可以通过数据管理部门与风险防控部门的业务融合，使银行内部的风险监测模型得到变革和改进，提升风险监测能力，降低信用风险，提高风险效率。总之，无论是风险识别能力的提高，还是风险监测模型的改进，这些均可以有效地降低银行的信用风险等，从而有助于提高银行风险效率。

另一方面，我们认为银行数据资产可能会降低风险效率。第一，数据资产仍处于发展的初级阶段，这一阶段伴随着数据资产标准化程度低和数据资产稳定性差的特点。这些缺陷虽然有技术和管理两方面的因素，但却增大了银行数据资产的脆弱性。这种脆弱性降低了银行的资产管理效率，同时也降低了银行的风险效率。第二，数据资产在规模迅速扩张时，其资产暴露面风险也随之上升，进而对银行的风险效率产生不利影响。深圳数字观星科技有限公司在 2020 年底发布的《2020 数字资产暴露面风险》报告中指出，银行业数字资产与数据资产的暴露面增长率在 2019 年至 2020 年由 11% 增长至 34%，这对银行的风险控制产生了不利影响。第三，伴随着数据资产的增加，潜在的数据泄露风险也在增大。银行数据资产不仅是一种新的战略资产，也是现实资产的非对称映射。例如，银行需要与审计部门、监管机构、设备供应商以及合作伙伴共享数据信息，与这些外部组织相关的数据传输绝对是影响持续经营的关键因素。然而，这种数据在共享的同时也具有相当高的危险性，数据泄露的概率非常高，如果没有适当控制的话，将对银行的声誉产生很大的负面影响，进而降低银行的风险控制水平。

基于此，本章提出如下假设：

假设 3a：银行数据资产有助于提高风险效率。

假设 3b：银行数据资产可能会降低风险效率。

7.2 关键变量测度

7.2.1 解释变量：数据资产

本章的研究核心是探讨银行数据资产对风险效率的影响，因此，首先需要对银行数据资产进行量化。本章采用和第 5 章相同的方法来测度银行数据资产（$DataAssets_{it}$），详见 5.2.1 相关内容。

7.2.2 被解释变量：风险效率

本章的被解释变量为银行风险控制能力，我们采用风险效率测度银行风险控制能力。如前所述，我们采用 SFA 来测度银行的风险效率。与 Berger 和 Mester（1997）、Lensink 等（2008）和 Barth 等（2013）一致，我们衡量风险效率的标准是：在相同的输入价格条件下，在相同产出时，银行状态与潜在最佳状态的接近程度。具体来讲，银行的风险效率衡量的是银行的实际风险和潜在的最优风险之间的差距。

商业银行风险效率的测量方法主要有非参数法和参数法，非参数法有数据包络分析法（DEA）和无界分析法（FDH）两种，参数法有随机前沿法（SFA）、自由分布法（DFA）和厚前沿分布法（TFA）三种。与非参数法相比，参数法不仅考虑了价格对风险效率的影响，而且考虑了随机误差的干扰，使风险效率评价结果离散度降低，提高了风险效率测量的精确性。本书使用我国商业银行 9 年的数据，不同类型不同时期，银行的风险效率会有很大的差别，随机误差对风险效率的影响很大，因此，我们要综合考虑非参数法和参数法的优缺点，本书选择参数法对商业银行风险效率进行测量。在参数法的三种形式中，应用最广泛的是 SFA，它测量的是某一时间截面的风险效率情况，DFA 和 TFA 均为 SFA 的变形，它们测量的是平均风险效率，鉴于本书的研究目的，我们选择 SFA 对我国商业银行风险效率进行测量。

SFA 首先定义风险效率前沿函数形式，并引进了复合误差，即认为随机误差由 u 和 v 两部分组成，u 代表了样本的无效率项，也就是一些可以被控制并对风险效率产生影响的因素导致的无效率，v 代表了研究的随机扰动性，属于不可控制的系统误差。然后，通过对风险效率前沿函数中各参数的测量，获得无效率项的数值，最终得出样本的风险效率值。

在采用 SFA 测量风险效率时首先需要确定风险效率前沿函数，在已有的研究中，应用最为广泛的是柯布—道格拉斯函数和超越对数函数。相比柯布—道格拉斯函数，超越对数函数中引入了投入产出指标的交互影响项，更符合我国商业银行规模收益可变的实际情况，使风险效率模型具有一定的柔性特征，这种柔性特征使潜在的成本结构以及生产结构的限制较少。在投入产出指标的选取上，大多数研究采取中介法，把银行视为金融中介服务机构，将资金、劳动力、固定资产定义为投入变量，将贷款、其他生息资产、存款定义为产出变量。具体风险效率前沿函数如下：

$$\ln\frac{NPL_{it}}{W_{3,it}}=\alpha_0+\sum_{j=1}^{3}\alpha_j\ln Y_{j,it}+\sum_{l=1}^{2}\beta_l\ln\frac{W_{l,it}}{W_{3,it}}+\frac{1}{2}\sum_{j=1}^{3}\sum_{k=1}^{3}\alpha_{jk}\ln Y_{j,it}\ln Y_{k,it}+\frac{1}{2}\sum_{l=1}^{2}\sum_{m=1}^{2}\beta_{lm}\ln\frac{W_{l,it}}{W_{3,it}}\ln\frac{W_{m,it}}{W_{3,it}}+\sum_{j=1}^{3}\sum_{l=1}^{2}\rho_{jl}\ln Y_{j,it}\ln\frac{W_{l,it}}{W_{3,it}}+(\nu_{p,it}+\upsilon_{p,it}) \tag{7-2}$$

式（7－2）中，NPL_{it}表示第 t 年银行 i 的不良贷款率；Y_{it}表示银行 i 在 t 年的三种产出，即贷款、其他生息资产、存款；W_{it}表示银行 i 在 t 年的三种投入的价格，即资金价格、劳动力价格和固定资产价格。$\nu_{p,it}$和$\upsilon_{p,it}$构成了误差项。前者服从正态分布，$\nu_{p,it}\sim N(0,\sigma_{p\nu}^2)$；后者服从半正态分布，$\upsilon_{p,it}\sim N^+(\mu_{p,it},\sigma_{p\upsilon}^2)$。在这两个方程中，同质性条件是通过固定资产价格对总成本、资金价格和劳动力价格进行标准化来实现的。我们采用 $\mu_{r,it}$作为风险效率的测度，它衡量了风险控制现状和潜在最优状态之间的差距，无效率项越大，风险效率越低。

表 7－2 列示了 SFA 相关检验结果，结果显示，本书采取的风险效率前沿函数是有效的。

表 7－2　　SFA 相关检验结果

Test Statistics	Coefficient	Robust Std. Err.	P－value
Usigma_cons	－3.135	0.112	0.000
Vsigma_cons	－22.536	0.161	0.000
Sigmau	0.162	0.008	0.000
Sigmav	5.20E－6	5.13E－5	0.000
Lambda	3.23E－4	0.010	0.000

7.3 实证结果分析

7.3.1 描述性分析

前文我们获得了本章研究所需的两个关键变量的量化测度结果，一个是解释变量银行数据资产规模 $DataAssets_{it}$；另一个是被解释变量银行风险效率 $\mu_{r,it}$。表 7 – 3 列示了本章两大核心变量和回归模型（7 – 1）中所用到的控制变量的描述性统计结果。银行风险无效率均值为 0.095，标准差为 0.176，最大值为 0.892，最小值为 0.002；银行数据资产均值为 13.192，标准差为 2.924，最大值为 22.271，最小值为 3.636。总的来看，我们选取的银行研究样本在数据资产规模上是富于变化的，且风险效率的测度与现有的关于中国银行风险效率研究的测度结果基本一致。

表 7 – 3　　描述性统计

变量	观测值	Mean	Std. Dev.	Minimum	Maximum
$\mu_{r,it}$	1186	0.095	0.176	0.002	0.892
$DataAssets_{it}$	1186	13.192	2.924	3.636	22.271
$Size_{it}$	1186	15.037	2.152	1.114	20.003
$Equity_{it}$	1186	0.317	0.113	0.001	0.723
NIM_{it}	1186	0.021	3.483	0.003	0.073
CIR_{it}	1186	0.384	8.769	0.165	0.852
LD_{it}	1186	4.482	25.751	2.244	8.946
$Liquidity_{it}$	1186	0.257	11.063	0.030	0.671
$List_{it}$	1186	0.014	0.012	0.001	0.133
$SOCB_i$	1186	0.236	1.416	0.000	1.000
$JSCB_i$	1186	0.036	0.197	0.000	1.000
CCB_i	1186	0.792	0.273	0.000	1.000
RCB_i	1186	0.721	0.449	0.000	1.000

注：所有变量定义见表 7 – 1。

7.3.2 基础回归结果分析

在进行本节基准回归结果分析之前，我们首先检验解释变量是否存在多重共线性问题。方差膨胀因子（限于篇幅，结果未列示）很好地表明我们设定的回归模型（7－1）中没有严重的多重共线性问题。我们进一步采用 Im（2003）提出的 Fisher 检验和 Pesaran（2006）提出的残差截面相关性检验（又称 CD 检验）来确定我们的数据是否更适合面板估计模型，结果支持我们选择面板数据形式来建立回归模型（7－1）的估计。另外，在估计回归模型（7－1）时，我们使用 White（1980）方法考虑可能存在的异方差问题。

表7－4报告了我们关于回归模型（7－1）的基准回归结果，其中第一列不包含控制变量，第二列中加入了控制变量。可以发现，当被解释变量为银行风险无效率时，（1）列和（2）列中的银行数据资产变量 $DataAssets_{it}$ 的系数均显著为负，说明银行数据资产显著降低风险无效率，即银行数据资产有助于提高银行风险效率，这与本书的假设3a相符。主要原因如下：第一，银行数据资产可以提升风险识别水平，从而提高银行风险效率。第二，银行数据资产可以革新风险监测模型，从而提高银行风险效率。总之，无论是风险识别能力的提高，还是风险监测模型的改进，这些均可以有效地降低银行的信用风险等，从而有助于提高银行风险效率。

表7－4　　银行数据资产对风险效率的影响

	(1)	(2)
	$\mu_{r,it}$	$\mu_{r,it}$
$DataAssets_{it}$	−0.128***	−0.108***
	(0.024)	(0.021)
$Size_{it}$		−0.018***
		(0.013)
$Equity_{it}$		0.216***
		(0.092)
NIM_{it}		−0.106***
		(0.056)
CIR_{it}		−0.025
		(0.014)
LD_{it}		0.311
		(0.124)
$Liquidity_{it}$		0.312
		(0.115)
Year FE	Yes	Yes

续表

	(1)	(2)
	$\mu_{r,it}$	$\mu_{r,it}$
Bank FE	Yes	Yes
常数	0.038	1.322
	(0.124)	(0.208)
N	1186	1186
adj. R^2	0.143	0.165
F	13.064	18.153

注：我们使用固定效应模型估计所有的回归。***、**、*分别表示1%、5%、10%水平下显著性。我们还将所有连续变量在1%和99%的水平上进行缩尾，以减轻离群值的影响。括号内的标准误差根据White（1980）的方法纠正了异方差。所有变量定义详见表7-1。

7.4 稳健性检验

本节我们对7.3中基准回归结果进行稳健性分析。具体来讲，我们探讨银行数据资产与风险效率之间的结果是否受到一系列其他因素的影响，这些因素包括但不局限于在应用ASO技术框架获取银行数据资产测度时的一些技术简化处理。

第一，与5.4类似，我们采用替代银行数据资产测度方式进行稳健性检验。本部分用5.4的$DataAssets2_{it}$替代$DataAssets_{it}$，重新对模型（7-1）进行回归。结果如表7-5所示，（1）列和（2）列中的银行数据资产变量$DataAssets2_{it}$的系数均显著为负，即银行数据资产有助于提高银行风险效率。这些结论与主回归结果相似，说明研究结论不受银行数据资产测度的影响。

表7-5　　银行数据资产对风险效率的影响：稳健性检验1

	(1)	(2)
	$\mu_{r,it}$	$\mu_{r,it}$
$DataAssets2_{it}$	-0.112***	-0.101***
	(0.015)	(0.013)
$Size_{it}$		-0.019***
		(0.012)

续表

	(1)	(2)
	$\mu_{r,it}$	$\mu_{r,it}$
$Equity_{it}$		0.221 ***
		(0.089)
NIM_{it}		-0.107 ***
		(0.054)
CIR_{it}		-0.025
		(0.013)
LD_{it}		0.308
		(0.123)
$Liquidity_{it}$		0.311
		(0.116)
Year FE	Yes	Yes
Bank FE	Yes	Yes
常数	0.045	1.326
	(0.106)	(0.234)
N	1186	1186
adj. R^2	0.143	0.165
F	12.457	17.733

注：我们使用固定效应模型估计所有的回归。***、**、* 分别表示 1%、5%、10% 水平下显著性。我们还将所有连续变量在 1% 和 99% 的水平上进行缩尾，以减轻离群值的影响。括号内的标准误差根据 White（1980）的方法纠正了异方差。所有变量定义详见表 7－1。

第二，与 5.4 类似，我们在模型（7－1）中加入 $MultiApp_{it}$ 变量，检验一家银行多款移动应用程序是否会影响本章的研究结论。结果如表 7－6 所示，在加入 $MultiApp_{it}$ 变量后，（1）列和（2）列中的银行数据资产变量 $DataAssets_{it}$ 的系数均显著为负，即银行数据资产有助于提高银行风险效率。这与主回归结果相似，说明研究结论不受银行多款移动应用程序的影响。

表 7－6　　银行数据资产对风险效率的影响：稳健性检验 2

	(1)	(2)
	$\mu_{r,it}$	$\mu_{r,it}$
$DataAssets_{it}$	-0.128 ***	-0.109 ***
	(0.024)	(0.021)

续表

	(1)	(2)
	$\mu_{r,it}$	$\mu_{r,it}$
$MultiApp_{it}$	0.043 *	0.044 *
	(0.013)	(0.014)
$Size_{it}$		-0.018 ***
		(0.013)
$Equity_{it}$		0.218 ***
		(0.087)
NIM_{it}		-0.106 ***
		(0.048)
CIR_{it}		-0.025
		(0.016)
LD_{it}		0.311
		(0.125)
$Liquidity_{it}$		0.312
		(0.118)
Year FE	Yes	Yes
Bank FE	Yes	Yes
常数	0.046	1.328
	(0.123)	(0.321)
N	1186	1186
adj. R^2	0.146	0.167
F	13.743	18.984

注：我们使用固定效应模型估计所有的回归。***、**、*分别表示1%、5%、10%水平下显著性。我们还将所有连续变量在1%和99%的水平上进行缩尾，以减轻离群值的影响。括号内的标准误差根据White（1980）的方法纠正了异方差。所有变量定义详见表7-1。

第三，与5.4类似，我们认为银行营业时间越长，银行积累的数据和信息越多，从而产生的数据资产也就越多。因此，我们构建$OpTime_{it}$作为银行运营时间的度量，替代银行数据资产变量，表示银行i从第t年起已经运营了多少年，并在回归模型（7-1）中用这个新的变量替换$DataAssets_{it}$。结果如表7-7所示，（1）列和（2）列中的银行数据资产变量$OpTime_{it}$的系数均显著为负，即银行数据资产有助于提高银行风险效率。这与主回归结果相似，说明研究结论不受银行数据资产测度的影响。

表 7-7　　银行数据资产对风险效率的影响：稳健性检验 3

	(1)	(2)
	$\mu_{r,it}$	$\mu_{r,it}$
$OpTime_{it}$	-0.086***	-0.064***
	(0.018)	(0.015)
$Size_{it}$		-0.018***
		(0.013)
$Equity_{it}$		0.221***
		(0.079)
NIM_{it}		-0.106***
		(0.054)
CIR_{it}		-0.023
		(0.015)
LD_{it}		0.311
		(0.118)
$Liquidity_{it}$		0.309
		(0.119)
Year FE	Yes	Yes
Bank FE	Yes	Yes
常数	0.045	1.314
	(0.115)	(0.084)
N	1186	1186
adj. R^2	0.140	0.161
F	12.436	16.894

注：我们使用固定效应模型估计所有的回归。***、**、*分别表示1%、5%、10%水平下显著性。我们还将所有连续变量在1%和99%的水平上进行缩尾，以减轻离群值的影响。括号内的标准误差根据 White（1980）的方法纠正了异方差。所有变量定义详见表 7-1。

第四，与 5.4 类似，我们采用银行风险效率值代替无效率项，作为被解释变量的测度，并采用 Simar 和 Wilso（2007）提出的截断回归模型来重新分析回归模型（7-1）。结果如表 7-8 所示，（1）列和（2）列中的银行数据资产变量 $DataAssets_{it}$的系数均显著为正，即银行数据资产有助于提高银行风险效率。这与主回归结果相似，说明研究结论不受银行风险效率测度的影响。

表 7－8　　银行数据资产对风险效率的影响：稳健性检验 4

	(1)	(2)
	$REFF_{it}$	$REFF_{it}$
$DataAssets_{it}$	0.026***	0.029***
	(0.002)	(0.003)
$Size_{it}$		0.006***
		(0.003)
$Equity_{it}$		-0.072***
		(0.032)
NIM_{it}		0.041***
		(0.018)
CIR_{it}		0.007
		(0.006)
LD_{it}		-0.116
		(0.092)
$Liquidity_{it}$		-0.123
		(0.018)
Year FE	Yes	Yes
Bank FE	Yes	Yes
常数	-0.325	-0.385
	(0.022)	(0.022)
N	1186	1186
adj. R^2	0.068	0.083
F	8.542	10.215

注：我们使用截断回归模型估计所有的回归。***、**、*分别表示 1%、5%、10% 水平下显著性。我们还将所有连续变量在 1% 和 99% 的水平上进行缩尾，以减轻离群值的影响。括号内的标准误差根据 White（1980）的方法纠正了异方差。所有变量定义详见表 7－1。

第五，与 5.4 类似，我们决定在回归模型（7－1）中引入两个新的非金融因素变量作为控制变量：$Branch_{it}$ 和 $Employee_{it}$。结果如表 7－9 所示，在加入 $Branch_{it}$ 和 $Employee_{it}$ 变量后，（1）列和（2）列中的银行数据资产变量 $DataAssets_{it}$ 的系数均显著为负，即银行数据资产有助于提高银行风险效率。这与主回归结果相似，说明研究结论不受非金融因素变量的影响。

表 7-9　　银行数据资产对风险效率的影响：稳健性检验 5

	(1)	(2)	(3)
	$\mu_{r,it}$	$\mu_{r,it}$	$\mu_{r,it}$
$DataAssets_{it}$	-0.109***	-0.110***	-0.111***
	(0.020)	(0.019)	(0.021)
$Size_{it}$	-0.018***	-0.016***	-0.019***
	(0.016)	(0.012)	(0.014)
$Equity_{it}$	0.217***	0.218***	0.220***
	(0.093)	(0.093)	(0.095)
NIM_{it}	-0.106***	-0.107***	-0.106***
	(0.054)	(0.056)	(0.055)
CIR_{it}	-0.026	-0.025	-0.028
	(0.015)	(0.016)	(0.015)
LD_{it}	0.309	0.311	0.311
	(0.124)	(0.121)	(0.123)
$Liquidity_{it}$	0.312	0.311	0.312
	(0.118)	(0.115)	(0.116)
$Branch_{it}$	-0.019		-0.018
	(0.028)		(0.026)
$Employee_{it}$		-0.318	-0.317
		(0.083)	(0.081)
Year FE	Yes	Yes	Yes
Bank FE	Yes	Yes	Yes
常数	1.753	1.236	1.875
	(0.183)	(0.253)	(0.226)
N	1186	1186	1186
adj. R^2	0.166	0.166	0.167
F	18.658	18.735	19.326

注：我们使用固定效应模型估计所有的回归。***、**、*分别表示1%、5%、10%水平下显著性。我们还将所有连续变量在1%和99%的水平上进行缩尾，以减轻离群值的影响。括号内的标准误差根据 White（1980）的方法纠正了异方差。所有变量定义详见表 7-1。

第六，与 5.4 类似，我们控制了解释变量中的异常值对我们基准结论的影响。具体而言，我们剔除了 2013 年的所有样本，然后利用回归模型（7-1）重新分析剩余的研究样本。结果如表 7-10 所示，在剔除解释变量中的异常值后，（1）列和（2）列中的银行数据资产变量 $DataAssets_{it}$ 的系数均显著为负，即银行数据资产有助于提高银行风险效率。这与主回归结果相似，说明研究结论不受解释变量中异常值的影响。

表 7－10　　银行数据资产对风险效率的影响：稳健性检验 6

	(1)	(2)
	$\mu_{r,it}$	$\mu_{r,it}$
$DataAssets_{it}$	-0.126***	-0.108***
	(0.021)	(0.021)
$Size_{it}$		-0.018***
		(0.014)
$Equity_{it}$		0.216***
		(0.089)
NIM_{it}		-0.107***
		(0.055)
CIR_{it}		-0.024
		(0.015)
LD_{it}		0.311
		(0.123)
$Liquidity_{it}$		0.312
		(0.116)
Year FE	Yes	Yes
Bank FE	Yes	Yes
常数	0.037	1.321
	(0.129)	(0.085)
N	1086	1086
adj. R^2	0.143	0.163
F	12.547	17.351

注：我们使用固定效应模型估计所有的回归。***、**、* 分别表示 1%、5%、10% 水平下显著性。我们还将所有连续变量在 1% 和 99% 的水平上进行缩尾，以减轻离群值的影响。括号内的标准误差根据 White（1980）的方法纠正了异方差。所有变量定义详见表 7－1。

7.5　内生性检验

本节我们将分析表 7－4 中的基准结果所包含的潜在的内生性问题。

虽然双重固定效应模型在一定程度上解决了部分内生性问题，但银行数据资产与风险效率之间仍然存在内生性问题。例如，如果银行数据资产对风险效率的影响会导致银行调整银行数据资产的规模，那么潜在的内生性困扰可能会使我们的结果产生偏差。在本节中，我们借鉴5.5的方法，首先，我们从影响数据资产增长的技术因素的角度构建工具变量，并采用面板工具变量法以减少可能的内生性问题（Roberts 和 Whited，2013）。其次，我们寻找与银行数据资产相关的政策冲击，采用准自然实验法框架下的 Difference – in – Difference（DID）方法来确认银行数据资产与风险效率之间的因果关系。

首先，借鉴5.5相关内容，我们构建工具变量 $Rank_{it}$ 进行面板工具变量回归，$Rank_{it}$ 为第t年银行i的移动应用程序在移动应用程序商店的平均排名。表7–11中，（1）列和（2）列中工具变量 $Rank_{it}$ 与银行数据资产 $DataAssets_{it}$ 显著正相关，而且相关检验拒绝了变量 $Rank_{it}$ 是弱工具变量的假设。表7–12中，（1）列和（2）列中 $P-DataAssets_{it}$ 的系数显著为负，说明在修正了潜在的内生性偏差后，银行数据资产和风险效率之间的关系继续保持稳健，这表明我们的结果不是由潜在的内生性偏差驱动的。

表7–11　银行数据资产对风险效率的影响：内生性检验1（第一阶段）

	(1)	(2)
	$DataAssets_{it}$	$DataAssets_{it}$
$Rank_{it}$	1.526***	1.626***
	(0.061)	(0.071)
$Size_{it}$		–0.027
		(0.031)
$Equity_{it}$		1.174**
		(0.526)
NIM_{it}		0.021
		(0.042)
CIR_{it}		0.005
		(0.004)
LD_{it}		0.000
		(0.000)
$Liquidity_{it}$		–0.004
		(0.003)
Year FE	Yes	Yes

续表

	(1)	(2)
	$DataAssets_{it}$	$DataAssets_{it}$
Bank FE	Yes	Yes
常数	5.011 ***	4.847 ***
	(0.154)	(0.757)
N	1186	1186
adj. R^2	0.652	0.753
F	106.463	518.425

注：我们使用固定效应回归模型估计所有的回归。***、**、*分别表示1%、5%、10%水平下显著性。所有的测试统计数据都报告在每个回归表的底部。其中包括识别不足测试和弱工具变量检验。因为我们只使用一个工具变量，所以结果不包括Sargan检验结果。我们还将所有连续变量在1%和99%的水平上进行缩尾，以减轻离群值的影响。括号内的标准误差根据White（1980）的方法纠正了异方差。所有变量定义详见表7－1。

表7－12　银行数据资产对风险效率的影响：内生性检验1（第二阶段）

	(1)	(2)
	$\mu_{r,it}$	$\mu_{r,it}$
$P-DataAssets_{it}$	−0.106 ***	−0.089 ***
	(0.024)	(0.021)
$Size_{it}$		−0.018 ***
		(0.014)
$Equity_{it}$		0.221 ***
		(0.086)
NIM_{it}		−0.106 ***
		(0.056)
CIR_{it}		−0.025
		(0.016)
LD_{it}		0.308
		(0.118)
$Liquidity_{it}$		0.309
		(0.117)
	Yes	Yes
Year FE	0.041	1.318
Bank FE	(0.116)	(0.163)

续表

	(1)	(2)
	$\mu_{r,it}$	$\mu_{r,it}$
N	1186	1186
adj. R^2	0.143	0.162
F	12.764	18.162

注：我们使用固定效应模型估计所有的回归。***、**、*分别表示1%、5%、10%水平下显著性。我们还将所有连续变量在1%和99%的水平上进行缩尾，以减轻离群值的影响。括号内的标准误差根据 White（1980）的方法纠正了异方差。所有变量定义详见表7-1。

其次，借鉴5.5，我们构建准自然实验法框架下的 DID 方法来识别银行数据资产与风险效率之间的因果关系。具体来说，我们采用2016年7月中国人民银行发布的《关于中国银行业信息技术“十三五”发展规划的监督指导意见》（以下简称《意见》）作为政策冲击。政策冲击有效性原因见5.5相关内容。

具体来说，当银行 i 的总资产大于研究样本总资产的中位数时，我们的处理变量 $BigBank_i$ 等于1。换句话说，$BigBank_i$ 的系数捕捉了处理组（大型银行）和对照组（小型银行）之间的差异。政策冲击变量 $Shock_t$ 在该政策发布后观测发生时为1，其系数为《意见》发布前后的差值。因此，我们感兴趣的关键变量 $Shock_t \times BigBank_i$ 的系数捕捉了差异中的差异。我们认为如果 $Shock_t \times BigBank_i$ 与风险无效率显著负相关，则说明本章研究结论稳健。我们的 DID 回归模型如下：

$$\mu_{r,it} = Constant + a \times Shock_t \times BigBank_i + r \times Controls_{it} + Bank_i + Year_t + \varepsilon \quad (7-3)$$

表7-13报告了模型（7-3）的结果，我们可以发现 DID 变量的系数与表7-4的基准回归结果一致，说明在我们有效地解决了潜在的内生性问题之后，我们的研究结论依然稳健。

表7-13　　银行数据资产对风险效率的影响：内生性检验2

	(1)	(2)
	$\mu_{r,it}$	$\mu_{r,it}$
$Shock_t \times BigBank_i$	-0.089***	-0.075***
	(0.042)	(0.016)
$Size_{it}$		-0.017***
		(0.013)

续表

	(1)	(2)
	$\mu_{r,it}$	$\mu_{r,it}$
$Equity_{it}$		0.216***
		(0.018)
NIM_{it}		-0.104***
		(0.056)
CIR_{it}		-0.024
		(0.013)
LD_{it}		0.308
		(0.118)
$Liquidity_{it}$		0.308
		(0.116)
Year FE	Yes	Yes
Bank FE	Yes	Yes
常数	0.041	1.274
	(0.116)	(0.198)
N	1186	1186
adj. R^2	0.140	0.161
F	12.125	17.437

注：我们使用固定效应模型估计所有的回归。***、**、*分别表示1%、5%、10%水平下显著性。我们还将所有连续变量在1%和99%的水平上进行缩尾，以减轻离群值的影响。括号内的标准误差根据White（1980）的方法纠正了异方差。所有变量定义详见表7-1。

7.6 潜在影响渠道检验

通过上述分析，我们发现银行数据资产有助于提高银行风险效率。我们认为这主要是由于银行数据资产有助于降低银行的信用风险等，从而有助于提高银行风险效率。在此部分，我们通过检验银行数据资产对信用风险的影响，来验证该影响机制。我们采用银行信用风险（NPL_{it}）来测度银行信用风险，NPL_{it}是在t年银行i的不良贷款率。

表7-14报告了银行数据资产对信用风险的影响结果，其中第一列不包含控制变量，第二列中加入控制变量。我们可以发现，当被解释变量为银行信用风险时，(1)列和(2)列中的银行数据资产变量$DataAssets_{it}$的

系数均显著为负，说明银行数据资产显著降低银行信用风险。这与我们的预期一致，即银行的数据资产有助于降低银行信用风险。也就是说，银行数据资产可能通过降低信用风险，从而提高银行风险效率。

表 7-14　　银行数据资产对信用风险的影响

	(1)	(2)
	NPL_{it}	NPL_{it}
$DataAssets_{it}$	-0.038***	-0.027***
	(0.141)	(0.114)
$Size_{it}$		-0.006***
		(0.011)
$Equity_{it}$		0.085***
		(0.036)
NIM_{it}		-0.064***
		(0.032)
CIR_{it}		-0.021
		(0.05)
LD_{it}		0.142***
		(0.021)
$Liquidity_{it}$		0.152
		(0.096)
Year FE	Yes	Yes
Bank FE	Yes	Yes
常数	0.142	0426
	(0.053)	(0.086)
N	1186	1186
adj. R^2	0.165	0.184
F	16.764	21.542

注：我们使用固定效应模型估计所有的回归。***、**、*分别表示1%、5%、10%水平下显著性。我们还将所有连续变量在1%和99%的水平上进行缩尾，以减轻离群值的影响。括号内的标准误差根据 White（1980）的方法纠正了异方差。所有变量定义详见表7-1。

7.7　异质性检验

本节我们对7.3的基准结论进行进一步分析，分析银行个体特征带来的异质性影响。具体地，我们研究了银行的所有权结构和上市状况带来的调节性影响。

首先，借鉴5.7的逻辑思路，我们分析了银行所有权结构的异质性，回归结果如表7－15所示。我们发现，银行数据资产与全国股份制银行的交叉项 $DataAssets_{it} \times JSCB_i$ 的系数显著为正，表明与国有银行相比，银行数据资产对风险无效率的影响在全国股份制银行中更小。即在全国股份制银行中，风险无效率的下降更小。银行数据资产与城市银行的交叉项 $DataAssets_{it} \times CCB_i$ 的系数显著为正，即与国有银行相比，银行数据资产对风险无效率的影响在城市商业银行中更小，即在城市银行中，风险无效率的下降更小。银行数据资产与农村银行的交叉项 $DataAssets_{it} \times RCB_i$ 的系数显著为正，即与国有银行相比，银行数据资产对风险无效率的影响在农村商业银行中更小，即在农村商业银行中，风险无效率的下降更小。这表明，国有银行因为有更强的技术背景，因而在数据资产的管理中更有效率，所以银行数据资产对风险无效率的影响在国有商业银行中更显著。

表7－15　　银行数据资产对风险效率的影响：异质性检验1

	(1)	(2)	(3)
	$\mu_{r,it}$	$\mu_{r,it}$	$\mu_{r,it}$
$DataAssets_{it}$	−0.109***	−0.107***	−0.112***
	(0.021)	(0.034)	(0.021)
$DataAssets_{it} \times JSCB_i$	0.016**		
	(0.025)		
$DataAssets_{it} \times CCB_i$		0.032**	
		(0.011)	
$DataAssets_{it} \times RCB_i$			0.053**
			(0.035)
$Size_{it}$	−0.016***	−0.018***	−0.021***
	(0.018)	(0.017)	(0.024)
$Equity_{it}$	0.215***	0.221***	0.224***
	(0.092)	(0.074)	(0.068)
NIM_{it}	−0.104***	−0.105***	−0.106***
	(0.055)	(0.061)	(0.053)
CIR_{it}	−0.025	−0.029	−0.031
	(0.018)	(0.015)	(0.019)

续表

	(1)	(2)	(3)
	$\mu_{r,it}$	$\mu_{r,it}$	$\mu_{r,it}$
LD_{it}	0.316	0.315	0.313
	(0.124)	(0.128)	(0.132)
$Liquidity_{it}$	0.316	0.321	0.317
	(0.123)	(0.125)	(0.126)
Year FE	Yes	Yes	Yes
Bank FE	Yes	Yes	Yes
常数	1.334	1.321	1.323
	(0.209)	(0.218)	(0.212)
N	1186	1186	1186
adj. R^2	0.167	0.167	0.166
F	18.996	18.653	18.326

注：我们使用固定效应模型估计所有的回归。***、**、*分别表示1%、5%、10%水平下显著性。我们还将所有连续变量在1%和99%的水平上进行缩尾，以减轻离群值的影响。括号内的标准误差根据White（1980）的方法纠正了异方差。所有变量定义详见表7－1。

其次，借鉴5.7的逻辑思路，我们分析了银行上市状况的异质性，回归结果如表7－16所示。我们发现，银行数据资产与上市银行的交叉项 $DataAssets_{it} \times List_i$ 的系数显著为负，表明与非上市银行相比，银行数据资产对风险效率的负向影响在上市银行中更显著。这主要是由于上市银行在发展新兴科技时具有先发优势，更容易接触金融科技初创企业，这可以为它们带来先进的数据资产管理理念和管理模型，使数据资产造成的积极影响得到了一定程度的扩大。

表7－16　　银行数据资产对风险效率的影响：异质性检验2

	(1)	(2)
	$\mu_{r,it}$	$\mu_{r,it}$
$DataAssets_{it}$	−0.125***	−0.109***
	(0.021)	(0.036)
$DataAssets_{it} \times List_i$	−0.037**	−0.029**
	(0.047)	(0.036)
$Size_{it}$		−0.017***
		(0.021)

续表

	(1)	(2)
	$\mu_{r,it}$	$\mu_{r,it}$
$Equity_{it}$		0.216 ***
		(0.078)
NIM_{it}		-0.105 ***
		(0.048)
CIR_{it}		-0.023
		(0.014)
LD_{it}		0.308
		(0.123)
$Liquidity_{it}$		0.309
		(0.116)
Year FE	Yes	Yes
Bank FE	Yes	Yes
常数	0.039	1.298
	(0.115)	(0.184)
N	1186	1186
adj. R^2	0.146	0.167
F	13.694	18.985

注：我们使用固定效应模型估计所有的回归。***、**、* 分别表示 1%、5%、10% 水平下显著性。我们还将所有连续变量在 1% 和 99% 的水平上进行缩尾，以减轻离群值的影响。括号内的标准误差根据 White（1980）的方法纠正了异方差。所有变量定义详见表 7-1。

7.8 本章小结

本章从风险控制视角出发探讨了银行数据资产的价值实现。我们首先量化了银行的数据资产规模，然后通过 SFA 获得了衡量银行风险控制水平的测度变量：风险无效率。之后，我们建立了银行数据资产与风险无效率之间的基准回归模型探讨两者之间的关系。研究发现，银行数据资产显著降低风险无效率，即提高了银行的风险控制能力。我们的结论排除了样本选择偏差、变量测度偏差、分析方法偏差和潜在的内生性偏差后，实证结果依然保持稳健。潜在的影响渠道分析表明，银行数据资产可能降低信用风险水平，从而提高银行风险效率。在异质性分析中，我们发现与国有银行相比，数据资产对风险无效率的负向影响在全国股份制银行和城市商业银行中更小。与非上市银行相比，数据资产对风险无效率的负向影响在上市银行中更大。

第8章　金融科技对银行数据资产价值实现的助力作用研究

本章我们将探讨金融科技对银行数据资产价值实现的助力作用。首先，按照现行的分类方法，可以将金融科技分为人工智能科技、区块链科技、云计算技术、大数据科技和移动互联网科技五种技术门类。其次，我们分别探讨五类金融科技对数据资产价值实现的助力作用。最后，我们对本章内容进行总结讨论。

银行金融科技助力数据资产的价值实现机制主要有以下两方面：（1）银行金融科技助力数据资产对盈利能力提升的价值实现机制。银行借助大数据技术和云计算技术等金融科技可以实现对客户个人数据和交易数据的深度分析，进一步促进银行精准营销及提高产品定价能力，从而助力数据资产的价值实现。（2）银行金融科技助力数据资产对风险控制能力提升的价值实现机制。银行借助大数据等金融科技可以打破信息孤立的现状，实现对数据资产的深度分析，对数据资产中蕴含的深层次信息进行快速识别监测，对可疑交易关联方进行实时的风险追踪和动态评估，进一步提高银行的风险识别水平、革新风险监测模型及强化风险限额管理，从而助力数据资产的价值实现。

8.1　人工智能对银行数据资产价值实现的助力作用研究

8.1.1　研究设计

（1）样本选取

与5.1类似，本节的研究样本由2013—2021年中国169家银行的数据组成，包括6家国有银行、12家股份制银行、108家城市银行、43家农村银行。研究样本总资产占中国银行总资产的97%以上。

实证分析部分的数据来源与5.1相同，此处不再赘述。

（2）变量定义与测度

本节实证研究的内容是人工智能对银行数据资产价值实现的助力作用。换言之，我们在前述3章分析的基础上引入人工智能因素，再次分析基于成本管理、利润创造以及风险控制视角下银行数据资产的价值实现。因此被解释变量分别为银行成本管理、利润创造以及风险控制；解释变量仍为银行数据资产，调节变量为人工智能变量。其中，被解释变量和解释变量的定义与测度见第5章、第6章、第7章，人工智能变量的定义和测度阐述如下。

本节采用文本挖掘法计算人工智能技术相关关键词的新闻发布频率，经过文本降维等步骤处理后构建人工智能指数，测度人工智能应用程度。具体测度步骤如下。

步骤一，基于银行对新兴技术的应用视角，建立初始词库。按照银行对人工智能的应用实例并结合相关研究，确定人工智能初始词库：智能/智能银行、刷脸/面部识别、活体检测、指纹。

步骤二，量化初始词库。借助全球最大的中文搜索引擎——百度，搜索并计算初始词库中的所有关键词年度词频，量化筛选原始词库。具体地，我们的搜索项采用“年份+银行+原始词库关键词”的形式，运用网络爬虫技术来抓取选定的169家中国银行的2013—2021年共9年原始词库关键词相关的新闻披露总数。关键词的年度新闻发布频率等于包含关键词的年度新闻发布数目除以当年新闻发布总数。该方法的理论依据在于：新闻发布频率与人工智能的应用密切相关，新闻发布频率越高，人工智能的应用程度就越高，人工智能的发展就越良好。我们认为尽管该方法能在一定程度上反映银行间年度新闻的发布频率以及人工智能发展的势头。但是，由于银行市场知名度和媒体关注度不同，媒体对银行的报道频率必然受到影响。为减弱该因素的影响，本书对关键词的年度新闻发布频率进行改进，认为关键词的年度新闻发布频率等于包含关键词的年度新闻发布数目除以当年新闻发布总数后，再除以银行年度总新闻条数。其中，银行年度总新闻条数用来衡量某银行的媒体关注程度。进一步，为保持原始词库的内在相关性和逻辑一致性，对关键词进行标准化处理，并使用Pearson相关分析法剔除相关系数较低的关键词。

步骤三，对于得到的非结构化数据，采用主成分分析法进行文本降维，构建人工智能指数。首先，对关键词进行预检验，考察数据间是否存在共享因素。结果（限于篇幅未列示）显示四种模式下KMO统计值均较高，Bartlett 球度检验也在 1% 的置信水平下显著拒绝“相关系数矩阵为单位阵”的原假设，表明适合进行因子分析，因为这些关键词之间具有共享因素。其次，本书利用特征值大于 1 的方法，提取出合适的公因子。结果（限于篇幅未列示）表明公因子方差贡献率均高于 65%，这意味着提取的因子可以反映初始关键词含有的大部分信息。再次，依据初始成分载荷矩阵计算特征向量，按照因子分析的方法，本书需要将所提取出来的公因子表示为最初使用变量的线性组合，因此本书以特征向量作为权重，将公因子表示为最初变量的线性组合。最后，本书应用最大最小化处理，将数据都调整到 0 ~ 1，以使指数都为正值，最终，本书得到人工智能指数（AI_{it}）。该指数的数值越大，表明银行人工智能的发展程度越高。

（3）模型设定

在测度了银行数据资产、成本无效率、利润无效率、风险无效率、人工智能指数以及控制变量等相关指标的基础上，实证检验人工智能对银行数据资产价值实现的助力作用。我们采用双向固定效应模型来分析回归模型（8 - 1）。双向固定效应模型可以控制同一时点不同个体的差异（组间差异）和不同时点同一个体的差异（组内差异），这在一定程度上降低了由于潜在遗漏变量偏差引起的内生性偏差。

$$\mu_{it} = Constant + a \times DataAssets_{it} + b \times AI_{it} + c \times DataAssets_{it} \times AI_{it} + r \times Controls_{it} + Bank_i + Year_t + \varepsilon \quad (8-1)$$

其中，i 代表第 i 家商业银行；t 代表第 t 年；μ_{it}为第 5 章、第 6 章、第 7 章的银行成本无效率 $\mu_{c,it}$、利润无效率 $\mu_{p,it}$以及风险无效率 $\mu_{r,it}$测度，$DataAssets_{it}$为银行数据资产测度；AI_{it}为银行人工智能指数；$Controls_{it}$为本章的控制变量，包含 $Size_{it}$、$Equity_{it}$、NIM_{it}、CIR_{it}、LD_{it}、$Liquidity_{it}$、NPL_{it}、$SOCB_i$、$JSCB_i$、CCB_i、RCB_i 和 $List_i$；$Bank_i$ 为银行个体固定效应；$Year_t$ 为时间固定效应；ε 为误差项。所有变量的测度见表 5 - 1、表 6 - 1 和表 7 - 1。

（4）研究假设

本节认为，人工智能可以助力银行数据资产的价值实现。第一，在成本管理方面，人工智能实现了数据资产中运营数据的价值挖掘，带来显著的集中运营优势。在成本管理“泛运营”的浪潮下，人工智能发展带来的图像识别 OCR 技术盘活了银行拥有的运营数据，显著提高了证件审核、票据审核、票据录入等日常运营的效率，促进了运营数据的价值实现。第二，在利润创造方面，人工智能实现了数据资产中客户数据的价值挖掘，为银行带来显著的精准营销优势。2014 年后，神经网络分析 ANN 使银行对客户信息的分类识别和类群管理变得更加智能，银行在理财产品的营销上更加精准，销售成功率显著提升，促进了客户数据的价值实现。第三，在商业银行风险控制方面，人工智能实现了数据资产中风险数据的价值挖掘，带来智能风险管控优势。伴随着人工智能的发展以及随机森林、决策树模型等分析方法的进步，银行对信贷评分、欺诈倾向等风险深层数据的监测更加敏锐，促进了风险数据的价值实现。

8.1.2 实证结果分析

表8－1报告了我们关于回归模型（8－1）的基准回归结果①。我们可以发现，当被解释变量为银行成本无效率时，银行数据资产变量 $DataAssets_{it}$ 显著为正，说明银行数据资产显著提高成本无效率，降低成本效率。该结论与5.3结论相同。人工智能指数 AI_{it} 显著为正，说明人工智能技术显著提高成本无效率，降低成本效率。潜在的原因可能是因为人工智能的发展需要持续的研发投入，在短期内恶化了银行的成本结构，带来显著的成本管理负担。银行数据资产和人工智能变量的交互项 $DataAssets_{it} \times AI_{it}$ 的系数显著为负，说明人工智能技术有助于缓解数据资产在银行成本管理方面带来的负面影响。这意味着在银行数据资产囤积行为造成成本管理负担的背景下，人工智能科技的应用有效缓解了这种管理负担，与上述理论预期相同。一方面，人工智能的应用在一定程度上减少了传统数据管理需要的大量人力成本，另一方面，人工智能的应用可能带来了更高效的数据管理模式。最终显著降低了数据资产规模增加带来的成本效率的降低。

表8－1　　人工智能对银行数据资产价值实现的助力作用研究

	(1)	(2)	(3)
	$\mu_{c,it}$	$\mu_{p,it}$	$\mu_{r,it}$
$DataAssets_{it}$	0.035**	－0.015	－0.097***
	(0.023)	(0.024)	(0.015)
AI_{it}	2.235***	1.716	－1.453***
	(0.842)	(0.036)	(0.658)
$DataAssets_{it} \times AI_{it}$	－0.122*	0.079	－0.147**
	(0.042)	(0.098)	(0.032)

① 人工智能变量测度中，由于部分银行的反爬虫的技术限制，我们获得1156个观测值。

续表

	(1)	(2)	(3)
	$\mu_{c,it}$	$\mu_{p,it}$	$\mu_{r,it}$
$Size_{it}$	0.068**	-0.087	-0.022***
	(0.029)	(0.076)	(0.012)
$Equity_{it}$	-0.793*	-0.369	0.221***
	(0.417)	(0.354)	(0.109)
NIM_{it}	0.156***	-0.028	-0.106***
	(0.051)	(0.069)	(0.056)
CIR_{it}	0.013	0.000	-0.029
	(0.011)	(0.011)	(0.019)
LD_{it}	-0.000	0.000	0.315
	(0.000)	(0.000)	(0.131)
$Liquidity_{it}$	0.003*	0.004	0.325
	(0.021)	(0.012)	(0.124)
NPL_{it}	-1.658	16.852***	
	(0.096)	(0.097)	
Year FE	Yes	Yes	Yes
Bank FE	Yes	Yes	Yes
常数	-1.998**	1.208	1.476
	(0.724)	(0.387)	(0.105)
N	1156	1156	1156
adj. R^2	0.221	0.147	0.167
F	32.437	26.547	18.548

注：我们使用固定效应模型估计所有的回归。***、**、*分别表示1%、5%、10%水平下显著性。我们还将所有连续变量在1%和99%的水平上进行缩尾，以减轻离群值的影响。括号内的标准误差根据 White（1980）的方法纠正了异方差。所有变量定义详见表5-1、表6-1和表7-1。

当被解释变量为银行利润无效率时，银行数据资产变量 $DataAssets_{it}$ 的系数不显著，说明银行数据资产对利润无效率并无显著影响。该结论与6.3结论相同。人工智能变量 AI_{it} 的系数不显著，说明人工智能技术并未显著影响利润无效率。银行数据资产和人工智能变量的交互项 $DataAssets_{it} \times AI_{it}$ 的系数不显著，说明人工智能技术并没有显著调节数据资产对利润无效率的影响，与上述理论预期不同。这可能是由于数据资产本身对利润效率的影响并不显著，从而造成人工智能技术的助力效应不显著。

当被解释变量为银行风险无效率时，银行数据资产变量 $DataAssets_{it}$ 显著为负，说明银行数据资产显著降低风险无效率，提高风险效率。该结论与7.3结论相同。人工智能变量 AI_{it} 显著为负，说明人工智能技术显著降低风险无效率，提高风险效率。银行数据资产和人工智能变量的交互项 $DataAssets_{it} \times AI_{it}$ 的系数显著为负，说明人工智能技术有助于增强数据资产在银行风险管理方面带来的正面影响，与上述理论预期相同。

总之，结果表明，人工智能为数据资产在成本管理和风险控制方面的价值实现起到积极作用。

8.1.3 稳健性检验

第一，与5.4类似，我们采用替代银行数据资产测度方式进行稳健性检验。本部分用5.4的 $DataAssets2_{it}$ 替代 $DataAssets_{it}$，重新对模型（8－1）进行回归，结果如表8－2所示，银行数据资产和人工智能变量的交互项 $DataAssets2_{it} \times AI_{it}$ 的系数在成本无效率、利润无效率和风险无效率模型中分别为负（显著）、正（不显著）以及负（显著），这些结论与表8－1中主要结论相同，说明该部分研究结论不受银行数据资产测度的影响。

表8－2　人工智能对银行数据资产价值实现的助力作用研究：稳健性检验1

	(1)	(2)	(3)
	$\mu_{c,it}$	$\mu_{p,it}$	$\mu_{r,it}$
$DataAssets2_{it}$	0.027**	－0.011	－0.068***
	(0.018)	(0.021)	(0.012)
AI_{it}	2.143***	1.547	－1.142***
	(0.746)	(0.027)	(0.542)
$DataAssets2_{it} \times AI_{it}$	－0.087**	0.058	－0.121**
	(0.036)	(0.062)	(0.024)
$Size_{it}$	0.056**	－0.064	－0.019***
	(0.023)	(0.072)	(0.011)
$Equity_{it}$	－0.768*	－0.357	0.215***
	(0.362)	(0.326)	(0.096)
NIM_{it}	0.153***	－0.025	－0.102***
	(0.043)	(0.062)	(0.051)
CIR_{it}	0.011	0.001	－0.023
	(0.011)	(0.011)	(0.012)
LD_{it}	－0.000	0.002	0.312
	(0.002)	(0.021)	(0.142)

续表

	(1)	(2)	(3)
	$\mu_{c,it}$	$\mu_{p,it}$	$\mu_{r,it}$
$Liquidity_{it}$	0.003 *	0.003	0.322
	(0.022)	(0.012)	(0.114)
NPL_{it}	-1.653	16.563 ***	
	(0.181)	(0.076)	
Year FE	Yes	Yes	Yes
Bank FE	Yes	Yes	Yes
常数	-1.795 **	1.215	1.432
	(0.542)	(0.215)	(0.096)
N	1156	1156	1156
adj. R^2	0.217	0.143	0.162
F	30.764	24.653	16.653

注：我们使用固定效应模型估计所有的回归。***、**、*分别表示1%、5%、10%水平下显著性。我们还将所有连续变量在1%和99%的水平上进行缩尾，以减轻离群值的影响。括号内的标准误差根据White（1980）的方法纠正了异方差。所有变量定义详见表5-1、表6-1和表7-1。

第二，与5.4类似，我们在模型（8-1）中加入$MultiApp_{it}$变量，检验一家银行多款移动应用程序是否会影响本书的研究结论，结果如表8-3所示，在加入$MultiApp_{it}$变量后，银行数据资产和人工智能变量的交互项$DataAssets_{it} \times AI_{it}$的系数在成本无效率、利润无效率和风险无效率模型中分别为负（显著）、正（不显著）以及负（显著），这些结论与表8-1中主要结论相同，说明研究结论不受银行多款移动应用程序的影响。

表8-3　人工智能对银行数据资产价值实现的助力作用研究：稳健性检验2

	(1)	(2)	(3)
	$\mu_{c,it}$	$\mu_{p,it}$	$\mu_{r,it}$
$DataAssets_{it}$	0.034 **	-0.014	-0.096 ***
	(0.023)	(0.022)	(0.013)
AI_{it}	2.233 ***	1.714	-1.448 ***
	(0.402)	(0.033)	(0.653)
$DataAssets_{it} \times AI_{it}$	-0.121 *	0.076	-0.145 **
	(0.040)	(0.094)	(0.030)
$MultiApp_{it}$	0.032 **	0.039 *	0.045 *
	(0.015)	(0.014)	(0.016)

续表

	(1)	(2)	(3)
	$\mu_{c,it}$	$\mu_{p,it}$	$\mu_{r,it}$
$Size_{it}$	0.066 **	−0.084	−0.021 ***
	(0.025)	(0.074)	(0.011)
$Equity_{it}$	−0.786 *	−0.362	0.216 ***
	(0.408)	(0.346)	(0.102)
NIM_{it}	0.153 ***	−0.025	−0.102 ***
	(0.047)	(0.066)	(0.053)
CIR_{it}	0.012	0.001	−0.024
	(0.010)	(0.008)	(0.015)
LD_{it}	−0.000	0.000	0.312
	(0.000)	(0.001)	(0.125)
$Liquidity_{it}$	0.003 *	0.003	0.323
	(0.018)	(0.011)	(0.122)
NPL_{it}	−1.653	16.846 ***	
	(0.092)	(0.089)	
Year FE	Yes	Yes	Yes
Bank FE	Yes	Yes	Yes
常数	−1.967 **	1.189	1.426
	(0.653)	(0.317)	(0.096)
N	1156	1156	1156
adj. R^2	0.222	0.147	0.168
F	32.584	26.653	18.764

注：我们使用固定效应模型估计所有的回归。***、**、* 分别表示 1%、5%、10% 水平下显著性。我们还将所有连续变量在 1% 和 99% 的水平上进行缩尾，以减轻离群值的影响。括号内的标准误差根据 White（1980）的方法纠正了异方差。所有变量定义详见表 5－1、表 6－1 和表 7－1。

第三，与 5.4 类似，我们认为银行营业时间越长，银行积累的数据和信息越多，从而产生的数据资产也就越多。因此，我们构建 $OpTime_{it}$ 指标作为银行运营时间的度量替代银行数据资产变量，表示银行 i 从第 t 年起已经运营了多少年，并在回归模型（8－1）中用这个新的变量替换 $DataAssets_{it}$，结果如表 8－4 所示，银行数据资产和人工智能变量的交互项 $OpTime_{it} \times AI_{it}$ 的系数在成本无效率、利润无效率和风险无效率模型中分别为负（显著）、正（不显著）以及负（显著），这些结论与表 8－1 中主要结论相同，说明研究结论不受银行数据资产测度的影响。

表8-4 人工智能对银行数据资产价值实现的助力作用研究：稳健性检验3

	(1)	(2)	(3)
	$\mu_{c,it}$	$\mu_{p,it}$	$\mu_{r,it}$
$OpTime_{it}$	0.018**	-0.004	-0.051***
	(0.152)	(0.125)	(0.107)
AI_{it}	2.163***	1.484	-1.327***
	(0.652)	(0.063)	(0.436)
$OpTime_{it} \times AI_{it}$	-0.052*	0.031	-0.065**
	(0.021)	(0.053)	(0.018)
$Size_{it}$	0.064**	-0.083	-0.021***
	(0.026)	(0.073)	(0.012)
$Equity_{it}$	-0.773*	-0.362	0.218***
	(0.374)	(0.316)	(0.096)
NIM_{it}	0.152***	-0.025	-0.104***
	(0.046)	(0.065)	(0.053)
CIR_{it}	0.011	0.000	-0.025
	(0.008)	(0.006)	(0.014)
LD_{it}	-0.001	0.001	0.315
	(0.002)	(0.053)	(0.115)
$Liquidity_{it}$	0.003*	0.003	0.315
	(0.026)	(0.012)	(0.115)
NPL_{it}	-1.653	16.734***	
	(0.087)	(0.092)	
Year FE	Yes	Yes	Yes
Bank FE	Yes	Yes	Yes
常数	-1.893**	1.184	1.453
	(0.683)	(0.326)	(0.086)
N	1156	1156	1156
adj. R^2	0.218	0.145	0.163
F	31.764	24.948	17.764

注：我们使用固定效应模型估计所有的回归。***、**、*分别表示1%、5%、10%水平下显著性。我们还将所有连续变量在1%和99%的水平上进行缩尾，以减轻离群值的影响。括号内的标准误差根据White（1980）的方法纠正了异方差。所有变量定义详见表5-1、表6-1和表7-1。

第四，与5.4类似，我们采用银行成本效率值、利润效率值以及风险效率值代替无效率项，作为被解释变量的测度，并采用Simar和Wilso

(2007）提出的截断回归模型重新分析回归模型（8－1)，结果如表8－5所示，银行数据资产和人工智能变量的交互项 $DataAssets_{it}\times AI_{it}$ 的系数在成本效率、利润效率和风险效率模型中分别为正（显著)、负（不显著）以及正（显著)，说明银行人工智能技术有助于缓解数据资产在银行成本管理方面带来的负面影响，增强数据资产在银行风险管理方面带来的正面影响。这些结论与表8－1中主要结论相同，说明研究结论不受银行效率测度的影响。

表8－5　人工智能对银行数据资产价值实现的助力作用研究：稳健性检验4

	(1)	(2)	(3)
	$CEFF_{it}$	$PEFF_{it}$	$REFF_{it}$
$DataAssets_{it}$	−0.012**	0.005	0.032***
	(0.007)	(0.008)	(0.005)
AI_{it}	−0.768***	−0.653	0.485***
	(0.325)	(0.012)	(0.215)
$DataAssets_{it}\times AI_{it}$	0.044*	−0.029	0.049**
	(0.014)	(0.032)	(0.009)
$Size_{it}$	−0.033*	0.039	0.007***
	(0.011)	(0.026)	(0.004)
$Equity_{it}$	0.253*	0.125	−0.074***
	(0.132)	(0.132)	(0.034)
NIM_{it}	−0.054***	0.009	0.043***
	(0.017)	(0.026)	(0.023)
CIR_{it}	−0.004	−0.002	0.009
	(0.003)	(0.004)	(0.007)
LD_{it}	0.001	−0.002	−0.121
	(0.006)	(0.003)	(0.097)
$Liquidity_{it}$	−0.001*	−0.001	−0.125
	(0.007)	(0.004)	(0.032)
NPL_{it}	0.547	−5.325***	
	(0.032)	(0.031)	
Year FE	Yes	Yes	Yes
Bank FE	Yes	Yes	Yes
常数	0.657**	−0.452	−0.346
	(0.325)	(0.125)	(0.026)

续表

	(1) CEFF$_{it}$	(2) PEFF$_{it}$	(3) REFF$_{it}$
N	1156	1156	1156
adj. R^2	0.186	0.136	0.085
F	21.543	16.523	10.764

注：我们使用截断回归模型估计所有的回归。***、**、* 分别表示 1%、5%、10% 水平下显著性。我们还将所有连续变量在 1% 和 99% 的水平上进行缩尾，以减轻离群值的影响。括号内的标准误差根据 White（1980）的方法纠正了异方差。所有变量定义详见表 5－1、表 6－1 和表 7－1。

第五，与 5.4 类似，我们在回归模型（8－1）中引入两个新的非金融因素变量作为控制变量：$Branch_{it}$和 $Employee_{it}$，结果如表 8－6 所示，在加入 $Branch_{it}$和 $Employee_{it}$变量后，银行数据资产和人工智能变量的交互项 $DataAssets_{it} \times AI_{it}$的系数在成本无效率、利润无效率和风险无效率模型中分别为负（显著）、正（不显著）以及负（显著），这些结论与表 8－1 中主要结论相同，说明研究结论不受非金融因素变量的影响。

表 8－6　人工智能对银行数据资产价值实现的助力作用研究：稳健性检验 5

	(1) $\mu_{c,it}$	(2) $\mu_{p,it}$	(3) $\mu_{r,it}$
$DataAssets_{it}$	0.030**	－0.011	－0.091***
	(0.018)	(0.020)	(0.010)
AI_{it}	2.153***	1.436	－1.242***
	(0.653)	(0.032)	(0.546)
$DataAssets_{it} \times AI_{it}$	－0.113*	0.071	－0.135**
	(0.036)	(0.076)	(0.026)
$Size_{it}$	0.061**	－0.065	－0.016***
	(0.021)	(0.064)	(0.011)
$Equity_{it}$	－0.735*	－0.354	0.208***
	(0.362)	(0.326)	(0.085)
NIM_{it}	0.151***	－0.025	－0.103***
	(0.046)	(0.063)	(0.052)
CIR_{it}	0.011	0.001	－0.022
	(0.008)	(0.007)	(0.014)
LD_{it}	－0.000	0.000	0.308
	(0.000)	(0.000)	(0.125)

续表

	(1)	(2)	(3)
	$\mu_{c,it}$	$\mu_{p,it}$	$\mu_{r,it}$
$Liquidity_{it}$	0.002*	0.002	0.314
	(0.015)	(0.010)	(0.108)
NPL_{it}	-1.436	16.214***	
	(0.052)	(0.046)	
$Branch_{it}$	0.002	-0.002	-0.021
	(0.032)	(0.023)	(0.032)
$Employee_{it}$	18.542**	-0.337*	-0.321
	(0.214)	(0.142)	(0.085)
Year FE	Yes	Yes	Yes
Bank FE	Yes	Yes	Yes
常数	-1.657**	1.142	1.152
	(0.363)	(0.225)	(0.086)
N	1156	1156	1156
adj. R^2	0.224	0.151	0.169
F	35.763	28.853	20.543

注：我们使用固定效应模型估计所有的回归。***、**、*分别表示1%、5%、10%水平下显著性。我们还将所有连续变量在1%和99%的水平上进行缩尾，以减轻离群值的影响。括号内的标准误差根据 White（1980）的方法纠正了异方差。所有变量定义详见表5-1、表6-1和表7-1。

第六，与5.4类似，我们控制了解释变量中的异常值对基准结论的影响。具体而言，我们剔除了2013年的所有样本，然后利用回归模型（8-1）重新分析剩余的研究样本，结果如表8-7所示，在剔除解释变量中的异常值后，银行数据资产和人工智能变量的交互项 $DataAssets_{it} \times AI_{it}$ 的系数在成本无效率、利润无效率和风险无效率模型中分别为负（显著）、正（不显著）以及负（显著），这些结论与表8-1中的主要结论相同，说明研究结论不受解释变量中异常值的影响。

表8-7　人工智能对银行数据资产价值实现的助力作用研究：稳健性检验6

	(1)	(2)	(3)
	$\mu_{c,it}$	$\mu_{p,it}$	$\mu_{r,it}$
$DataAssets_{it}$	0.032**	-0.013	-0.091***
	(0.021)	(0.023)	(0.012)
AI_{it}	2.226***	1.712	-1.446***
	(0.835)	(0.032)	(0.642)

续表

	(1)	(2)	(3)
	$\mu_{c,it}$	$\mu_{p,it}$	$\mu_{r,it}$
$DataAssets_{it} \times AI_{it}$	-0.118*	0.075	-0.142**
	(0.035)	(0.076)	(0.028)
$Size_{it}$	0.063**	-0.086	-0.022***
	(0.023)	(0.064)	(0.009)
$Equity_{it}$	-0.768*	-0.356	0.215***
	(0.395)	(0.337)	(0.103)
NIM_{it}	0.148***	-0.024	-0.103***
	(0.047)	(0.065)	(0.052)
CIR_{it}	0.011	0.001	-0.023
	(0.013)	(0.008)	(0.012)
LD_{it}	-0.000	0.001	0.308
	(0.001)	(0.002)	(0.123)
$Liquidity_{it}$	0.002*	0.005	0.316
	(0.018)	(0.011)	(0.115)
NPL_{it}	-1.436	16.215***	
	(0.082)	(0.074)	
Year FE	Yes	Yes	Yes
Bank FE	Yes	Yes	Yes
常数	-1.763**	1.143	1.373
	(0.431)	(0.262)	(0.074)
N	1056	1056	1056
adj. R^2	0.217	0.146	0.163
F	32.124	26.142	18.124

注：我们使用固定效应模型估计所有的回归。***、**、*分别表示1%、5%、10%水平下显著性。我们还将所有连续变量在1%和99%的水平上进行缩尾，以减轻离群值的影响。括号内的标准误差根据White（1980）的方法纠正了异方差。所有变量定义详见表5-1、表6-1和表7-1。

8.2 区块链对银行数据资产价值实现的助力作用研究

8.2.1 研究设计

（1）样本选取

与5.1类似，本节的研究样本由2013—2021年中国169家银行的数据组成，包括 6 家国有银行、12 家股份制银行、108 家城市银行、43 家农村银行。研究样本总资产占中国银行总资产的 97% 以上。

实证分析部分的数据来源与 5.1 相同，此处不再赘述。

（2）变量定义与测度

本节实证研究的内容是区块链对银行数据资产价值实现的助力作用。换言之，我们在前述 3 章分析的基础上引入区块链因素，再次分析基于成本管理、利润创造以及风险控制视角下银行数据资产的价值实现。因此被解释变量分别为银行成本管理、利润创造以及风险控制；解释变量仍为银行数据资产；调节变量为区块链变量。其中，被解释变量和解释变量的定义与测度见第 5 章、第 6 章、第 7 章，区块链变量的定义和测度阐述如下。

本书采用文本挖掘法计算区块链相关关键词的新闻发布频率，经过文本降维等步骤处理后构建区块链指数，测度金融科技应用程度。具体测度步骤如下。

步骤一，基于银行对新型技术的应用视角，建立初始词库。按照银行对区块链的应用实例并结合相关研究，确定区块链初始词库：区块链、联盟链、测试链、互联链。

步骤二，量化初始词库。借助全球最大的中文搜索引擎——百度，搜索并计算初始词库中的所有关键词年度词频，量化筛选原始词库。具体地，我们的搜索项采用“年份 + 银行 + 原始词库关键词”的形式，运用网络爬虫技术来抓取选定的 169 家中国银行的 2013—2021 年共 9 年原始词库关键词相关的新闻披露总数。关键词的年度新闻发布频率等于包含关键词的年度新闻发布数目除以当年新闻发布总数。该方法的理论依据在于：新闻发布频率与区块链的应用密切相关，新闻发布频率越高，区块链的应用程度就越高，区块链发展就越良好。本书认为，尽管该方法能在一定程度上反映银行间年度新闻发布频率以及区块链发展的势头，但是由于银行市场知名度和媒体关注度不同，媒体对银行的报道频率必然受到影响。为减弱该因素的影响，本书对关键词的年度新闻发布频率进行改进，认为关键词的年度新闻发布频率等于包含关键词的年度新闻发布数目除以当年新闻发布总数后，再除以银行年度总新闻条数。其中，银行年度总新闻条数用来衡量某银行的媒体关注程度。进一步，为保持原始词库的内在相关性和逻辑一致性，对关键词进行标准化处理，并使用 Pearson 相关分析法剔除相关系数较低的关键词。

步骤三，对于得到的非结构化数据，采用主成分分析法进行文本降维，构建银行金融科技指数。首先，对关键词进行预检验，考察数据间是否存在共享因素。结果（限于篇幅未列示）显示四种模式下 KMO 统计值均较高，Bartlett 球度检验也在 1% 的置信水平下显著拒绝“相关系数矩阵为单位阵”的原假设，表明适合进行因子分析，因为这些关键词之间具有共享因素。其次，本书利用特征值大于 1 的方法，提取出合适的公因子。结果（限于篇幅未列示）表明公因子方差贡献率均高于 65%，这意味着提取的因子可以反映初始关键词含有的大部分信息。再次，依据初始成分载荷矩阵计算特征向量，按照因子分析的方法，本书需要将所提取出来的公因子表示为最初使用变量的线性组合，因此本书以特征向量作为权重，将公因子表示为最初变量的线性组合。最后，本书应用最大最小化处理，将数据都调整到 0 ~ 1，以使指数都为正值，最终，本书得到区块链指数（$Blockchain_{it}$）。该指数的数值越大，表明银行区块链的发展程度越高。

（3）模型设定

在测度了银行数据资产、成本无效率、利润无效率、风险无效率、区块链指数以及控制变量等相关指标的基础上，实证检验区块链对银行数据资产价值实现的作用。我们采用双向固定效应模型来回归分析模型（8 - 2）。双向固定效应模型可以控制同一时点不同个体的差异（组间差异）和不同时点同一个体的差异（组内差异），这在一定程度上降低了由于潜在遗漏变量偏差引起的内生性偏差。

$$\mu_{it} = Constant + a \times DataAssets_{it} + b \times Blockchain_{it} + c \times DataAssets_{it} \times Blockchain_{it} + r \times Controls_{it} + Bank_i + Year_t + \varepsilon \quad (8-2)$$

其中，i 代表第 i 家商业银行；t 代表第 t 年；μ_{it}为第 5 章、第 6 章、第 7 章的银行成本无效率 $\mu_{c,it}$、利润无效率 $\mu_{p,it}$以及风险无效率 $\mu_{r,it}$测度，$DataAssets_{it}$为银行数据资产测度；$Blockchain_{it}$为银行区块链指数；$Controls_{it}$为本章的控制变量，包含 $Size_{it}$、$Equity_{it}$、NIM_{it}、CIR_{it}、LD_{it}、$Liquidity_{it}$、NPL_{it}、$SOCB_i$、$JSCB_i$、CCB_i、RCB_i 和 $List_i$；$Bank_i$ 为银行个体固定效应；$Year_t$ 为时间固定效应；ε 为误差项。所有变量的测度见表 5 - 1、表 6 - 1 和表 7 - 1。

（4）研究假设

本节认为，区块链难以助力银行数据资产的价值实现，主要原因有二：首先，银行在应用区块链科技时没有充分利用其“信任扩散”特征。区块链不是理想的数据存储方式，更不是支持大数据应用的理想方式。区块链起到数据加固作用，链上数据不易被篡改。然而，银行应用区块链科技后并没有因此而简化业务流程、改变产品形态。比如，供应链、贸易融资领域都是当前区块链应用热点，信用证、保理等业务都已经可以上链，但是链上的金融产品没有多少变化，只是改变了业务信息的传递方式。其次，银行在发展区块链科技时缺少核心创新应用。自联盟链诞生后，企业级的区块链应用基本上都是联盟链形态，而联盟链形态无一不代表缺少自由权利的平台化应用，这样的平台与传统分布式系统很难说有本质差别。在银行的区块链应用中，无论是购买平台还是自建平台，都是采用联盟链形态，而且基本不具备向公共链扩展的能力，所以银行在发展区块链时一直缺少核心创新产品。鉴于区块链科技在银行应用发展中的局限性，其对数据资产价值实现的助力作用可能并不显著。

8.2.2 实证结果分析

表8－8报告了我们关于回归模型（8－2）的基准回归结果①。我们可以发现，当被解释变量为银行成本无效率时，银行数据资产变量 $DataAssets_{it}$ 显著为正，说明银行数据资产显著提高成本无效率，降低成本效率。该结论与5.3结论相同。区块链指数 $Blockchain_{it}$ 为正，但并不显著。银行数据资产和区块链变量的交互项 $DataAssets_{it} \times Blockchain_{it}$ 的系数为负，但不显著，说明区块链技术并未缓解数据资产在银行成本管理方面带来的负面影响，与上述理论预期相符。

当被解释变量为银行利润无效率时，银行数据资产变量 $DataAssets_{it}$ 的系数不显著，说明银行数据资产对利润无效率并无显著影响。该结论与6.3结论相同。区块链变量 $Blockchain_{it}$ 的系数为正，但不显著，说明区块链技术并未显著影响利润无效率。银行数据资产和区块链变量的交互项 $DataAssets_{it} \times Blockchain_{it}$ 的系数不显著，说明区块链技术并没有显著调节数据资产对利润无效率的影响，与上述理论预期相符。

当被解释变量为银行风险无效率时，银行数据资产变量 $DataAssets_{it}$ 显著为负，说明银行数据资产显著降低风险无效率，提高风险效率。该结论与7.3结论相同。区块链变量 $Blockchain_{it}$ 的系数和银行数据资产与区块链变量的交互项 $DataAssets_{it} \times Blockchain_{it}$ 的系数均为负，但不显著，同样说明区块链技术对银行风险并没有显著影响，而且也没有显著调节数据资产对风险无效率的影响，与上述理论预期相符。

通过上述分析，可以看出区块链技术对我国商业银行成本管理、利润创造以及风险管理的影响效果均不明显，也未能助力数据资产的价值实现。这主要是由于区块链的技术发展目前还比较滞后，其作用还未被银行

---

① 区块链变量测度中，由于部分银行的反爬虫的技术限制，我们获得1156个观测值。

完全挖掘。

表 8-8　　区块链对银行数据资产价值实现的助力作用研究

	(1)	(2)	(3)
	$\mu_{c,it}$	$\mu_{p,it}$	$\mu_{r,it}$
$DataAssets_{it}$	0.041**	-0.021	-0.125***
	(0.033)	(0.025)	(0.027)
$Blockchain_{it}$	0.322	0.112	-1.321
	(0.142)	(0.241)	(0.542)
$DataAssets_{it} \times Blockchain_{it}$	-0.021	0.005	-0.121
	(0.015)	(0.026)	(0.016)
$Size_{it}$	0.062**	-0.086	-0.022***
	(0.025)	(0.072)	(0.012)
$Equity_{it}$	-0.890**	-0.440	0.221***
	(0.418)	(0.358)	(0.109)
NIM_{it}	0.156***	-0.026	-0.106***
	(0.050)	(0.066)	(0.056)
CIR_{it}	0.010	-0.004	-0.029
	(0.007)	(0.006)	(0.019)
LD_{it}	-0.000	0.000	0.315
	(0.000)	(0.000)	(0.131)
$Liquidity_{it}$	0.002	0.003	0.325
	(0.001)	(0.003)	(0.124)
NPL_{it}	-1.566	16.602***	
	(0.046)	(0.341)	
Year FE	Yes	Yes	Yes
Bank FE	Yes	Yes	Yes
常数	-1.949*	1.266	1.476
	(0.702)	(0.387)	(0.105)
N	1156	1156	1156
adj. R^2	0.219	0.145	0.165
F	32.096	26.163	18.125

注：我们使用固定效应模型估计所有的回归。***、**、*分别表示1%、5%、10%水平下显著性。我们还将所有连续变量在1%和99%的水平上进行缩尾，以减轻离群值的影响。括号内的标准误差根据 White（1980）的方法纠正了异方差。所有变量定义详见表5-1、表6-1和表7-1。

8.2.3 稳健性检验

第一，与5.4类似，我们采用替代银行数据资产测度方式进行稳健性检验。本部分用5.4的$DataAssets2_{it}$替代$DataAssets_{it}$，重新对模型（8-2）进行回归，结果如表8-9所示，银行数据资产和区块链变量的交互项$DataAssets2_{it} \times Blockchain_{it}$的系数在成本无效率、利润无效率和风险无效率模型中分别为负（不显著）、正（不显著）以及负（不显著），这些结论与表8-8中主要结论相同，说明该部分研究结论不受银行数据资产测度的影响。

表8-9　区块链对银行数据资产价值实现的助力作用研究：稳健性检验1

	(1)	(2)	(3)
	$\mu_{c,it}$	$\mu_{p,it}$	$\mu_{r,it}$
$DataAssets2_{it}$	0.039**	-0.019	-0.124***
	(0.031)	(0.023)	(0.026)
$Blockchain_{it}$	0.317	0.111	-1.317
	(0.136)	(0.28)	(0.537)
$DataAssets2_{it} \times Blockchain_{it}$	-0.019	0.004	-0.116
	(0.014)	(0.023)	(0.015)
$Size_{it}$	0.059**	-0.084	-0.021***
	(0.024)	(0.069)	(0.011)
$Equity_{it}$	-0.888**	-0.437	0.219***
	(0.416)	(0.355)	(0.107)
NIM_{it}	0.154***	-0.024	-0.103***
	(0.048)	(0.063)	(0.055)
CIR_{it}	0.009	-0.003	-0.027
	(0.006)	(0.004)	(0.016)
LD_{it}	-0.000	0.000	0.314
	(0.002)	(0.000)	(0.126)
$Liquidity_{it}$	0.003	0.004	0.318
	(0.002)	(0.004)	(0.122)
NPL_{it}	-1.563	16.437***	
	(0.125)	(0.215)	
Year FE	Yes	Yes	Yes
Bank FE	Yes	Yes	Yes

续表

	(1) $\mu_{c,it}$	(2) $\mu_{p,it}$	(3) $\mu_{r,it}$
常数	-1.543*	1.216	1.653
	(0.432)	(0.325)	(0.076)
N	1156	1156	1156
adj. R^2	0.218	0.144	0.164
F	31.764	25.874	17.896

注：我们使用固定效应模型估计所有的回归。***、**、*分别表示1%、5%、10%水平下显著性。我们还将所有连续变量在1%和99%的水平上进行缩尾，以减轻离群值的影响。括号内的标准误差根据White（1980）的方法纠正了异方差。所有变量定义详见表5-1、表6-1和表7-1。

第二，与5.4类似，我们在模型（8-2）中加入$MultiApp_{it}$变量，检验一家银行多款移动应用程序是否会影响本节的研究结论，结果如表8-10所示，在加入$MultiApp_{it}$变量后，银行数据资产和区块链变量的交互项$DataAssets_{it} \times Blockchain_{it}$的系数在成本无效率、利润无效率和风险无效率模型中分别为负（不显著）、正（不显著）以及负（不显著），这些结论与表8-8中主要结论相同，说明研究结论不受银行多款移动应用程序的影响。

表8-10　区块链对银行数据资产价值实现的助力作用研究：稳健性检验2

	(1) $\mu_{c,it}$	(2) $\mu_{p,it}$	(3) $\mu_{r,it}$
$DataAssets_{it}$	0.040**	-0.018	-0.123***
	(0.032)	(0.023)	(0.024)
$Blockchain_{it}$	0.314	0.109	-1.315
	(0.138)	(0.185)	(0.483)
$DataAssets_{it} \times Blockchain_{it}$	-0.018	0.004	-0.117
	(0.013)	(0.024)	(0.014)
$MultiApp_{it}$	0.030**	0.037*	0.041*
	(0.014)	(0.013)	(0.015)
$Size_{it}$	0.060**	-0.083	-0.021***
	(0.023)	(0.068)	(0.016)
$Equity_{it}$	-0.886**	-0.436	0.218***
	(0.395)	(0.316)	(0.115)

续表

	(1)	(2)	(3)
	$\mu_{c,it}$	$\mu_{p,it}$	$\mu_{r,it}$
NIM_{it}	0.154***	-0.023	-0.101***
	(0.046)	(0.057)	(0.048)
CIR_{it}	0.009	-0.007	-0.025
	(0.006)	(0.005)	(0.015)
LD_{it}	-0.000	0.000	0.311
	(0.003)	(0.002)	(0.124)
$Liquidity_{it}$	0.002	0.002	0.321
	(0.001)	(0.003)	(0.115)
NPL_{it}	-1.352	15.352***	
	(0.032)	(0.327)	
Year FE	Yes	Yes	Yes
Bank FE	Yes	Yes	Yes
常数	-1.652*	1.186	1.263
	(0.436)	(0.326)	(0.115)
N	1156	1156	1156
adj. R^2	0.220	0.146	0.165
F	32.763	26.874	18.864

注：我们使用固定效应模型估计所有的回归。***、**、*分别表示1%、5%、10%水平下显著性。我们还将所有连续变量在1%和99%的水平上进行缩尾，以减轻离群值的影响。括号内的标准误差根据White（1980）的方法纠正了异方差。所有变量定义详见表5-1、表6-1和表7-1。

第三，与5.4类似，我们认为银行营业时间越长，银行积累的数据和信息越多，从而产生的数据资产也就越多。因此，我们构建$OpTime_{it}$指标作为银行运营时间的度量，替代银行数据资产变量，表示银行i从第t年起已经运营了多少年，并在回归模型（8-2）中用这个新的变量替换$DataAssets_{it}$，结果如表8-11所示，银行数据资产和区块链变量的交互项$OpTime_{it} \times Blockchain_{it}$的系数在成本无效率、利润无效率和风险无效率模型中分别为负（不显著）、正（不显著）以及负（不显著），这些结论与表8-8中主要结论相同，说明研究结论不受银行数据资产测度的影响。

表8-11　区块链对银行数据资产价值实现的助力作用研究：稳健性检验3

	(1)	(2)	(3)
	$\mu_{c,it}$	$\mu_{p,it}$	$\mu_{r,it}$
$OpTime_{it}$	0.022**	-0.010	-0.062***
	(0.031)	(0.021)	(0.023)
$Blockchain_{it}$	0.317	0.108	-1.314
	(0.137)	(0.237)	(0.473)
$OpTime_{it} \times Blockchain_{it}$	-0.011	0.002	-0.059
	(0.010)	(0.014)	(0.011)
$Size_{it}$	0.059**	-0.081	-0.013***
	(0.023)	(0.065)	(0.012)
$Equity_{it}$	-0.875**	-0.435	0.217***
	(0.363)	(0.315)	(0.095)
NIM_{it}	0.147***	-0.024	-0.102***
	(0.048)	(0.058)	(0.053)
CIR_{it}	0.008	-0.004	-0.024
	(0.005)	(0.005)	(0.016)
LD_{it}	-0.000	0.000	0.284
	(0.002)	(0.003)	(0.126)
$Liquidity_{it}$	0.001	0.003	0.321
	(0.001)	(0.003)	(0.115)
NPL_{it}	-1.462	15.546***	
	(0.052)	(0.263)	
Year FE	Yes	Yes	Yes
Bank FE	Yes	Yes	Yes
常数	-1.653*	1.163	1.326
	(0.246)	(0.352)	(0.097)
N	1156	1156	1156
adj. R^2	0.214	0.141	0.159
F	30.542	24.763	16.753

注：我们使用固定效应模型估计所有的回归。***、**、*分别表示1%、5%、10%水平下显著性。我们还将所有连续变量在1%和99%的水平上进行缩尾，以减轻离群值的影响。括号内的标准误差根据White（1980）的方法纠正了异方差。所有变量定义详见表5-1、表6-1和表7-1。

第四，与5.4类似，我们采用银行成本效率值、利润效率值以及风险效率值代替无效率项，作为被解释变量的测度，并采用Simar和Wilso

（2007）提出的截断回归模型来重新分析回归模型（8 -2），结果如表 8 - 12 所示，银行数据资产和区块链变量的交互项 $DataAssets_{it} \times Blockchain_{it}$ 的系数在成本效率、利润效率和风险效率模型中分别为正（不显著）、负（不显著）以及正（不显著），说明银行区块链并没有对银行数据资产产生助力效应。这些结论与表 8 -8 中主要结论相同，说明研究结论不受银行效率测度的影响。

表 8 -12　区块链对银行数据资产价值实现的助力作用研究：稳健性检验 4

	(1)	(2)	(3)
	$CEFF_{it}$	$PEFF_{it}$	$REFF_{it}$
$DataAssets_{it}$	-0.013**	0.006	0.037***
	(0.008)	(0.009)	(0.007)
$Blockchain_{it}$	-0.252	-0.153	0.985
	(0.214)	(0.014)	(0.153)
$DataAssets_{it} \times Blockchain_{it}$	0.024	-0.015	0.025
	(0.017)	(0.026)	(0.007)
$Size_{it}$	-0.027*	0.033	0.006***
	(0.008)	(0.022)	(0.003)
$Equity_{it}$	0.243*	0.122	-0.064***
	(0.127)	(0.126)	(0.033)
NIM_{it}	-0.049***	0.007	0.039***
	(0.012)	(0.023)	(0.021)
CIR_{it}	-0.003	-0.002	0.004
	(0.003)	(0.002)	(0.006)
LD_{it}	0.001	-0.002	-0.121
	(0.004)	(0.005)	(0.074)
$Liquidity_{it}$	-0.001*	-0.001	-0.121
	(0.005)	(0.004)	(0.027)
NPL_{it}	0.437	-5.142***	
	(0.028)	(0.027)	
Year FE	Yes	Yes	Yes
Bank FE	Yes	Yes	Yes
常数	0.642**	-0.421	-0.321
	(0.263)	(0.115)	(0.019)

续表

	(1) $CEFF_{it}$	(2) $PEFF_{it}$	(3) $REFF_{it}$
N	1156	1156	1156
adj. R^2	0.169	0.125	0.081
F	21.115	16.253	10.215

注：我们使用截断回归模型估计所有的回归。***、**、*分别表示1%、5%、10%水平下显著性。我们还将所有连续变量在1%和99%的水平上进行缩尾，以减轻离群值的影响。括号内的标准误差根据White（1980）的方法纠正了异方差。所有变量定义详见表5-1、表6-1和表7-1。

第五，与5.4类似，我们在回归模型（8-2）中引入两个新的非金融因素变量作为控制变量：$Branch_{it}$和$Employee_{it}$，结果如表8-13所示，在加入$Branch_{it}$和$Employee_{it}$变量后，银行数据资产和区块链变量的交互项$DataAssets_{it} \times Blockchain_{it}$的系数在成本无效率、利润无效率和风险无效率模型中分别为负（不显著）、正（不显著）以及负（不显著），这些结论与表8-8中主要结论相同，说明研究结论不受非金融因素变量的影响。

表8-13　区块链对银行数据资产价值实现的助力作用研究：稳健性检验5

	(1) $\mu_{c,it}$	(2) $\mu_{p,it}$	(3) $\mu_{r,it}$
$DataAssets_{it}$	0.041**	-0.023	-0.126***
	(0.025)	(0.022)	(0.021)
$Blockchain_{it}$	0.316	0.108	-1.237
	(0.137)	(0.216)	(0.462)
$DataAssets_{it} \times Blockchain_{it}$	-0.019	0.004	-0.117
	(0.013)	(0.023)	(0.015)
$Size_{it}$	0.061**	-0.082	-0.021***
	(0.026)	(0.073)	(0.014)
$Equity_{it}$	-0.863**	-0.437	0.216***
	(0.353)	(0.315)	(0.085)
NIM_{it}	0.149***	-0.025	-0.104***
	(0.046)	(0.064)	(0.055)
CIR_{it}	0.009	-0.004	-0.024
	(0.006)	(0.005)	(0.016)
LD_{it}	-0.000	0.001	0.313
	(0.002)	(0.000)	(0.126)

续表

	(1)	(2)	(3)
	$\mu_{c,it}$	$\mu_{p,it}$	$\mu_{r,it}$
$Liquidity_{it}$	0.001	0.003	0.316
	(0.001)	(0.002)	(0.116)
NPL_{it}	-1.543	16.523***	
	(0.043)	(0.253)	
$Branch_{it}$	0.002	-0.001	-0.018
	(0.033)	(0.022)	(0.027)
$Employee_{it}$	17.125**	-0.314*	-0.318
	(0.173)	(0.115)	(0.068)
Year FE	Yes	Yes	Yes
Bank FE	Yes	Yes	Yes
常数	-1.653*	1.184	1.326
	(0.463)	(0.263)	(0.085)
N	1156	1156	1156
adj. R^2	0.220	0.146	0.166
F	32.853	26.894	18.887

注：我们使用固定效应模型估计所有的回归。***、**、*分别表示1%、5%、10%水平下显著性。我们还将所有连续变量在1%和99%的水平上进行缩尾，以减轻离群值的影响。括号内的标准误差根据White（1980）的方法纠正了异方差。所有变量定义详见表5-1、表6-1和表7-1。

第六，与5.4类似，我们控制了解释变量中的异常值对基准结论的影响。具体而言，我们剔除了2013年的所有样本，然后利用回归模型（8-2）重新分析剩余的研究样本。结果如表8-14所示，在剔除解释变量中的异常值后，银行数据资产和区块链变量的交互项 $DataAssets_{it} \times Blockchain_{it}$ 的系数在成本无效率、利润无效率和风险无效率模型中分别为负（不显著）、正（不显著）以及负（不显著），这些结论与表8-8中的主要结论相同，说明研究结论不受解释变量中异常值的影响。

表8-14　区块链对银行数据资产价值实现的助力作用研究：稳健性检验6

	(1)	(2)	(3)
	$\mu_{c,it}$	$\mu_{p,it}$	$\mu_{r,it}$
$DataAssets_{it}$	0.043**	-0.025	-0.131***
	(0.032)	(0.022)	(0.034)

续表

	(1)	(2)	(3)
	$\mu_{c,it}$	$\mu_{p,it}$	$\mu_{r,it}$
$Blockchain_{it}$	0. 316	0. 109	-1. 315
	(0. 132)	(0. 235)	(0. 526)
$DataAssets_{it} \times Blockchain_{it}$	-0. 016	0. 004	-0. 114
	(0. 011)	(0. 023)	(0. 014)
$Size_{it}$	0. 053 **	-0. 068	-0. 021 ***
	(0. 021)	(0. 057)	(0. 007)
$Equity_{it}$	-0. 735 *	-0. 347	0. 209 ***
	(0. 332)	(0. 246)	(0. 096)
NIM_{it}	0. 145 ***	-0. 022	-0. 101 ***
	(0. 044)	(0. 063)	(0. 051)
CIR_{it}	0. 010	0. 001	-0. 022
	(0. 012)	(0. 007)	(0. 011)
LD_{it}	-0. 000	0. 001	0. 263
	(0. 001)	(0. 002)	(0. 115)
$Liquidity_{it}$	0. 002 *	0. 003	0. 284
	(0. 014)	(0. 012)	(0. 079)
NPL_{it}	-1. 326	15. 542 ***	
	(0. 074)	(0. 065)	
Year FE	Yes	Yes	Yes
Bank FE	Yes	Yes	Yes
常数	-1. 683 **	1. 083	1. 263
	(0. 326)	(0. 174)	(0. 069)
N	1056	1056	1056
adj. R^2	0. 216	0. 143	0. 163
F	30. 542	24. 115	17. 142

注：我们使用固定效应模型估计所有的回归。***、**、*分别表示1%、5%、10%水平下显著性。我们还将所有连续变量在1%和99%的水平上进行缩尾，以减轻离群值的影响。括号内的标准误差根据White（1980）的方法纠正了异方差。所有变量定义详见表5-1、表6-1和表7-1。

8.3 云计算对银行数据资产价值实现的助力作用研究

8.3.1 研究设计

（1）样本选取

与5.1类似，本节的研究样本由2013—2021年中国169家银行的数据组成，包括6家国有银行、12家股份制银行、108家城市银行、43家农村银行。研究样本总资产占中国银行总资产的97%以上。

实证分析部分的数据来源与5.1相同，此处不再赘述。

（2）变量定义与测度

本节实证研究的内容是云计算对银行数据资产价值实现的助力作用。换言之，我们在前述3章分析的基础上引入云计算因素，再次分析基于成本管理、利润创造以及风险控制视角下银行数据资产的价值实现。因此被解释变量分别为银行成本管理、利润创造以及风险控制；解释变量仍为银行数据资产；调节变量为云计算变量。其中，被解释变量和解释变量的定义与测度见第5章、第6章、第7章，云计算变量的定义和测度阐述如下。

本书采用文本挖掘法计算云计算相关关键词的新闻发布频率，经过文本降维等步骤处理后构建云计算指数，测度云计算应用程度。具体测度步骤如下。

步骤一，基于银行对新兴技术的应用视角，建立初始词库。按照银行对云计算的应用实例并结合相关研究，确定云计算初始词库：云计算、云架构、云服务、金融云。

步骤二，量化初始词库。借助全球最大的中文搜索引擎——百度，搜索并计算初始词库中的所有关键词年度词频，量化筛选原始词库。具体地，我们的搜索项采用“年份+银行+原始词库关键词”的形式，运用网络爬虫技术来抓取选定的169家中国银行的2013—2021年共9年原始词库关键词相关的新闻披露总数。关键词的年度新闻发布频率等于包含关键词的年度新闻发布数目除以当年新闻发布总数。该方法的理论依据在于：新闻发布频率与云计算的应用密切相关，新闻发布频率越高，云计算的应用程度就越高，云计算发展就越良好。本书认为，尽管该方法能在一定程度上反映银行间年度新闻发布频率以及云计算发展的势头，但是由于银行市场知名度和媒体关注度不同，媒体对银行的报道频率必然受到影响。为减弱该因素的影响，本书对关键词的年度新闻发布频率进行改进，认为关键词的年度新闻发布频率等于包含关键词的年度新闻发布数目除以当年新闻发布总数后，再除以银行年度总新闻条数。其中，银行年度总新闻条数用来衡量某银行的媒体关注程度。进一步，为保持原始词库的内在相关性和逻辑一致性，对关键词进行标准化处理，并使用 Pearson 相关分析法剔除相关系数较低的关键词。

步骤三，对于得到的非结构化数据，采用主成分分析法进行文本降维，构建银行云计算指数。首先，对关键词进行预检验，考察数据间是否存在共享因素。结果（限于篇幅未列示）显示四种模式下 KMO 统计值均较高，Bartlett 球度检验也在 1% 的置信水平下显著拒绝“相关系数矩阵为单位阵”的原假设，表明适合进行因子分析，因为这些关键词之间具有共享因素。其次，本书利用特征值大于 1 的方法，提取出合适的公因子。结果（限于篇幅未列示）表明公因子方差贡献率均高于 65%，这意味着提取的因子可以反映初始关键词含有的大部分信息。再次，依据初始成分载荷矩阵计算特征向量，按照因子分析的方法，本书需要将所提取出来的公因子表示为最初使用变量的线性组合，因此本书以特征向量作为权重，将公因子表示为最初变量的线性组合。最后，本书应用最大最小化处理，将数据都调整到 0 ~ 1，以使指数都为正值，最终，本书得到云计算指数（$Cloud_{it}$）。该指数的数值越大，表明银行云计算的发展程度越高。

（3）模型设定

在测度了银行数据资产、成本无效率、利润无效率、风险无效率、云计算指数以及控制变量等相关指标的基础上，实证检验云计算对银行数据资产价值实现的助力作用。我们采用双向固定效应模型来回归分析模型（8 -3）。双向固定效应模型可以控制同一时点不同个体的差异（组间差异）和不同时点同一个体的差异（组内差异），这在一定程度上降低了由于潜在遗漏变量偏差引起的内生性偏差。

$$\mu_{it} = Constant + a \times DataAssets_{it} + b \times Cloud_{it} + c \times DataAssets_{it} \times Cloud_{it} + r \times Controls_{it} + Bank_i + Year_t + \varepsilon \tag{8-3}$$

其中，i 代表第 i 家商业银行；t 代表第 t 年；μ_{it}为第 5 章、第 6 章、第 7 章的银行成本无效率 $\mu_{c,it}$、利润无效率 $\mu_{p,it}$以及风险无效率 $\mu_{r,it}$测度，$DataAssets_{it}$为银行数据资产测度；$Cloud_{it}$为银行云计算发展指数；$Controls_{it}$为本章的控制变量，包含 $Size_{it}$、$Equity_{it}$、NIM_{it}、CIR_{it}、LD_{it}、$Liquidity_{it}$、NPL_{it}、$SOCB_i$、$JSCB_i$、CCB_i、RCB_i 和 $List_i$；$Bank_i$ 为银行个体固定效应；$Year_t$ 为时间固定效应；ε 为误差项。所有变量的测度见表 5 -1、表 6 -1

和表7－1。

（4）研究假设

本节认为，云计算可以助力银行数据资产的价值实现。第一，在成本管理方面，云计算实现了数据资产中非结构化数据的价值挖掘，带来了成本节约效应。以往面对非结构化数据，银行只能借助人力资源，手工搜集挖掘有价值的信息。借助云计算这种高效的分布式计算技术，非结构化数据的管理和分析变得更加高效，节省了人力成本。第二，在利润创造方面，云计算实现了数据资产中上下游交易数据的价值整合，带来了新的创新收入。例如，云计算可以对银行的企业客户中具有供应链特征的交易数据进行分析，协调上下游企业完成资金融通，推动供应链金融惠及企业客户。不仅推动了实体经济发展，也为自身创造了新的利润增长点。第三，在风险控制方面，云计算使银行对数据资产中风险节点数据的监测成为可能，极大地降低了风险事件的发生概率。云计算的强大计算力使数据的计算、存储和供应变得更加便捷，提升了银行对全局运营信息的监测力度，有效降低了银行风险。

8.3.2 实证结果分析

表8－15报告了我们关于回归模型（8－3）的基准回归结果①。我们可以发现，当被解释变量为银行成本无效率时，银行数据资产变量 $DataAssets_{it}$ 显著为正，说明银行数据资产显著提高成本无效率，即降低成本效率。该结论与5.3结论相同。云计算变量 $Cloud_{it}$ 显著为正，说明云计算显著提高成本无效率，降低成本效率。潜在的原因可能是因为云计算的发展需要持续的研发投入，在短期内恶化了银行的成本结构，带来显著的成本管理负担。银行数据资产和云计算变量的交互项 $DataAssets_{it} \times Cloud_{it}$ 的系数显著为负，说明云计算技术有助于缓解数据资产在银行成本管理方面带来的负面影响。也就是说，在银行数据资产囤积行为造成成本管理负担的背景下，云计算科技的应用有效缓解了这种管理负担，与上述理论预期相符。

当被解释变量为银行利润无效率时，银行数据资产变量 $DataAssets_{it}$ 的系数不显著，说明银行数据资产对利润无效率并无显著影响。该结论与6.3结论相同。云计算变量 $Cloud_{it}$ 的系数不显著，说明云计算技术并未显著影响利润无效率。银行数据资产和云计算变量的交互项 $DataAssets_{it} \times$

① 云计算变量测度中，由于部分银行的反爬虫的技术限制，我们获得1156个观测值。

$Cloud_{it}$的系数不显著，说明云计算技术并没有显著调节数据资产对利润无效率的影响，与上述理论预期不符。这可能是由于数据资产本身对利润效率的影响并不显著，从而造成云计算技术的助力效应不显著。

当被解释变量为银行风险无效率时，银行数据资产变量 $DataAssets_{it}$显著为负，说明银行数据资产显著降低风险无效率，提高风险效率。该结论与7.3结论相同。云计算变量 $Cloud_{it}$显著为负，说明云计算技术显著降低风险无效率，提高风险效率。银行数据资产和云计算变量的交互项 $DataAssets_{it} \times Cloud_{it}$的系数显著为负，说明云计算技术有助于增强数据资产在银行风险管理方面带来的正面影响，与上述理论预期相符。

总之，结果表明，云计算技术对数据资产在成本管理和风险控制方面的价值实现起到积极作用。

表8－15　　云计算对银行数据资产价值实现的助力作用研究

	(1)	(2)	(3)
	$\mu_{c,it}$	$\mu_{p,it}$	$\mu_{r,it}$
$DataAssets_{it}$	0.030**	-0.011	-0.085***
	(0.028)	(0.031)	(0.022)
$Cloud_{it}$	0.783***	0.468	-0.215***
	(0.432)	(0.142)	(0.097)
$DataAssets_{it} \times Cloud_{it}$	-0.052*	0.035	-0.067**
	(0.025)	(0.046)	(0.015)
$Size_{it}$	0.063**	-0.084	-0.017***
	(0.025)	(0.073)	(0.009)
$Equity_{it}$	-0.758*	-0.347	0.206***
	(0.246)	(0.215)	(0.086)
NIM_{it}	0.124***	-0.023	-0.101***
	(0.045)	(0.057)	(0.051)
CIR_{it}	0.011	0.002	-0.021
	(0.007)	(0.008)	(0.013)
LD_{it}	-0.001	0.000	0.308
	(0.015)	(0.003)	(0.115)
$Liquidity_{it}$	0.003*	0.003	0.307
	(0.014)	(0.011)	(0.105)
NPL_{it}	-1.542	15.326***	
	(0.072)	(0.063)	

续表

	(1)	(2)	(3)
	$\mu_{c,it}$	$\mu_{p,it}$	$\mu_{r,it}$
Year FE	Yes	Yes	Yes
Bank FE	Yes	Yes	Yes
常数	-1.547**	1.183	1.352
	(0.636)	(0.214)	(0.085)
N	1156	1156	1156
adj. R^2	0.218	0.145	0.164
F	31.241	24.225	17.325

注：我们使用固定效应模型估计所有的回归。***、**、*分别表示1%、5%、10%水平下显著性。我们还将所有连续变量在1%和99%的水平上进行缩尾，以减轻离群值的影响。括号内的标准误差根据White（1980）的方法纠正了异方差。所有变量定义详见表5-1、表6-1和表7-1。

8.3.3 稳健性检验

第一，与5.4类似，我们采用替代银行数据资产测度方式进行稳健性检验。本部分用5.4的 $DataAssets2_{it}$ 替代 $DataAssets_{it}$，重新对模型（8-3）进行回归，结果如表8-16所示，银行数据资产和云计算变量的交互项 $DataAssets2_{it} \times Cloud_{it}$ 的系数在成本无效率、利润无效率和风险无效率模型中分别为负（显著）、正（不显著）以及负（显著），这些结论与表8-15中主要结论相同，说明该部分研究结论不受银行数据资产测度的影响。

表8-16　云计算对银行数据资产价值实现的助力作用研究：稳健性检验1

	(1)	(2)	(3)
	$\mu_{c,it}$	$\mu_{p,it}$	$\mu_{r,it}$
$DataAssets2_{it}$	0.025**	-0.009	-0.077***
	(0.022)	(0.025)	(0.016)
$Cloud_{it}$	0.746***	0.424	-0.163***
	(0.378)	(0.114)	(0.067)
$DataAssets2_{it} \times Cloud_{it}$	-0.041*	0.024	-0.052**
	(0.019)	(0.031)	(0.007)
$Size_{it}$	0.052**	-0.057	-0.015***
	(0.016)	(0.065)	(0.008)
$Equity_{it}$	-0.753*	-0.352	0.208***
	(0.354)	(0.275)	(0.087)

续表

	(1)	(2)	(3)
	$\mu_{c,it}$	$\mu_{p,it}$	$\mu_{r,it}$
NIM_{it}	0.143***	-0.024	-0.094***
	(0.037)	(0.056)	(0.047)
CIR_{it}	0.008	0.001	-0.017
	(0.007)	(0.009)	(0.008)
LD_{it}	-0.000	0.002	0.263
	(0.002)	(0.016)	(0.115)
$Liquidity_{it}$	0.003*	0.003	0.284
	(0.016)	(0.011)	(0.095)
NPL_{it}	-1.537	16.216***	
	(0.164)	(0.058)	
Year FE	Yes	Yes	Yes
Bank FE	Yes	Yes	Yes
常数	-1.537**	1.183	1.251
	(0.251)	(0.163)	(0.079)
N	1156	1156	1156
adj. R^2	0.216	0.142	0.161
F	30.235	24.325	16.215

注：我们使用固定效应模型估计所有的回归。***、**、* 分别表示 1%、5%、10% 水平下显著性。我们还将所有连续变量在 1% 和 99% 的水平上进行缩尾，以减轻离群值的影响。括号内的标准误差根据 White（1980）的方法纠正了异方差。所有变量定义详见表 5-1、表 6-1 和表 7-1。

第二，与 5.4 类似，我们在模型（8-3）中加入 $MultiApp_{it}$ 变量，检验一家银行多款移动应用程序是否会影响本节的研究结论，结果如表 8-17 所示，在加入 $MultiApp_{it}$ 变量后，银行数据资产和云计算变量的交互项 $DataAssets_{it} \times Cloud_{it}$ 的系数在成本无效率、利润无效率和风险无效率模型中分别为负（显著）、正（不显著）以及负（显著），这些结论与表 8-15 中主要结论相同，说明研究结论不受银行多款移动应用程序的影响。

表 8-17　云计算对银行数据资产价值实现的助力作用研究：稳健性检验 2

	(1)	(2)	(3)
	$\mu_{c,it}$	$\mu_{p,it}$	$\mu_{r,it}$
$DataAssets_{it}$	0.028**	-0.010	-0.084***
	(0.026)	(0.029)	(0.020)

续表

	(1)	(2)	(3)
	$\mu_{c,it}$	$\mu_{p,it}$	$\mu_{r,it}$
$Cloud_{it}$	0.779 ***	0.466	-0.213 ***
	(0.425)	(0.137)	(0.095)
$DataAssets_{it} \times Cloud_{it}$	-0.051 *	0.034	-0.065 **
	(0.023)	(0.043)	(0.014)
$MultiApp_{it}$	0.030 **	0.035 *	0.043 *
	(0.012)	(0.012)	(0.013)
$Size_{it}$	0.063 **	-0.081	-0.018 ***
	(0.022)	(0.067)	(0.010)
$Equity_{it}$	-0.773 *	-0.358	0.213 ***
	(0.402)	(0.338)	(0.097)
NIM_{it}	0.148 ***	-0.021	-0.096 ***
	(0.038)	(0.063)	(0.052)
CIR_{it}	0.010	0.001	-0.022
	(0.008)	(0.005)	(0.013)
LD_{it}	-0.000	0.000	0.308
	(0.000)	(0.001)	(0.116)
$Liquidity_{it}$	0.002 *	0.003	0.316
	(0.015)	(0.010)	(0.117)
NPL_{it}	-1.536	16.532 ***	
	(0.083)	(0.065)	
Year FE	Yes	Yes	Yes
Bank FE	Yes	Yes	Yes
常数	-1.967 **	1.189	1.373
	(0.584)	(0.295)	(0.087)
N	1156	1156	1156
adj. R^2	0.223	0.147	0.169
F	32.873	26.783	18.984

注：我们使用固定效应模型估计所有的回归。***、**、*分别表示1%、5%、10%水平下显著性。我们还将所有连续变量在1%和99%的水平上进行缩尾，以减轻离群值的影响。括号内的标准误差根据White（1980）的方法纠正了异方差。所有变量定义详见表5-1、表6-1和表7-1。

第三，与5.4类似，我们认为银行营业时间越长，银行积累的数据和信息越多，从而产生的数据资产也就越多。因此，我们构建 $OpTime_{it}$ 指标作为银行运营时间的度量，替代银行数据资产变量，表示银行 i 从第 t 年起已经运营了多少年，并在回归模型（8－3）中用这个新的变量替换 $DataAssets_{it}$，结果如表 8－18 所示，银行数据资产和云计算变量的交互项 $OpTime_{it} \times Cloud_{it}$ 的系数在成本无效率、利润无效率和风险无效率模型中分别为负（显著）、正（不显著）以及负（显著），这些结论与表 8－15 中主要结论相同，说明研究结论不受银行数据资产测度的影响。

表 8－18　云计算对银行数据资产价值实现的助力作用研究：稳健性检验 3

	(1)	(2)	(3)
	$\mu_{c,it}$	$\mu_{p,it}$	$\mu_{r,it}$
$OpTime_{it}$	0.016**	−0.003	−0.047***
	(0.148)	(0.116)	(0.104)
$Cloud_{it}$	0.772***	0.463	−0.211***
	(0.421)	(0.129)	(0.087)
$OpTime_{it} \times Cloud_{it}$	−0.047*	0.027	−0.062**
	(0.016)	(0.049)	(0.016)
$Size_{it}$	0.062**	−0.076	−0.018***
	(0.023)	(0.065)	(0.011)
$Equity_{it}$	−0.768*	−0.356	0.214***
	(0.368)	(0.313)	(0.087)
NIM_{it}	0.146***	−0.022	−0.103***
	(0.044)	(0.062)	(0.046)
CIR_{it}	0.010	0.000	−0.023
	(0.006)	(0.005)	(0.013)
LD_{it}	−0.001	0.001	0.312
	(0.002)	(0.052)	(0.111)
$Liquidity_{it}$	0.003*	0.003	0.308
	(0.023)	(0.011)	(0.112)
NPL_{it}	−1.583	16.326***	
	(0.069)	(0.074)	
Year FE	Yes	Yes	Yes
Bank FE	Yes	Yes	Yes
常数	−1.658**	1.169	1.446
	(0.583)	(0.317)	(0.073)

续表

	(1)	(2)	(3)
	$\mu_{c,it}$	$\mu_{p,it}$	$\mu_{r,it}$
N	1156	1156	1156
adj. R^2	0. 216	0. 142	0. 159
F	30. 221	22. 463	15. 654

注：我们使用固定效应模型估计所有的回归。 *** 、 ** 、 * 分别表示 1% 、5% 、10% 水平下显著性。我们还将所有连续变量在 1% 和 99% 的水平上进行缩尾，以减轻离群值的影响。括号内的标准误差根据 White（1980）的方法纠正了异方差。所有变量定义详见表 5 – 1、表 6 – 1 和表 7 – 1。

第四，与 5. 4 类似，我们采用银行成本效率值、利润效率值以及风险效率值代替无效率项，作为被解释变量的测度，并采用 Simar 和 Wilso（2007）提出的截断回归模型来重新分析回归模型（8 – 3），结果如表 8 – 19 所示，银行数据资产和云计算变量的交互项 $DataAssets_{it} \times Cloud_{it}$ 的系数在成本效率、利润效率和风险效率模型中分别为正（显著）、负（不显著）以及正（显著），说明银行云计算技术有助于缓解数据资产在银行成本管理方面带来的负面影响，增强数据资产在银行风险管理方面带来的正面影响。这些结论与表 8 – 15 中主要结论相同，说明研究结论不受银行效率测度的影响。

表 8 – 19　云计算对银行数据资产价值实现的助力作用研究：稳健性检验 4

	(1)	(2)	(3)
	$CEFF_{it}$	$PEFF_{it}$	$REFF_{it}$
$DataAssets_{it}$	– 0. 017 **	0. 008	0. 054 ***
	(0. 025)	(0. 026)	(0. 016)
$Cloud_{it}$	– 0. 436 ***	– 0. 326	0. 153 ***
	(0. 242)	(0. 115)	(0. 043)
$DataAssets_{it} \times Cloud_{it}$	0. 027 *	– 0. 018	0. 042 **
	(0. 021)	(0. 024)	(0. 014)
$Size_{it}$	– 0. 031 *	0. 034	0. 006 ***
	(0. 009)	(0. 021)	(0. 004)
$Equity_{it}$	0. 246 *	0. 122	– 0. 068 ***
	(0. 127)	(0. 126)	(0. 029)
NIM_{it}	– 0. 049 ***	0. 006	0. 038 ***
	(0. 013)	(0. 022)	(0. 018)

续表

	(1)	(2)	(3)
	$CEFF_{it}$	$PEFF_{it}$	$REFF_{it}$
CIR_{it}	-0.004	-0.002	0.007
	(0.003)	(0.004)	(0.002)
LD_{it}	0.001	-0.002	-0.117
	(0.004)	(0.002)	(0.097)
$Liquidity_{it}$	-0.001*	-0.001	-0.121
	(0.006)	(0.002)	(0.032)
NPL_{it}	0.539	-5.274***	
	(0.027)	(0.028)	
Year FE	Yes	Yes	Yes
Bank FE	Yes	Yes	Yes
常数	0.614**	-0.427	-0.326
	(0.316)	(0.118)	(0.024)
N	1156	1156	1156
adj. R^2	0.181	0.132	0.083
F	21.141	16.252	10.242

注：我们使用截断回归模型估计所有的回归。***、**、*分别表示1%、5%、10%水平下显著性。我们还将所有连续变量在1%和99%的水平上进行缩尾，以减轻离群值的影响。括号内的标准误差根据White（1980）的方法纠正了异方差。所有变量定义详见表5-1、表6-1和表7-1。

第五，与5.4类似，我们在回归模型（8-3）中引入两个新的非金融因素变量作为控制变量：$Branch_{it}$和$Employee_{it}$，结果如表8-20所示，在加入$Branch_{it}$和$Employee_{it}$变量后，银行数据资产和云计算变量的交互项$DataAssets_{it} \times Cloud_{it}$的系数在成本无效率、利润无效率和风险无效率模型中分别为负（显著）、正（不显著）以及负（显著），这些结论与表8-15中主要结论相同，说明研究结论不受非金融因素变量的影响。

表8-20　云计算对银行数据资产价值实现的助力作用研究：稳健性检验5

	(1)	(2)	(3)
	$\mu_{c,it}$	$\mu_{p,it}$	$\mu_{r,it}$
$DataAssets_{it}$	0.027**	-0.010	-0.081***
	(0.022)	(0.05)	(0.021)
$Cloud_{it}$	0.764***	0.457	-0.209***
	(0.417)	(0.136)	(0.085)

续表

	(1)	(2)	(3)
	$\mu_{c,it}$	$\mu_{p,it}$	$\mu_{r,it}$
$DataAssets_{it} \times Cloud_{it}$	-0.046*	0.032	-0.061**
	(0.021)	(0.037)	(0.012)
$Size_{it}$	0.058**	-0.062	-0.015***
	(0.018)	(0.062)	(0.010)
$Equity_{it}$	-0.724*	-0.348	0.202***
	(0.346)	(0.315)	(0.078)
NIM_{it}	0.147***	-0.023	-0.101***
	(0.042)	(0.058)	(0.046)
CIR_{it}	0.009	0.001	-0.017
	(0.006)	(0.006)	(0.012)
LD_{it}	-0.000	0.001	0.302
	(0.003)	(0.000)	(0.118)
$Liquidity_{it}$	0.001*	0.002	0.307
	(0.013)	(0.008)	(0.096)
NPL_{it}	-1.395	15.653***	
	(0.047)	(0.044)	
$Branch_{it}$	0.002	-0.001	-0.019
	(0.029)	(0.022)	(0.031)
$Employee_{it}$	18.141**	-0.332*	-0.317
	(0.208)	(0.139)	(0.079)
Year FE	Yes	Yes	Yes
Bank FE	Yes	Yes	Yes
常数	-1.636**	1.137	1.147
	(0.357)	(0.216)	(0.079)
N	1156	1156	1156
adj. R^2	0.223	0.150	0.168
F	35.542	28.674	20.325

注：我们使用固定效应模型估计所有的回归。***、**、*分别表示1%、5%、10%水平下显著性。我们还将所有连续变量在1%和99%的水平上进行缩尾，以减轻离群值的影响。括号内的标准误差根据White（1980）的方法纠正了异方差。所有变量定义详见表5-1、表6-1和表7-1。

第六，与5.4类似，我们控制了解释变量中的异常值对基准结论的影响。具体而言，我们剔除了2013年的所有样本，然后利用回归模型（8-

3）重新分析剩余的研究样本，结果如表 8－21 所示，在剔除解释变量中的异常值后，银行数据资产和云计算变量的交互项 $DataAssets_{it} \times Cloud_{it}$ 的系数在成本无效率、利润无效率和风险无效率模型中分别为负（显著）、正（不显著）以及负（显著），这些结论与表 8－15 中的主要结论相同，说明研究结论不受解释变量中异常值的影响。

表 8－21　云计算对银行数据资产价值实现的助力作用研究：稳健性检验 6

	(1)	(2)	(3)
	$\mu_{c,it}$	$\mu_{p,it}$	$\mu_{r,it}$
$DataAssets_{it}$	0.027 **	−0.008	−0.078 ***
	(0.022)	(0.027)	(0.021)
$Cloud_{it}$	0.776 ***	0.459	−0.209 ***
	(0.427)	(0.131)	(0.089)
$DataAssets_{it} \times Cloud_{it}$	−0.047 *	0.031	−0.063 **
	(0.023)	(0.042)	(0.013)
$Size_{it}$	0.061 **	−0.084	−0.021 ***
	(0.022)	(0.063)	(0.008)
$Equity_{it}$	−0.762 *	−0.347	0.212 ***
	(0.375)	(0.316)	(0.096)
NIM_{it}	0.145 ***	−0.022	−0.101 ***
	(0.042)	(0.059)	(0.047)
CIR_{it}	0.009	0.001	−0.018
	(0.011)	(0.006)	(0.011)
LD_{it}	−0.000	0.001	0.297
	(0.001)	(0.002)	(0.115)
$Liquidity_{it}$	0.002 *	0.004	0.312
	(0.016)	(0.010)	(0.111)
NPL_{it}	−1.427	15.763 ***	
	(0.078)	(0.072)	
Year FE	Yes	Yes	Yes
Bank FE	Yes	Yes	Yes
常数	−1.758 **	1.139	1.369
	(0.427)	(0.258)	(0.072)

续表

	(1)	(2)	(3)
	$\mu_{c,it}$	$\mu_{p,it}$	$\mu_{r,it}$
N	1056	1056	1056
adj. R^2	0.216	0.143	0.161
F	31.542	25.634	17.542

注：我们使用固定效应模型估计所有的回归。***、**、*分别表示1%、5%、10%水平下显著性。我们还将所有连续变量在1%和99%的水平上进行缩尾，以减轻离群值的影响。括号内的标准误差根据White（1980）的方法纠正了异方差。所有变量定义详见表5-1、表6-1和表7-1。

8.4 大数据对银行数据资产价值实现的助力作用研究

8.4.1 研究设计

（1）样本选取

与5.1类似，本节的研究样本由2013—2021年中国169家银行的数据组成，包括6家国有银行、12家股份制银行、108家城市银行、43家农村银行。研究样本总资产占中国银行总资产的97%以上。

实证分析部分的数据来源与5.1相同，此处不再赘述。

（2）变量定义与测度

本节实证研究的内容是大数据对银行数据资产价值实现的助力作用。换言之，我们在前述3章分析的基础上引入大数据因素，再次分析基于成本管理、利润创造以及风险控制视角下银行数据资产的价值实现。因此被解释变量分别为银行成本管理、利润创造以及风险控制；解释变量仍为银行数据资产；调节变量为大数据变量。其中，被解释变量和解释变量的定义与测度见第5章、第6章、第7章，大数据变量的定义和测度阐述如下。

本书采用文本挖掘法计算大数据相关关键词的新闻发布频率，经过文本降维等步骤处理后构建大数据指数，测度大数据应用程度。具体测度步骤如下。

步骤一，基于银行对新兴技术的应用视角，建立初始词库。按照银行对大数据的应用实例并结合相关研究，确定大数据初始词库：大数据、Big Data、数据集、数据流。

步骤二，量化初始词库。借助全球最大的中文搜索引擎——百度，搜索并计算初始词库中的所有关键词年度词频，量化筛选原始词库。具体地，我们的搜索项采用“年份＋银行＋原始词库关键词”的形式，运用网络爬虫技术来抓取选定的169家中国银行的2013—2021年共9年原始词库关键词相关的新闻披露总数。关键词的年度新闻发布频率等于包含关键词的年度新闻发布数目除以当年新闻发布总数。该方法的理论依据在于：新闻发布频率与大数据的应用密切相关，新闻发布频率越高，大数据的应用程度就越高，大数据发展就越良好。本书认为，尽管该方法能在一定程度上反映银行间年度新闻发布频率以及大数据发展的势头，但是由于银行市场知名度和媒体关注度不同，媒体对银行的报道频率必然受到影响。为减弱该因素的影响，本书对关键词的年度新闻发布频率进行改进，认为关键词的年度新闻发布频率等于包含关键词的年度新闻发布数目除以当年新闻发布总数后，再除以银行年度总新闻条数。其中，银行年度总新闻条数用来衡量某银行的媒体关注程度。进一步，为保持原始词库的内在相关性和逻辑一致性，对关键词进行标准化处理，并使用Pearson相关分析法剔除相关系数较低的关键词。

步骤三，对于得到的非结构化数据，采用主成分分析法进行文本降维，构建银行大数据指数。首先，对关键词进行预检验，考察数据间是否存在共享因素。结果（限于篇幅未列示）显示四种模式下KMO统计值均较高，Bartlett球度检验也在1%的置信水平下显著拒绝“相关系数矩阵为单位阵”的原假设，表明适合进行因子分析，因为这些关键词之间具有共享因素。其次，本书利用特征值大于1的方法，提取出合适的公因子。结果（限于篇幅未列示）表明公因子方差贡献率均高于65%，这意味着提取的因子可以反映初始关键词含有的大部分信息。再次，依据初始成分载荷矩阵计算特征向量，按照因子分析的方法，本书需要将所提取出来的公因子表示为最初使用变量的线性组合，因此本书以特征向量作为权重，将公因子表示为最初变量的线性组合。最后，本书应用最大最小化处理，将数据都调整到0～1，以使指数都为正值，最终，本书得到大数据指数（$Bigdata_{it}$）。该指数的数值越大，表明银行大数据的发展程度越高。

（3）模型设定

在测度了银行数据资产、成本无效率、利润无效率、风险无效率、大数据指数以及控制变量等相关指标的基础上，实证检验大数据对银行数据资产价值实现的助力作用。我们采用双向固定效应模型来回归分析模型（8－4）。双向固定效应模型可以控制同一时点不同个体的差异（组间差异）和不同时点同一个体的差异（组内差异），这在一定程度上降低了由于潜在遗漏变量偏差引起的内生性偏差。

$$\mu_{it} = Constant + a \times DataAssets_{it} + b \times Bigdata_{it} + c \times DataAssets_{it} \times Bigdata_{it} + r \times Controls_{it} + Bank_i + Year_t + \varepsilon \quad (8-4)$$

其中，i 代表第 i 家商业银行；t 代表第 t 年；μ_{it}为第 5 章、第 6 章、第 7 章的银行成本无效率 $\mu_{c,it}$、利润无效率 $\mu_{p,it}$以及风险无效率 $\mu_{r,it}$测度，$DataAssets_{it}$为银行数据资产测度；$Bigdata_{it}$为银行大数据发展指数；$Controls_{it}$为本章的控制变量，包含 $Size_{it}$、$Equity_{it}$、NIM_{it}、CIR_{it}、LD_{it}、$Liquidity_{it}$、NPL_{it}、$SOCB_i$、$JSCB_i$、CCB_i、RCB_i 和 $List_i$；$Bank_i$ 为银行个体固定效应；$Year_t$ 为时间固定效应；ε 为误差项。所有变量的测度见表 5－1、表 6－1 和表 7－1。

（4）研究假设

本节认为，大数据可以助力银行数据资产的价值实现。第一，在成本管理方面，银行利用大数据分析挖掘数据资产，从而用于指导经营分析，实现精细化经营管理，真正做到“让数据说话”。依托数据资产包含的海量运营数据，银行借助大数据可以建立网点运营分析模型，完成网点运营过程中的资源配置、业务发展和人员管理，提升成本管理效率。第二，在利润创造方面，银行依托数据资产加强数据联动和全渠道数据整合共享，形成统一的客户视图，进而借助大数据分析客户消费和投资偏好，准确预测客户金融需求，量身设计具有个性化的金融产品，提供差异化的金融服务，增加银行的利润。第三，在风险控制方面，大数据带来对数据资产内含的结构化和非结构化数据的综合运用。大数据深入分析客户行为特征和关联关系，在客户特征的基础之上，进一步完善客户信用评分评级模型，实现风险精细化管理，有效降低了银行风险。

8.4.2 实证结果分析

表 8－22 报告了我们关于回归模型（8－4）的基准回归结果①。我们可以发现，当被解释变量为银行成本无效率时，银行数据资产变量 $DataAssets_{it}$显著为正，说明银行数据资产显著提高成本无效率，降低成本效率。该结论与 5.3 结论相同。大数据变量 $Bigdata_{it}$显著为正，说明大数据显著提高成本无效率，降低成本效率。潜在的原因可能是因为大数据的发展需要持续的研发投入，在短期内恶化了银行的成本结构，带来显著的成本管理负担。银行数据资产和大数据变量的交互项 $DataAssets_{it} \times Bigdata_{it}$

① 大数据变量测度中，由于部分银行的反爬虫的技术限制，我们获得 1156 个观测值。

的系数显著为负，说明大数据技术有助于缓解数据资产在银行成本管理方面带来的负面影响。这意味着在银行数据资产囤积行为造成成本管理负担的背景下，大数据科技的应用有效缓解了这种管理负担，与上述理论预期相符。

当被解释变量为银行利润无效率时，银行数据资产变量 $DataAssets_{it}$ 的系数不显著，说明银行数据资产对利润无效率并无显著影响。该结论与 6.3 结论相同。大数据变量 $Bigdata_{it}$ 的系数不显著，说明大数据技术并未显著影响利润无效率。银行数据资产和大数据变量的交互项 $DataAssets_{it} \times Bigdata_{it}$ 的系数不显著，说明大数据技术并没有显著调节数据资产对利润无效率的影响，与上述理论预期不符。这可能是由于数据资产本身对利润效率的影响并不显著，从而造成大数据技术的助力效应不显著。

当被解释变量为银行风险无效率时，银行数据资产变量 $DataAssets_{it}$ 显著为负，说明银行数据资产显著降低风险无效率，提高风险效率。该结论与 7.3 结论相同。大数据变量 $Bigdata_{it}$ 显著为负，说明大数据技术显著降低风险无效率，提高风险效率。银行数据资产和大数据变量的交互项 $DataAssets_{it} \times Bigdata_{it}$ 的系数显著为负，说明大数据技术有助于增强数据资产在银行风险管理方面带来的正面影响，与上述理论预期相符。

总之，结果表明，大数据对数据资产在成本管理和风险控制方面的价值实现起到积极作用。

表 8-22　　大数据对银行数据资产价值实现的助力作用研究

	(1)	(2)	(3)
	$\mu_{c,it}$	$\mu_{p,it}$	$\mu_{r,it}$
$DataAssets_{it}$	0.034**	-0.012	-0.094***
	(0.019)	(0.022)	(0.012)
$Bigdata_{it}$	2.763***	1.843	-1.657***
	(0.542)	(0.025)	(0.436)
$DataAssets_{it} \times Bigdata_{it}$	-0.164**	0.086	-0.156***
	(0.036)	(0.122)	(0.026)
$Size_{it}$	0.062**	-0.084	-0.021***
	(0.024)	(0.062)	(0.011)
$Equity_{it}$	-0.746*	-0.353	0.218***
	(0.409)	(0.323)	(0.089)

续表

	(1)	(2)	(3)
	$\mu_{c,it}$	$\mu_{p,it}$	$\mu_{r,it}$
NIM_{it}	0.153***	-0.023	-0.103***
	(0.048)	(0.066)	(0.053)
CIR_{it}	0.011	0.000	-0.027
	(0.009)	(0.009)	(0.017)
LD_{it}	-0.000	0.000	0.313
	(0.000)	(0.000)	(0.128)
$Liquidity_{it}$	0.002*	0.004	0.312
	(0.017)	(0.011)	(0.122)
NPL_{it}	-1.646	16.215***	
	(0.085)	(0.092)	
Year FE	Yes	Yes	Yes
Bank FE	Yes	Yes	Yes
常数	-1.924**	1.166	1.443
	(0.713)	(0.363)	(0.102)
N	1156	1156	1156
adj. R^2	0.224	0.149	0.169
F	34.753	28.131	19.874

注：我们使用固定效应模型估计所有的回归。***、**、* 分别表示 1%、5%、10% 水平下显著性。我们还将所有连续变量在 1% 和 99% 的水平上进行缩尾，以减轻离群值的影响。括号内的标准误差根据 White（1980）的方法纠正了异方差。所有变量定义详见表 5-1、表 6-1 和表 7-1。

8.4.3 稳健性检验

第一，与 5.4 类似，我们采用替代银行数据资产测度方式进行稳健性检验。本部分用 5.4 的 $DataAssets2_{it}$ 替代 $DataAssets_{it}$，重新对模型（8-4）进行回归，结果如表 8-23 所示，银行数据资产和大数据变量的交互项 $DataAssets2_{it} \times Bigdata_{it}$ 的系数在成本无效率、利润无效率和风险无效率模型中分别为负（显著）、正（不显著）以及负（显著），这些结论与表 8-22 中主要结论相同，说明该部分研究结论不受银行数据资产测度的影响。

表 8-23　大数据对银行数据资产价值实现的助力作用研究：稳健性检验 1

	(1)	(2)	(3)
	$\mu_{c,it}$	$\mu_{p,it}$	$\mu_{r,it}$
$DataAssets2_{it}$	0.029**	-0.012	-0.071***
	(0.012)	(0.013)	(0.008)
$Bigdata_{it}$	2.324***	1.674	-1.325***
	(0.436)	(0.124)	(0.214)
$DataAssets2_{it} \times Bigdata_{it}$	-0.095**	0.067	-0.132**
	(0.023)	(0.035)	(0.014)
$Size_{it}$	0.053**	-0.061	-0.016***
	(0.021)	(0.068)	(0.010)
$Equity_{it}$	-0.759*	-0.352	0.213***
	(0.348)	(0.312)	(0.078)
NIM_{it}	0.148***	-0.023	-0.100***
	(0.038)	(0.058)	(0.047)
CIR_{it}	0.008	0.001	-0.021
	(0.008)	(0.010)	(0.011)
LD_{it}	-0.001	0.001	0.298
	(0.001)	(0.015)	(0.137)
$Liquidity_{it}$	0.002*	0.003	0.315
	(0.021)	(0.010)	(0.112)
NPL_{it}	-1.627	16.547***	
	(0.152)	(0.068)	
Year FE	Yes	Yes	Yes
Bank FE	Yes	Yes	Yes
常数	-1.754**	1.179	1.418
	(0.653)	(0.198)	(0.077)
N	1156	1156	1156
adj. R^2	0.215	0.142	0.161
F	30.353	24.324	16.215

注：我们使用固定效应模型估计所有的回归。***、**、* 分别表示 1%、5%、10% 水平下显著性。我们还将所有连续变量在 1% 和 99% 的水平上进行缩尾，以减轻离群值的影响。括号内的标准误差根据 White（1980）的方法纠正了异方差。所有变量定义详见表 5-1、表 6-1 和表 7-1。

第二，与 5.4 类似，我们在模型（8-4）中加入 $MultiApp_{it}$ 变量，检验一家银行多款移动应用程序是否会影响本书的研究结论，结果如表 8-

24 所示，在加入 $MultiApp_{it}$变量后，银行数据资产和大数据变量的交互项 $DataAssets_{it} \times Bigdata_{it}$的系数在成本无效率、利润无效率和风险无效率模型中分别为负（显著）、正（不显著）以及负（显著），这些结论与表 8 - 22 中主要结论相同，说明研究结论不受银行多款移动应用程序的影响。

表 8 - 24　大数据对银行数据资产价值实现的助力作用研究：稳健性检验 2

	(1)	(2)	(3)
	$\mu_{c,it}$	$\mu_{p,it}$	$\mu_{r,it}$
$DataAssets_{it}$	0.033 **	-0.013	-0.095 ***
	(0.018)	(0.021)	(0.012)
$Bigdata_{it}$	2.352 ***	1.873	-1.536 ***
	(0.352)	(0.143)	(0.232)
$DataAssets_{it} \times Bigdata_{it}$	-0.134 *	0.087	-0.157 **
	(0.076)	(0.056)	(0.014)
$MultiApp_{it}$	0.030 **	0.035 *	0.041 *
	(0.012)	(0.008)	(0.016)
$Size_{it}$	0.063 **	-0.081	-0.018 ***
	(0.021)	(0.073)	(0.010)
$Equity_{it}$	-0.779 *	-0.356	0.213 ***
	(0.352)	(0.335)	(0.100)
NIM_{it}	0.147 ***	-0.022	-0.098 ***
	(0.044)	(0.061)	(0.047)
CIR_{it}	0.011	0.001	-0.022
	(0.010)	(0.004)	(0.013)
LD_{it}	-0.001	0.000	0.306
	(0.000)	(0.001)	(0.116)
$Liquidity_{it}$	0.002 *	0.003	0.316
	(0.014)	(0.008)	(0.115)
NPL_{it}	-1.637	16.653 ***	
	(0.078)	(0.069)	
Year FE	Yes	Yes	Yes
Bank FE	Yes	Yes	Yes
常数	-1.863 **	1.073	1.326
	(0.642)	(0.284)	(0.084)

续表

	(1)	(2)	(3)
	$\mu_{c,it}$	$\mu_{p,it}$	$\mu_{r,it}$
N	1156	1156	1156
adj. R^2	0.225	0.149	0.170
F	34.873	28.874	19.985

注：我们使用固定效应模型估计所有的回归。***、**、* 分别表示 1%、5%、10% 水平下显著性。我们还将所有连续变量在 1% 和 99% 的水平上进行缩尾，以减轻离群值的影响。括号内的标准误差根据 White（1980）的方法纠正了异方差。所有变量定义详见表 5-1、表 6-1 和表 7-1。

第三，与 5.4 类似，我们认为银行营业时间越长，银行积累的数据和信息越多，从而产生的数据资产也就越多。因此，我们构建 $OpTime_{it}$ 指标作为银行运营时间的度量，替代银行数据资产变量，表示银行 i 从第 t 年起已经运营了多少年，并在回归模型（8-4）中用这个新的变量替换 $DataAssets_{it}$，结果如表 8-25 所示，银行数据资产和大数据变量的交互项 $OpTime_{it} \times Bigdata_{it}$ 的系数在成本无效率、利润无效率和风险无效率模型中分别为负（显著）、正（不显著）以及负（显著），这些结论与表 8-22 中主要结论相同，说明研究结论不受银行数据资产测度的影响。

表 8-25　大数据对银行数据资产价值实现的助力作用研究：稳健性检验 3

	(1)	(2)	(3)
	$\mu_{c,it}$	$\mu_{p,it}$	$\mu_{r,it}$
$OpTime_{it}$	0.017**	-0.004	-0.048***
	(0.137)	(0.114)	(0.095)
$Bigdata_{it}$	2.264***	1.634	-1.473***
	(0.436)	(0.053)	(0.252)
$OpTime_{it} \times Bigdata_{it}$	-0.068*	0.046	-0.079**
	(0.025)	(0.047)	(0.014)
$Size_{it}$	0.059**	-0.078	-0.018***
	(0.023)	(0.069)	(0.011)
$Equity_{it}$	-0.765*	-0.357	0.214***
	(0.357)	(0.312)	(0.075)
NIM_{it}	0.146***	-0.021	-0.103***
	(0.042)	(0.061)	(0.051)
CIR_{it}	0.008	0.000	-0.022
	(0.007)	(0.005)	(0.013)

续表

	(1)	(2)	(3)
	$\mu_{c,it}$	$\mu_{p,it}$	$\mu_{r,it}$
LD_{it}	-0.001	0.001	0.308
	(0.001)	(0.046)	(0.112)
$Liquidity_{it}$	0.002 *	0.003	0.318
	(0.022)	(0.012)	(0.124)
NPL_{it}	-1.595	16.214 ***	
	(0.082)	(0.084)	
Year FE	Yes	Yes	Yes
Bank FE	Yes	Yes	Yes
常数	-1.653 **	1.153	1.352
	(0.436)	(0.263)	(0.053)
N	1156	1156	1156
adj. R^2	0.217	0.143	0.162
F	31.325	24.115	17.325

注：我们使用固定效应模型估计所有的回归。***、**、*分别表示1%、5%、10%水平下显著性。我们还将所有连续变量在1%和99%的水平上进行缩尾，以减轻离群值的影响。括号内的标准误差根据 White（1980）的方法纠正了异方差。所有变量定义详见表5-1、表6-1和表7-1。

第四，与5.4类似，我们采用银行成本效率值、利润效率值以及风险效率值代替无效率项，作为被解释变量的测度，并采用 Simar 和 Wilso（2007）提出的截断回归模型重新分析回归模型（8-4），结果如表8-26所示，银行数据资产和大数据变量的交互项 $DataAssets_{it} \times Bigdata_{it}$ 的系数在成本效率、利润效率和风险效率模型中分别为正（显著）、负（不显著）以及正（显著），说明银行大数据技术有助于缓解数据资产在银行成本管理方面带来的负面影响，增强数据资产在银行风险管理方面带来的正面影响。这些结论与表8-22中主要结论相同，说明研究结论不受银行效率测度的影响。

表8-26　大数据对银行数据资产价值实现的助力作用研究：稳健性检验4

	(1)	(2)	(3)
	$CEFF_{it}$	$PEFF_{it}$	$REFF_{it}$
$DataAssets_{it}$	-0.011 **	0.004	0.028 ***
	(0.005)	(0.007)	(0.003)

续表

	(1) CEFF$_{it}$	(2) PEFF$_{it}$	(3) REFF$_{it}$
Bigdata$_{it}$	-0.846***	-0.736	0.569***
	(0.322)	(0.011)	(0.212)
DataAssets$_{it}$ × Bigdata$_{it}$	0.056*	-0.034	0.057**
	(0.032)	(0.026)	(0.005)
Size$_{it}$	-0.031*	0.035	0.006***
	(0.008)	(0.022)	(0.003)
Equity$_{it}$	0.246*	0.122	-0.071***
	(0.116)	(0.126)	(0.032)
NIM$_{it}$	-0.048***	0.006	0.041***
	(0.014)	(0.025)	(0.022)
CIR$_{it}$	-0.003	-0.002	0.007
	(0.002)	(0.005)	(0.005)
LD$_{it}$	0.001	-0.002	-0.114
	(0.004)	(0.004)	(0.068)
Liquidity$_{it}$	-0.001*	-0.001	-0.108
	(0.006)	(0.003)	(0.018)
NPL$_{it}$	0.485	-5.257***	
	(0.027)	(0.028)	
Year FE	Yes	Yes	Yes
Bank FE	Yes	Yes	Yes
常数	0.624**	-0.437	-0.316
	(0.316)	(0.116)	(0.022)
N	1156	1156	1156
adj. R^2	0.187	0.138	0.086
F	22.152	16.874	11.153

注：我们使用截断回归模型估计所有的回归。***、**、*分别表示1%、5%、10%水平下显著性。我们还将所有连续变量在1%和99%的水平上进行缩尾，以减轻离群值的影响。括号内的标准误差根据 White（1980）的方法纠正了异方差。所有变量定义详见表5-1、表6-1和表7-1。

第五，与5.4类似，我们在回归模型（8-4）中引入两个新的非金融因素变量作为控制变量：Branch$_{it}$和Employee$_{it}$，结果如表8-27所示，在加入Branch$_{it}$和Employee$_{it}$变量后，银行数据资产和大数据变量的交互项DataAssets$_{it}$ × Bigdata$_{it}$的系数在成本无效率、利润无效率和风险无效率模型中分别为负（显著）、正（不显著）以及负（显著），这些结论与表 8-22 中主要结论相同，说明研究结论不受非金融因素变量的影响。

表 8-27　大数据对银行数据资产价值实现的助力作用研究：稳健性检验 5

	(1)	(2)	(3)
	$\mu_{c,it}$	$\mu_{p,it}$	$\mu_{r,it}$
$DataAssets_{it}$	0.033 **	-0.015	-0.095 ***
	(0.021)	(0.022)	(0.014)
$Bigdata_{it}$	2.326 ***	1.652	-1.342 ***
	(0.436)	(0.015)	(0.254)
$DataAssets_{it} \times Bigdata_{it}$	-0.185 *	0.094	-0.175 **
	(0.032)	(0.054)	(0.021)
$Size_{it}$	0.062 **	-0.066	-0.018 ***
	(0.023)	(0.065)	(0.016)
$Equity_{it}$	-0.741 *	-0.362	0.214 ***
	(0.364)	(0.332)	(0.079)
NIM_{it}	0.146 ***	-0.021	-0.085 ***
	(0.042)	(0.058)	(0.046)
CIR_{it}	0.010	0.001	-0.016
	(0.006)	(0.005)	(0.012)
LD_{it}	-0.000	0.001	0.284
	(0.002)	(0.000)	(0.116)
$Liquidity_{it}$	0.002 *	0.002	0.309
	(0.012)	(0.009)	(0.085)
NPL_{it}	-1.374	15.843 ***	
	(0.047)	(0.038)	
$Branch_{it}$	0.002	-0.003	-0.024
	(0.035)	(0.027)	(0.045)
$Employee_{it}$	18.557 **	-0.345 *	-0.335
	(0.225)	(0.144)	(0.096)
Year FE	Yes	Yes	Yes
Bank FE	Yes	Yes	Yes
常数	-1.573 **	1.096	1.143
	(0.332)	(0.213)	(0.057)
N	1156	1156	1156
adj. R^2	0.225	0.153	0.172
F	36.436	29.436	21.352

注：我们使用固定效应模型估计所有的回归。***、**、* 分别表示 1%、5%、10% 水平下显著性。我们还将所有连续变量在 1% 和 99% 的水平上进行缩尾，以减轻离群值的影响。括号内的标准误差根据 White（1980）的方法纠正了异方差。所有变量定义详见表 5-1、表 6-1 和表 7-1。

第六，与5.4类似，我们控制了解释变量中的异常值对基准结论的影响。具体而言，我们剔除了2013年的所有样本，然后利用回归模型（8-4）重新分析剩余的研究样本，结果如表8-28所示，在剔除解释变量中的异常值后，银行数据资产和大数据变量的交互项 $DataAssets_{it} \times Bigdata_{it}$ 的系数在成本无效率、利润无效率和风险无效率模型中分别为负（显著）、正（不显著）以及负（显著），这些结论与表8-22中的主要结论相同，说明研究结论不受解释变量中异常值的影响。

表8-28　大数据对银行数据资产价值实现的助力作用研究：稳健性检验6

	(1)	(2)	(3)
	$\mu_{c,it}$	$\mu_{p,it}$	$\mu_{r,it}$
$DataAssets_{it}$	0.034**	-0.015	-0.096***
	(0.025)	(0.027)	(0.016)
$Bigdata_{it}$	2.432***	1.863	-1.523***
	(0.547)	(0.027)	(0.542)
$DataAssets_{it} \times Bigdata_{it}$	-0.174*	0.097	-0.189**
	(0.064)	(0.043)	(0.042)
$Size_{it}$	0.061**	-0.083	-0.021***
	(0.022)	(0.058)	(0.007)
$Equity_{it}$	-0.762*	-0.353	0.214***
	(0.387)	(0.325)	(0.097)
NIM_{it}	0.143***	-0.022	-0.101***
	(0.042)	(0.063)	(0.047)
CIR_{it}	0.009	0.001	-0.021
	(0.012)	(0.006)	(0.011)
LD_{it}	-0.000	0.000	0.302
	(0.001)	(0.001)	(0.116)
$Liquidity_{it}$	0.002*	0.004	0.313
	(0.016)	(0.010)	(0.114)
NPL_{it}	-1.384	15.784***	
	(0.078)	(0.072)	
Year FE	Yes	Yes	Yes
Bank FE	Yes	Yes	Yes
常数	-1.747**	1.127	1.368
	(0.429)	(0.258)	(0.072)

续表

	(1)	(2)	(3)
	$\mu_{c,it}$	$\mu_{p,it}$	$\mu_{r,it}$
N	1056	1056	1056
adj. R^2	0.218	0.147	0.164
F	32.432	26.352	18.253

注：我们使用固定效应模型估计所有的回归。***、**、*分别表示1%、5%、10%水平下显著性。我们还将所有连续变量在1%和99%的水平上进行缩尾，以减轻离群值的影响。括号内的标准误差根据 White（1980）的方法纠正了异方差。所有变量定义详见表5-1、表6-1和表7-1。

8.5 移动互联网对银行数据资产价值实现的助力作用研究

8.5.1 研究设计

（1）样本选取

与5.1类似，本节的研究样本由2013—2021年中国169家银行的数据组成，包括6家国有银行、12家股份制银行、108家城市银行、43家农村银行。研究样本总资产占中国银行总资产的97%以上。

实证分析部分的数据来源与5.1相同，此处不再赘述。

（2）变量定义与测度

本节实证研究的内容是移动互联网对银行数据资产价值实现的助力作用。换言之，我们在前述3章分析的基础上引入移动互联网因素，再次分析基于成本管理、利润创造以及风险控制视角下，银行数据资产的价值实现。因此被解释变量分别为银行成本管理、利润创造以及风险控制；解释变量仍为银行数据资产；调节变量为移动互联网变量。其中，被解释变量和解释变量的定义与测度见第5章、第6章、第7章，移动互联网变量的定义和测度阐述如下。

本书采用文本挖掘法计算移动互联网相关关键词的新闻发布频率，经过文本降维等步骤处理后构建移动互联网指数，测度移动互联网应用程度。具体测度步骤如下。

步骤一，基于银行对新兴技术的应用视角，建立初始词库。按照银行对移动互联网的应用实例并结合相关研究，确定移动互联网发展初始词库：移动、互联网、网络、在线。

步骤二，量化初始词库。借助全球最大的中文搜索引擎——百度，搜索并计算初始词库中的所有关键词年度词频，量化筛选原始词库。具体地，我们的搜索项采用“年份+银行+原始词库关键词”的形式，运用网络爬虫技术来抓取选定的169家中国银行的2013—2021年共9年原始词库关键词相关的新闻披露总数。关键词的年度新闻发布频率等于包含关键词的年度新闻发布数目除以当年新闻发布总数。该方法的理论依据在于：新闻发布频率与移动互联网的应用密切相关，新闻发布频率越高，移动互联网的应用程度就越高，移动互联网发展就越良好。本书认为，尽管该方法能在一定程度上反映银行间年度新闻发布频率以及移动互联网发展的势头。但是，由于银行市场知名度和媒体关注度不同，媒体对银行的报道频率必然受到影响。为减弱该因素的影响，本书对关键词的年度新闻发布频率进行改进，认为关键词的年度新闻发布频率等于包含关键词的年度新闻发布数目除以当年新闻发布总数后，再除以银行年度总新闻条数。其中，银行年度总新闻条数用来衡量某银行的媒体关注程度。进一步，为保持原始词库的内在相关性和逻辑一致性，对关键词进行标准化处理，并使用Pearson相关分析法剔除相关系数较低的关键词。

步骤三，对于得到的非结构化数据，采用主成分分析法进行文本降维，构建银行金融科技指数。首先，对关键词进行预检验，考察数据间是否存在共享因素。结果（限于篇幅未列示）显示四种模式下KMO统计值均较高，Bartlett球度检验也在1%的置信水平下显著拒绝“相关系数矩阵为单位阵”的原假设，表明适合进行因子分析，因为这些关键词之间具有共享因素。其次，本书利用特征值大于1的方法，提取出合适的公因子。结果（限于篇幅未列示）表明公因子方差贡献率均高于65%，这意味着提取的因子可以反映初始关键词含有的大部分信息。再次，依据初始成分载荷矩阵计算特征向量，按照因子分析的方法，本书需要将所提取出来的公因子表示为最初使用变量的线性组合，因此本书以特征向量作为权重，将公因子表示为最初变量的线性组合。最后，本书应用最大最小化处理，将数据都调整到0~1，以使指数都为正值，最终，本书得到移动互联网指数（MI_{it}）。该指数的数值越大，表明银行移动互联网发展程度越高。

（3）模型设定

在测度了银行数据资产、成本无效率、利润无效率、风险无效率、移动互联网指数以及控制变量等相关指标的基础上，实证检验移动互联网对银行数据资产价值实现的助力作用。我们采用双向固定效应模型来分析回归模型（8-5）。双向固定效应模型可以控制同一时点不同个体的差异

（组间差异）和不同时点同一个体的差异（组内差异），这在一定程度上降低了由于潜在遗漏变量偏差引起的内生性偏差。

$$\mu_{it} = Constant + a \times DataAssets_{it} + b \times MI_{it} + c \times DataAssets_{it} \times MI_{it} + r \times Controls_{it} + Bank_i + Year_t + \varepsilon \quad (8-5)$$

其中，i 代表第 i 家商业银行；t 代表第 t 年；μ_{it}为第 5 章、第 6 章、第 7 章的银行成本无效率 $\mu_{c,it}$、利润无效率 $\mu_{p,it}$以及风险无效率 $\mu_{r,it}$测度，$DataAssets_{it}$为银行数据资产测度；MI_{it}为银行移动互联网发展指数；$Controls_{it}$为本章的控制变量，包含 $Size_{it}$、$Equity_{it}$、NIM_{it}、CIR_{it}、LD_{it}、$Liquidity_{it}$、NPL_{it}、$SOCB_i$、$JSCB_i$、CCB_i、RCB_i 和 $List_i$；$Bank_i$ 为银行个体固定效应；$Year_t$ 为时间固定效应；ε 为误差项。所有变量的测度见表 5－1、表 6－1 和表 7－1。

（4）研究假设

本节认为，移动互联网可以助力银行数据资产的价值实现。第一，在成本管理方面，移动互联网保障了数据资产中客户数据来源的丰富性和广泛性，降低了客户数据的搜集成本和管理成本。客户通过移动应用程序注册时，银行通过授权许可便获得了客户数据，提高了数据资产的成本管理水平。第二，在利润创造方面，借助银行已有数据资产的交易信息和移动应用程序的实时交易信息，银行可以预测客户的资金需求，从而提供定制的资金融通服务，带来新的业务收入。第三，在风险控制方面，移动互联网作为云计算和大数据的底层支持技术，实现了数据资产中敏感交易数据、风险客户数据等风险相关数据的实时监控，有效避免了风险事件的发生，最大程度降低信贷损失，帮助银行有效控制了风险。

8.5.2 实证结果分析

表 8－29 报告了我们关于回归模型（8－5）的基准回归结果①。我们可以发现，当被解释变量为银行成本无效率时，银行数据资产变量 $DataAssets_{it}$显著为正，说明银行数据资产显著提高成本无效率，降低成本效率。该结论与 5.3 结论相同。移动互联网变量 MI_{it}显著为负，说明移动互联网技术显著降低成本无效率，提高成本效率。银行数据资产和移动互联网变量的交互项 $DataAssets_{it} \times MI_{it}$的系数显著为负，说明移动互联网技术有助于缓解数据资产在银行成本管理方面带来的负面影响。这意味着在银行数据资产囤积行为造成成本管理负担的背景下，移动互联网科技的应用

① 移动互联网变量测度中，由于部分银行的反爬虫的技术限制，我们获得 1156 个观测值。

有效缓解了这种管理负担，与上述理论预期相符。

当被解释变量为银行利润无效率时，银行数据资产变量 $DataAssets_{it}$ 的系数不显著，说明银行数据资产对利润无效率并无显著影响。该结论与6.3结论相同。移动互联网变量 MI_{it} 显著为负，说明移动互联网技术显著降低利润无效率，提高利润效率。银行数据资产和移动互联网变量的交互项 $DataAssets_{it} \times MI_{it}$ 的系数不显著，说明移动互联网技术并没有显著调节数据资产对利润无效率的影响，与上述理论预期不符。这可能是由于数据资产本身对利润效率的影响并不显著，从而造成移动互联网技术的助力效应不显著。

当被解释变量为银行风险无效率时，银行数据资产变量 $DataAssets_{it}$ 显著为负，说明银行数据资产显著降低风险无效率，提高风险效率。该结论与7.3结论相同。移动互联网变量 MI_{it} 显著为负，说明移动互联网技术显著降低风险无效率，提高风险效率。银行数据资产和移动互联网变量的交互项 $DataAssets_{it} \times MI_{it}$ 的系数显著为负，说明移动互联网技术有助于增强数据资产在银行风险管理方面带来的正面影响，与上述理论预期相符。

总之，结果表明，移动互联网对数据资产在成本管理和风险控制方面的价值实现起到积极作用。

表8-29　　移动互联网对银行数据资产价值实现的助力作用研究

	(1)	(2)	(3)
	$\mu_{c,it}$	$\mu_{p,it}$	$\mu_{r,it}$
$DataAssets_{it}$	0.040**	-0.020	-0.102***
	(0.017)	(0.019)	(0.012)
MI_{it}	-3.152***	-2.325***	-2.085***
	(0.546)	(0.046)	(0.426)
$DataAssets_{it} \times MI_{it}$	-0.175**	-0.142	-0.216**
	(0.035)	(0.046)	(0.025)
$Size_{it}$	0.064**	-0.081	-0.017***
	(0.025)	(0.072)	(0.009)
$Equity_{it}$	-0.753*	-0.346	0.215***
	(0.352)	(0.252)	(0.084)
NIM_{it}	0.148***	-0.023	-0.102***
	(0.046)	(0.063)	(0.051)
CIR_{it}	0.011	0.000	-0.024
	(0.010)	(0.008)	(0.013)

续表

	(1)	(2)	(3)
	$\mu_{c,it}$	$\mu_{p,it}$	$\mu_{r,it}$
LD_{it}	-0.000	0.002	0.318
	(0.000)	(0.001)	(0.127)
$Liquidity_{it}$	0.003*	0.004	0.316
	(0.017)	(0.011)	(0.115)
NPL_{it}	-1.562	16.325***	
	(0.092)	(0.093)	
Year FE	Yes	Yes	Yes
Bank FE	Yes	Yes	Yes
常数	-1.794**	1.152	1.352
	(0.683)	(0.295)	(0.097)
N	1156	1156	1156
adj. R^2	0.223	0.149	0.170
F	35.241	28.783	20.742

注：我们使用固定效应模型估计所有的回归。***、**、*分别表示1%、5%、10%水平下显著性。我们还将所有连续变量在1%和99%的水平上进行缩尾，以减轻离群值的影响。括号内的标准误差根据White（1980）的方法纠正了异方差。所有变量定义详见表5-1、表6-1和表7-1。

8.5.3 稳健性检验

第一，与5.4类似，我们采用替代银行数据资产测度方式进行稳健性检验。本部分用5.4的$DataAssets2_{it}$替代$DataAssets_{it}$，重新对模型（8-5）进行回归，结果如表8-30所示，银行数据资产和移动互联网变量的交互项$DataAssets2_{it} \times MI_{it}$的系数在成本无效率、利润无效率和风险无效率模型中分别为负（显著）、负（不显著）以及负（显著），这些结论与表8-29中主要结论相同，说明该部分研究结论不受银行数据资产测度的影响。

表8-30 移动互联网对银行数据资产价值实现的助力作用研究：稳健性检验1

	(1)	(2)	(3)
	$\mu_{c,it}$	$\mu_{p,it}$	$\mu_{r,it}$
$DataAssets2_{it}$	0.030**	-0.013	-0.084***
	(0.012)	(0.013)	(0.009)
MI_{it}	-2.321***	-1.683***	-1.874***
	(0.436)	(0.152)	(0.242)

续表

	(1)	(2)	(3)
	$\mu_{c,it}$	$\mu_{p,it}$	$\mu_{r,it}$
$DataAssets2_{it} \times MI_{it}$	-0.114**	-0.116	-0.184**
	(0.031)	(0.035)	(0.022)
$Size_{it}$	0.051**	-0.059	-0.016***
	(0.018)	(0.065)	(0.008)
$Equity_{it}$	-0.735*	-0.328	0.209***
	(0.346)	(0.311)	(0.091)
NIM_{it}	0.147***	-0.023	-0.096***
	(0.036)	(0.058)	(0.047)
CIR_{it}	0.010	0.001	-0.021
	(0.008)	(0.010)	(0.008)
LD_{it}	-0.001	0.001	0.285
	(0.002)	(0.016)	(0.134)
$Liquidity_{it}$	0.003*	0.002	0.315
	(0.018)	(0.011)	(0.108)
NPL_{it}	-1.527	16.427***	
	(0.132)	(0.068)	
Year FE	Yes	Yes	Yes
Bank FE	Yes	Yes	Yes
常数	-1.536**	1.116	1.326
	(0.432)	(0.168)	(0.078)
N	1156	1156	1156
adj. R^2	0.216	0.141	0.158
F	29.895	24.152	16.125

注：我们使用固定效应模型估计所有的回归。***、**、*分别表示1%、5%、10%水平下显著性。我们还将所有连续变量在1%和99%的水平上进行缩尾，以减轻离群值的影响。括号内的标准误差根据White（1980）的方法纠正了异方差。所有变量定义详见表5-1、表6-1和表7-1。

第二，与5.4类似，我们在模型（8-5）中加入$MultiApp_{it}$变量，检验一家银行多款移动应用程序是否会影响本书的研究结论，结果如表8-31所示，在加入$MultiApp_{it}$变量后，银行数据资产和移动互联网变量的交互项$DataAssets_{it} \times MI_{it}$的系数在成本无效率、利润无效率和风险无效率模型中分别为负（显著）、负（不显著）以及负（显著），这些结论与表8-29中主要结论相同，说明研究结论不受银行多款移动应用程序的影响。

表 8-31　移动互联网对银行数据资产价值实现的助力作用研究：稳健性检验 2

	(1)	(2)	(3)
	$\mu_{c,it}$	$\mu_{p,it}$	$\mu_{r,it}$
$DataAssets_{it}$	0.038**	-0.018	-0.101***
	(0.014)	(0.016)	(0.009)
MI_{it}	-3.143***	-2.243***	-1.895***
	(0.425)	(0.034)	(0.324)
$DataAssets_{it} \times MI_{it}$	-0.156**	-0.125	-0.204**
	(0.027)	(0.032)	(0.018)
$MultiApp_{it}$	0.028**	0.036*	0.041*
	(0.012)	(0.011)	(0.013)
$Size_{it}$	0.063**	-0.082	-0.016***
	(0.021)	(0.072)	(0.010)
$Equity_{it}$	-0.781*	-0.356	0.211***
	(0.385)	(0.327)	(0.097)
NIM_{it}	0.147***	-0.022	-0.089***
	(0.042)	(0.062)	(0.048)
CIR_{it}	0.012	0.001	-0.022
	(0.009)	(0.007)	(0.013)
LD_{it}	-0.001	0.000	0.310
	(0.000)	(0.001)	(0.115)
$Liquidity_{it}$	0.003*	0.002	0.312
	(0.015)	(0.009)	(0.109)
NPL_{it}	-1.597	16.653***	
	(0.078)	(0.085)	
Year FE	Yes	Yes	Yes
Bank FE	Yes	Yes	Yes
常数	-1.874**	1.096	1.386
	(0.648)	(0.316)	(0.094)
N	1156	1156	1156
adj. R^2	0.223	0.150	0.171
F	35.374	28.975	20.986

注：我们使用固定效应模型估计所有的回归。***、**、*分别表示 1%、5%、10% 水平下显著性。我们还将所有连续变量在 1% 和 99% 的水平上进行缩尾，以减轻离群值的影响。括号内的标准误差根据 White（1980）的方法纠正了异方差。所有变量定义详见表 5-1、表 6-1 和表 7-1。

第三，与5.4类似，我们认为银行营业时间越长，银行积累的数据和信息越多，从而产生的数据资产也就越多。因此，我们构建 $OpTime_{it}$ 指标作为银行运营时间的度量，替代银行数据资产变量，表示银行 i 从第 t 年起已经运营了多少年，并在回归模型（8-5）中用这个新的变量替换 $DataAssets_{it}$，结果如表8-32所示，银行数据资产和移动互联网变量的交互项 $OpTime_{it} \times MI_{it}$ 的系数在成本无效率、利润无效率和风险无效率模型中分别为负（显著）、正（不显著）以及负（显著），这些结论与表8-29中主要结论相同，说明研究结论不受银行数据资产测度的影响。

表8-32　移动互联网对银行数据资产价值实现的助力作用研究：稳健性检验3

	(1)	(2)	(3)
	$\mu_{c,it}$	$\mu_{p,it}$	$\mu_{r,it}$
$OpTime_{it}$	0.021**	-0.005	-0.056***
	(0.163)	(0.134)	(0.114)
MI_{it}	-3.114***	-2.241***	-2.006***
	(0.515)	(0.043)	(0.362)
$OpTime_{it} \times MI_{it}$	-0.152*	0.063	-0.088**
	(0.035)	(0.069)	(0.027)
$Size_{it}$	0.068**	-0.085	-0.024***
	(0.028)	(0.075)	(0.015)
$Equity_{it}$	-0.779*	-0.366	0.223***
	(0.414)	(0.352)	(0.125)
NIM_{it}	0.155***	-0.028	-0.109***
	(0.049)	(0.067)	(0.056)
CIR_{it}	0.010	0.000	-0.023
	(0.004)	(0.005)	(0.012)
LD_{it}	-0.001	0.001	0.307
	(0.002)	(0.038)	(0.109)
$Liquidity_{it}$	0.003*	0.002	0.312
	(0.018)	(0.011)	(0.114)
NPL_{it}	-1.583	16.125***	
	(0.074)	(0.079)	
Year FE	Yes	Yes	Yes
Bank FE	Yes	Yes	Yes
常数	-1.683**	1.165	1.242
	(0.583)	(0.316)	(0.078)

续表

	(1)	(2)	(3)
	$\mu_{c,it}$	$\mu_{p,it}$	$\mu_{r,it}$
N	1156	1156	1156
adj. R^2	0.215	0.143	0.161
F	31.242	24.432	17.132

注：我们使用固定效应模型估计所有的回归。***、**、*分别表示1%、5%、10%水平下显著性。我们还将所有连续变量在1%和99%的水平上进行缩尾，以减轻离群值的影响。括号内的标准误差根据White（1980）的方法纠正了异方差。所有变量定义详见表5-1、表6-1和表7-1。

第四，与5.4类似，我们采用银行成本效率值、利润效率值以及风险效率值代替无效率项，作为被解释变量的测度，并采用Simar和Wilso（2007）提出的截断回归模型来重新分析回归模型（8-5），结果如表8-33所示，银行数据资产和移动互联网变量的交互项$DataAssets_{it} \times MI_{it}$的系数在成本效率、利润效率和风险效率模型中分别为正（显著）、负（不显著）以及正（显著），说明银行移动互联网技术有助于缓解数据资产在银行成本管理方面带来的负面影响，增强数据资产在银行风险管理方面带来的正面影响。这些结论与表8-29中主要结论相同，说明研究结论不受银行效率测度的影响。

表8-33　移动互联网对银行数据资产价值实现的助力作用研究：稳健性检验4

	(1)	(2)	(3)
	$CEFF_{it}$	$PEFF_{it}$	$REFF_{it}$
$DataAssets_{it}$	-0.013**	0.006	0.036***
	(0.008)	(0.011)	(0.008)
MI_{it}	0.864***	0.684	0.514***
	(0.214)	(0.023)	(0.154)
$DataAssets_{it} \times MI_{it}$	0.049*	-0.032	0.056**
	(0.017)	(0.045)	(0.015)
$Size_{it}$	-0.031*	0.037	0.006***
	(0.009)	(0.023)	(0.003)
$Equity_{it}$	0.238*	0.123	-0.073***
	(0.127)	(0.115)	(0.032)
NIM_{it}	-0.052***	0.008	0.041***
	(0.013)	(0.023)	(0.022)

续表

	(1)	(2)	(3)
	$CEFF_{it}$	$PEFF_{it}$	$REFF_{it}$
CIR_{it}	-0.003	-0.002	0.006
	(0.003)	(0.003)	(0.005)
LD_{it}	0.001	-0.002	-0.116
	(0.005)	(0.002)	(0.078)
$Liquidity_{it}$	-0.001 *	-0.001	-0.117
	(0.006)	(0.003)	(0.026)
NPL_{it}	0.526	-5.226 ***	
	(0.027)	(0.026)	
Year FE	Yes	Yes	Yes
Bank FE	Yes	Yes	Yes
常数	0.648 **	-0.443	-0.335
	(0.316)	(0.118)	(0.023)
N	1156	1156	1156
adj. R^2	0.183	0.134	0.082
F	21.132	15.793	10.124

注：我们使用截面回归模型估计所有的回归。***、**、*分别表示1%、5%、10%水平下显著性。我们还将所有连续变量在1%和99%的水平上进行缩尾，以减轻离群值的影响。括号内的标准误差根据White（1980）的方法纠正了异方差。所有变量定义详见表5-1、表6-1和表7-1。

第五，与5.4类似，我们在回归模型（8-5）中引入两个新的非金融因素变量作为控制变量：$Branch_{it}$和$Employee_{it}$，结果如表8-34所示，在加入$Branch_{it}$和$Employee_{it}$变量后，银行数据资产和移动互联网变量的交互项$DataAssets_{it} \times MI_{it}$的系数在成本无效率、利润无效率和风险无效率模型中分别为负（显著）、负（不显著）以及负（显著），这些结论与表8-29中主要结论相同，说明研究结论不受非金融因素变量的影响。

表8-34　移动互联网对银行数据资产价值实现的助力作用研究：稳健性检验5

	(1)	(2)	(3)
	$\mu_{c,it}$	$\mu_{p,it}$	$\mu_{r,it}$
$DataAssets_{it}$	0.039 **	-0.018	-0.101 ***
	(0.018)	(0.023)	(0.014)
MI_{it}	-3.154 ***	-2.317 ***	-2.068 ***
	(0.426)	(0.037)	(0.316)

续表

	(1)	(2)	(3)
	$\mu_{c,it}$	$\mu_{p,it}$	$\mu_{r,it}$
$DataAssets_{it} \times MI_{it}$	-0.168**	-0.136	-0.212**
	(0.028)	(0.043)	(0.021)
$Size_{it}$	0.027**	-0.062	-0.013***
	(0.017)	(0.061)	(0.008)
$Equity_{it}$	-0.728*	-0.347	0.202***
	(0.358)	(0.315)	(0.078)
NIM_{it}	0.147***	-0.022	-0.097***
	(0.044)	(0.056)	(0.047)
CIR_{it}	0.009	0.001	-0.015
	(0.007)	(0.006)	(0.011)
LD_{it}	-0.000	0.000	0.286
	(0.000)	(0.000)	(0.116)
$Liquidity_{it}$	0.002*	0.001	0.308
	(0.013)	(0.008)	(0.097)
NPL_{it}	-1.385	15.463***	
	(0.046)	(0.042)	
$Branch_{it}$	0.002	-0.002	-0.016
	(0.029)	(0.022)	(0.027)
$Employee_{it}$	17.652**	-0.316*	-0.317
	(0.212)	(0.137)	(0.076)
Year FE	Yes	Yes	Yes
Bank FE	Yes	Yes	Yes
常数	-1.537**	1.114	1.125
	(0.356)	(0.209)	(0.069)
N	1156	1156	1156
adj. R^2	0.227	0.153	0.171
F	36.542	29.874	21.653

注：我们使用固定效应模型估计所有的回归。***、**、*分别表示1%、5%、10%水平下显著性。我们还将所有连续变量在1%和99%的水平上进行缩尾，以减轻离群值的影响。括号内的标准误差根据White（1980）的方法纠正了异方差。所有变量定义详见表5-1、表6-1和表7-1。

第六，与5.4类似，我们控制了解释变量中的异常值对基准结论的影响。具体而言，我们剔除了2013年的所有样本，然后利用回归模型（8-5）重新分析剩余的研究样本，结果如表8-35所示，在剔除解释变量中的异常值后，银行数据资产和移动互联网变量的交互项 $DataAssets_{it} \times MI_{it}$

的系数在成本无效率、利润无效率和风险无效率模型中分别为负（显著）、负（不显著）以及负（显著），这些结论与表 8 - 29 中的主要结论相同，说明研究结论不受解释变量中异常值的影响。

表 8 - 35　移动互联网对银行数据资产价值实现的助力作用研究：稳健性检验 6

	(1)	(2)	(3)
	$\mu_{c,it}$	$\mu_{p,it}$	$\mu_{r,it}$
$DataAssets_{it}$	0.036 **	-0.017	-0.097 ***
	(0.012)	(0.015)	(0.007)
MI_{it}	-3.115 ***	-2.252 ***	-2.054 ***
	(0.481)	(0.042)	(0.371)
$DataAssets_{it} \times MI_{it}$	-0.164 **	-0.132	-0.211 **
	(0.031)	(0.044)	(0.023)
$Size_{it}$	0.058 **	-0.082	-0.021 ***
	(0.022)	(0.058)	(0.007)
$Equity_{it}$	-0.765 *	-0.351	0.213 ***
	(0.392)	(0.333)	(0.101)
NIM_{it}	0.143 ***	-0.021	-0.102 ***
	(0.044)	(0.062)	(0.051)
CIR_{it}	0.010	0.001	-0.021
	(0.012)	(0.006)	(0.011)
LD_{it}	-0.000	0.001	0.303
	(0.001)	(0.002)	(0.115)
$Liquidity_{it}$	0.001 *	0.004	0.314
	(0.016)	(0.010)	(0.112)
NPL_{it}	-1.362	15.763 ***	
	(0.079)	(0.072)	
Year FE	Yes	Yes	Yes
Bank FE	Yes	Yes	Yes
常数	-1.658 **	1.096	1.326
	(0.424)	(0.257)	(0.073)
N	1056	1056	1056
adj. R^2	0.216	0.144	0.162
F	31.763	25.874	17.653

注：我们使用固定效应模型估计所有的回归。***、**、* 分别表示 1%、5%、10% 水平下显著性。我们还将所有连续变量在 1% 和 99% 的水平上进行缩尾，以减轻离群值的影响。括号内的标准误差根据 White（1980）的方法纠正了异方差。所有变量定义详见表 5 - 1、表 6 - 1 和表 7 - 1。

8.6 本章小结

本章分析了金融科技对银行数据资产价值实现的助力作用。我们基于五个技术维度下的金融科技发展，分别研究了成本管理、利润创造以及风险控制视角下的数据资产价值实现。分析表明，在成本管理和风险控制视角下，人工智能、云计算、大数据以及移动互联网均对银行数据资产的价值实现产生显著的助力作用。在利润创造视角下，所有类型的金融科技对银行数据资产的价值实现均未产生助力作用。

第 9 章　研究结论与对策建议

9.1　研究结论

本书的主要目的在于从成本管理、利润创造及风险控制视角来探讨银行数据资产的价值实现。自 2013 年，即中国数字经济的元年起，各行各业都在发生着巨大的变革，银行业作为现代经济的核心命脉，更是首当其冲，面临着一系列挑战。数据资产，作为一种新的生产资料，在为银行创造新业务、开拓新市场、产生新价值的同时，不可避免地颠覆和重塑着银行所拥有的旧产品、旧服务、旧价值。这一过程，用“创造性的毁灭”来形容恰如其分。在创造方面，数据资产的运用有利于节约银行成本、提高银行利润、降低银行风险；在毁灭方面，数据资产的广泛运用显然打破了银行的原有运营格局，给银行带来了强烈且持久的影响。银行，作为现代经济社会运转的枢纽之一，其重要性不言而喻，因此对每一个与银行有关的新兴事物，必须关注它所带来的风险，数据资产更是如此，我们应当充分地考虑它对银行带来的影响究竟是积极影响居多，还是消极影响居多。在对数据资产的制度背景、相关概念、理论基础进行梳理后，我们选取 2013—2021 年中国 169 家银行的数据，从成本管理、利润创造以及风险控制视角探究了银行数据资产的价值实现，并得到了以下主要结论。

第一，我们采用成本效率测度银行成本管理能力，分析了银行数据资产对成本效率的影响。研究表明：银行数据资产显著降低了成本效率，该结论通过了一系列内生性分析以及稳健性检验。这主要是由于银行的数据资产囤积行为导致的数据资产规模增加直接加重了银行的管理负担，从而导致成本效率的降低。潜在的影响渠道分析表明银行数据资产可能通过提高管理成本，从而降低银行成本效率。在异质性分析中，我们发现与国有银行相比，数据资产对成本效率的负向影响在全国股份制银行和城市商业银行中更大，也就是说，在这些银行中，数据资产造成的成本负担更大。与非上市银行相比，数据资产对成本效率的负向影响在上市银行中更小，也就是说，在上市银行中，数据资产的成本管理更好。

第二，我们采用利润效率测度银行利润创造能力，分析了银行数据资产对银行利润效率的影响。研究表明：数据资产与银行的利润效率之间并无显著关系，该结论通过了一系列内生性分析以及稳健性检验。我们认为，该研究结果与我们的预期有所偏差的原因是：尽管我们预期银行数据资产有助于提高利润效率，然而数据资产的研发和囤积同样带来了成本负担，进而损害了银行利润效率的提高。两方面的共同作用造成银行数据资产与利润效率的关系并不显著。异质性分析发现银行数据资产与利润效率的关系在不同股权结构银行、不同上市状况的银行中没有显著差别。

第三，我们采用风险效率测度银行风险控制能力，分析了银行数据资产对银行风险效率的影响。研究表明：银行数据资产显著降低了风险无效率，该结论通过了一系列内生性分析以及稳健性检验。这一结果主要是由于以下原因造成的：一是银行数据资产可以提升风险识别水平，从而提高银行风险效率；二是银行数据资产可以革新风险监测模型。不论是风险识别能力的提高，还是风险监测模型的改进，这些均可以有效地降低银行的信用风险等，从而有助于提高银行风险效率。潜在的影响渠道分析表明银行数据资产可能降低信用风险水平，从而提高银行风险效率。在异质性分析中，我们发现与国有银行相比，数据资产对风险无效率的负向影响在全国股份制银行和城市商业银行中更小。与非上市银行相比，数据资产对风险无效率的负向影响在上市银行中更大。

第四，我们基于五个技术维度（人工智能、区块链、云计算、大数据、移动互联网）下的金融科技发展，分别研究了成本管理、利润创造以及风险控制视角下的数据资产价值实现。研究发现，在成本管理和风险控制视角下，人工智能、云计算、大数据以及移动互联网均对银行数据资产的价值实现产生了显著的助力作用。在利润创造视角下，所有类型的金融科技对银行数据资产的价值实现均未产生助力作用。

9.2 对策建议

如本书的结论所示，尽管银行数据资产会给银行带来一定的积极效应。然而，银行数据资产在迅猛发展的同时也会带来一定的负面效应。那么，我们应当如何有效遏制银行数据资产的野蛮生长？对这些问题的思考与探究会让我们对银行数据资产的发展有整体、深入的认知与把握。为了寻求这些问题的答案，在本节我们将探讨数据资产在银行微观层面和行业宏观层面存在的问题，并分别从银行和监管两个层面给出具有针对性的建议。

9.2.1 银行数据资产监督管理存在的主要问题

行至新纪元，人们步入了数字经济时代。银行，作为各类金融信息的“集大成者”，其所拥有的数据呈现出井喷式的增长态势，银行数据资产也因此得到了蓬勃发展。但如同任何新兴事物的发展过程一样，银行数据资产在高速发展的同时，也面临着诸多乱象与窘境。下面将详细阐述银行数据资产管理过程中面临的问题。

（1）银行层面数据资产监督管理存在的主要问题

① 银行数据准确性存疑，影响数据资产质量。在银行数据资产的发展过程中，“量”与“质”需要齐头并进。我们对银行数据准确性的怀疑包括以下几个方面。

第一，银行数据录入的规范性可能存在问题。例如：银行系统对数据的接收缺乏关联性与合理性的校验，导致部分数据在进入银行系统时就存在不规范的问题。具体而言，对于同一个客户主体，可能因为辅助证件信息不同或录入不规范而被重复开立客户号，从而使银行对该客户的数据统计和分析结果不甚精准。

第二，数据平台产出结果的准确性可能存在问题。一方面，在数据平台开发初期，业务开发管理流程较为混乱，缺乏专业人员梳理、管理报表，因此数据平台可能会产生大量的重复性报表；另一方面，由于报表数据定义的混乱，数据的含义、来源、计算方式等无法溯源。如此，当开展新业务时，旧数据可能就无法整合到新数据集中去，如果一定要整合，新数据的准确性就无法保证。

第三，当银行系统更新换代时，历史数据迁移过程的不确定性可能会造成数据的错漏。这种不确定性包括但不限于数据迁移不完全、新旧系统数据定义存在差异、新旧数据映射错误等。例如：如果银行选择对其核心系统进行升级，但在升级时仅同步客户基本信息和账户信息，而对账户历史流水信息和交易明细信息不进行迁移的话，升级后的系统将无法查询客户历史交易信息而造成数据错漏。同时，旧系统的数据通常因为年代久远而质量低下，数据清洗和修正的难度都较大，即使为了避免数据的流失而将这部分数据全部迁移到新系统中，它们也会损害新系统的数据质量。

② 银行内部数据冗余、部门之间共享联动性差。银行具有多个相互独立的业务部门，因此银行的业务数据是由很多部门独立采集、存储得到的，缺乏统一的标准。这就带来了一系列问题，例如：各系统之间数据重复冗杂；相同种类的数据在不同系统中拥有不同的名称；不同种类的数据在不同系统中拥有相同的名称；各部门系统业务代码定义不同；各部门系统编码规则不同，等等。举例来说：信贷系统和数据平台的客户基本信息和存贷款信息应当是相同的，但如果行内没有统一的数据要求、命名标准、编码规律，那么系统与系统间的数据就很可能出现冗余和混乱的情况。在此情况下，如果各系统之间没有良好的互动联动机制，那么数据共享的便捷度将会大打折扣。

③ 数据加工方式不统一。银行获取原始数据之后，必须对数据进行加工后才能形成供内部业务和外部监管利用的数据资产。但由于银行内部存在较为独立的不同的业务部门，在数据加工方式不统一的情况下，各部门为了满足不同的业务需要或监管需要，会自行选择不同的数据加工方式，从而造成银行数据的加工方式，如指标的统计口径、计算方法等存在差异。单就“小微企业贷款”一个指标为例，就有“央行口径”和“银保监口径”的差别。“央行口径”严格按照“四部委”的标准认定小微企业贷款口径；但“银保监口径”在“小微企业贷款”中额外包括了对个人的经营性贷款。因此，银行内部可能对“小微企业贷款”项目存在着两套数据，从而造成数据的错乱，进而造成统计分析结果的不准确，影响银行整体数据分析应用能力的提升。

④ 银行数据资产风控能力不足，信息泄露成为安全隐患。作为一种特殊的生产资料，一方面，数据本身具有流动迅速、复制便捷、保护困难的特点；另一方面，数据资产泄露损失巨大，影响广泛，波及范围极广。作为数据的“集大成者”，当数据变成一种资产时，银行能否有效保护其所拥有的数据资产就成了问题关键所在。一方面，如果银行不能保证其数据资产的安全性，银行客户的个人信息便可能遭受严重的泄露，从而给客户的安全带来隐患。另一方面，数据资产的安全问题如果得不到有效解决，银行业数据资产的发展就会遇到很大阻碍。因此，如何保障银行和客户的数据资产安全，是银行数据资产发展道路上不可避免的话题。

（2）监管层面数据资产监督管理存在的主要问题

① 数据立法滞后，数据归属权不明确。在银行数据资产迅猛发展的过程中，数据资产的归属权是一个不可回避的问题。产权问题是市场进行

资源配置和提高数据资产使用效率的基础，也是目前制约数据收集、交易和利用等关键环节发展的核心问题。如果数据资产归属权不清晰，一方面使作为数据来源的客户不愿意或不敢将自己的个人数据提供给银行，这直接制约了数据资产的形成和发展；另一方面也会使数据资产的持有方不愿意将自己的商业数据资产用来交易，这严重制约了数据产业的发展。

② 数据孤岛、碎片化现象严重，银行数据资产商业价值不高。作为银行数据资产发展的重要推动力，数据资产的流动需要统一的、格式化和标准化的数据。但长期以来，我国银行业内部信息化建设的标准和规范都没有形成，各个信息系统之间的互用性非常低，数据标准和格式不统一，数据开放和共享程度很低。基于此，大量的银行数据资产基本处于锁死状态，数据孤岛和碎片化问题十分严重。

9.2.2 基于银行层面数据资产监督管理的相关建议

(1) 重视数据准确性与隐私性，加强银行数据质量管理

针对数据准确性和数据泄露的问题，银行需要加强对数据资产质量的管理。通常情况下，我们以数据与业务需求的契合度来衡量数据资产的质量。准确性、连续性、完整性、及时性是契合度的四个表征，要加强银行的数据质量管理，就要以提升数据资产的准确性、连续性、完整性、及时性为目标，可以考虑从加强数据资产管理制度和流程两个方面入手。

制度的完善同时涉及技术问题和管理问题。在技术方面，银行要在系统运行的每个环节都加入数据自动检验流程；在管理方面，银行需要制定相关规范和标准，制定各自的“数据质量管理细则”，对系统的管理部门、数据的负责部门以及各方面的职责做出明确规定，并形成明确的事故问责机制。相较于制度的完善来说，流程的完善显得较为琐碎与复杂。笼统来说，数据质量管理主要包括四个流程：数据质量问题报告、数据质量问题研判、数据质量问题解决方案制定、数据质量问题跟踪监察。

数据质量问题报告事实上就是数据质量问题的发现。数据质量问题的发现通常有以下几种渠道：在开展数据质量专项检查时发现问题，由专项检查牵头部门的数据管理岗收集汇总；在行内自检时发现问题，由行内数据管理岗收集汇总；在配合重要项目或系统建设而进行的上下游系统数据质量检查时发现问题，由项目或系统建设需求部门数据管理岗收集汇总；在业务人员使用数据过程中发现问题，由业务人员所在机构数据管理岗收集汇总。数据管理岗在数据质量问题收集汇总后，应及时对问题进行分析处理。

数据质量问题研判就是要对各部门报告的数据质量问题进行分析。在这一环节，首先要确定发现的问题是否属于数据质量问题，其次要定位问题数据源系统并找出问题产生的原因，同时确定责任方。在该环节，数据管理岗首先需要自查问题、定位问题，如遇到不能解决的情况，可以提请数字银行管理部协调信息技术部共同分析解决。

数据质量问题解决方案的制定是解决银行数据资产质量问题的核心环节。这一工作主要由数字银行管理部牵头，系统主管部门和信息技术部共同参与，根据具体问题制定相应的解决方案，一般有优化系统交易功能、增加校验规则、手工修改和加强制度约束等。

数据质量问题跟踪监察就是在实施治理后，系统主管部门和数字银行管理部持续跟进每月数据质量考核统计表情况，以掌握整体数据质量问题的发生并解决问题。

银行数据资产质量的上升，可以大大提升数据平台产出结果的准确性，提升数据迁移的效率。同时，管理制度和管理流程的完善能在一定程度上缓解由于制度和流程的模糊而造成的数据泄露问题。

（2）加强银行数据标准建设

加强银行数据标准建设的目的是解决银行内部数据冗余问题，提升部门之间数据共享的联动性，提升银行部门之间数据共享的便捷度。要在银行层面上进行数据资产的标准化建设，就要统一数据业务属性、技术属性和管理属性，以便在全行提取任意数据时都能够保证数据的唯一性与准确性。

要建设这样的标准需要进行一系列工作。具体而言，主要包括数据范围的确定、数据标准的制定、数据标准的评审、数据标准使用情况跟踪等几个方面。数据范围的确定是指银行想要获得的数据在深度和广度上应当将自身的业务需求和外部的监管要求合二为一，从而确定银行数据获取的合理范围。数据标准的制定是指按照数据标准需求，定义各类数据的业务标准和技术标准。一般而言，数据标准的制定须同时满足前瞻性和合理性的原则。前瞻性是指银行的数据应当满足银行在未来一段时间内的使用需求；合理性是指数据标准的制定应满足国家、行业的标准。需要指出的是，事实上，数据标准的制定并不单纯是一项技术工作，相反，它更多的是一项管理工作。数据标准的评审是指在数据标准制定之后，银行数据治理小组对该标准进行内部自评、外部专家评审和部门评审，对数据标准的制定提出修改意见。数据标准使用情况跟踪是指当数据标准经过评审确定并执行后，要对数据标准实施后的情况进行跟踪，以便及时发现和了解标准实施过程中可能发生的各种问题，从而对数据标准进行修改、优化和升级。

9.2.3 基于监管层面数据资产监督管理的对策研究

（1）完善数据行业法律法规建设

中国是全球最大的单一数字市场，数据的种类和数量都十分庞大。银行作为数据的汇集中心之一，监管部门有必要事先制定防范数据资产乱象的法律法规，以实现银行数据资产管理与价值实现的稳步推进。

银行数据资产法律法规的制定应本着“双方平衡”的初心。在银行数据产业中，客户是数据的提供者，对银行数据产业的发展起着极其重要的作用，但在数据资产的发展过程中，客户对隐私数据的保护却处于绝对的劣势地位。银行数据资产法律法规的建设应当同时充分考虑行业发展和个人隐私保护两个方面的诉求。一方面，我们应当认识到银行数据资产的规范发展是保护个人隐私的基础和前提，因此法律法规需要支持数据技术的发展，以通过掌握核心科技不断提升银行对数据的控制能力，并将最新的技术纳入新的安全防护体系和个人隐私保护体系之中。将银行数据资产的发展和客户个人隐私保护合二为一，使其共同发展，齐头并进。另一方面，客户个人隐私的保护应当得到强化，将原本处于弱势地位的客户个人隐私保护提到和数据资产应用相同的地位，这不仅是银行数据资产健康发展的内在要求，也是维护国家数据安全的必然选择。

同时，法律法规需要加快推进数据确权工作。数据确权问题比较复杂，它涉及权益关系的法律问题、产权分配的经济问题和确权方法的技术问题。当前，最大的难题是如何推进数据资产的界定和分配，如何通过合理的产权制度安排更大程度地促进银行在更大规模上进行数据创新。根据发达国家对数据所有权的界定经验来看，所有权是对数据所产生的权利的界定，根据数据资产的特征来界定数据资产的所有权是最合理的界定手段，即数据的所有权不应该掌握在一个主体手中，而应分清不同数据的种类和不同种类的数据所产生的不同权利，并厘清不同主体和各权利之间的关系，进而使不同主体对数据资产拥有互不重合的权利。

（2）促进银行间数据共享，提高银行数据资产商业价值

数据的流动是促进数据资产发展的重要一步，促进数据有效流动需要监管层的积极参与。从国际视野来看，监管层对数据资产流通的促进有例可循。早在 2018 年，欧盟就为构建数字单一市场提升区域数字经济竞争力，出台了《欧洲企业间数据共享研究》，以评估欧洲公司之间的数据共

享及数据再利用程度，破除公司在推进数据共享和再利用过程中所遇到的障碍，进而加速欧盟企业间的数据流动，深化企业间数据的互通性，最终达到释放数据潜力、促进数据资产发展的目的。通过借鉴欧盟对企业间数据共享的政策引导，我们提出几点促进中国银行数据共享的建议：一是建立银行间数据共享的法律和政策框架，对数据的使用场景提供法律规范，以防数据的滥用。二是持续打击网络黑产行为。数据是各行各业产出最多的产品。由数据引申的新技术、新产品、新服务和新的商业模式不计其数，但这个过程也给网络黑产提供了滋生的土壤。网络黑产，既损害大众的权益，又对网络环境造成负面影响。因此，有必要对网络黑产行业进行有力打击，以建立符合数字经济发展需要的现代监督执法体系和系统。

（3）大力支持数据研发工作，夯实银行数据资产发展的基础设施建设

数据研发工作的主体是各商业银行，但是，监管层能够通过各种途径激励商业银行进行数据资产的研发工作。例如，监管层可以设置各项银行数据绩效发展指标来激励银行通过正规途径发展数据资产。另外，监管层也需要为商业银行发展数据资产夯实基础设施建设。

数据资产发展的基础设施包括数据产业标准体系的规范化建设、数据安全体系建设、大数据基础设施平台建设。

数据产业标准体系规范化建设的目的是提升数据产业生态在各行各业的一致性。以国际化的视角来看，虽然数据标准化的建设还处于初级阶段，但它已经成为数据技术领域下一步研究的重点。中国的数据资产体量巨大，更需要加快数据标准制定的工作进程。数据的标准化建设是一项庞大浩繁的工程，可以从优先建立政务类数据着手，将政务类数据作为试点，进而逐步优化数据标准体系。

数据安全体系建设的目的是在数据资产行业发展的过程中保障数据资产的安全。这首先需要对重要领域的数据进行分类分级，对重要敏感数据进行深度识别、实时保护。同时，在数据安全管理硬件基础设施建成的情况下，要建立一套行之有效的、层次化的安全防御体系。这需要建立一套“落实到人”的管理体系。本着“谁运营，谁负责”的原则，建立起具体的数据安全管理体系。更为重要的是，数据安全技术的研发需要得到加强。数据安全技术能力的加强是数据安全体系建设的核心内容。只有数据安全技术得到加强，加强数据安全保护才有实际的保障，而不是流于口号。

大数据基础设施平台建设是为了对数据资产的发展进行统一筹划而建立的。从宏观的角度来看，统筹规划数据产业可以有效避免社会资源的浪

费。这是因为大数据基础设施平台可以整合各类社会数据资产和政务类数据资产，从而可以对数据平台、数据中心进行合理布局，以避免盲目建设和重复投资。我们期待一个低成本、高效率的大数据基础设施平台早日建成。

在数字经济时代背景下，数据资产是中国银行业最为重要的战略资源和生产要素。国内各银行，不管规模大小、上市与否，都在抓紧进行数据资产的建设，争取赶上数字经济的浪潮，抢占数字经济的制高点。高速发展势必带来行业的野蛮生长，要想避免行业乱象，监管层必须有所作为。通过对数据行业法律法规的完善，通过对数据资产共享规则的制定，通过对数据资产基础设施建设的夯实，我们期待着一个蓬勃向上的、欣欣向荣的银行数据资产产业！

主要参考文献

[1] Acharya V V, Pedersen L H, Philippon T, et al. Measuring systemic risk [J]. The Review of Financial Studies, 2017, 30 (1): 2-47.

[2] Altunbas Y, Binici M, Gambacorta L. Macroprudential policy and bank risk [J]. Journal of International Money and Finance, 2018, 81: 203-220.

[3] Altunbas Y, Manganelli S, Marques-Ibanez D. Realized bank risk during the great recession [J]. Journal of Financial Intermediation, 2017, 32: 29-44.

[4] Altunbas Y, Manganelli S, Marques-Ibanez D. Bank risk during the financial crisis: Do business models matter? [J]. ECB Working Paper No. 1394, 2011.

[5] Aly Y. Grabowski R. Pasurka C. Technical, scale and allocative efficiencies in U. S. banking: An empirical investigation [J]. The Review of Economics and Statistics, 1990, 72 (2): 211-218.

[6] Amador J S, Gómez-González J E, Pabón A M. Loan growth and bank risk: New evidence [J]. Financial Markets and Portfolio Management, 2013, 27 (4): 365-379.

[7] Angeloni I, Faia E. Capital regulation and monetary policy with fragile banks [J]. Journal of Monetary Economics, 2013, 60 (3): 311-324.

[8] Anginer D, Demirguc-Kunt A, Zhu M. How does competition affect bank systemic risk? [J]. Journal of Financial Intermediation, 2014, 23 (1): 1-26.

[9] Ariff M, Luc C. Cost and profit efficiency of Chinese banks: A non-parametric analysis [J]. China Economic Review, 2008, 19 (2): 260-273.

[10] Barth J R, Caprio G, Levine R. Bank supervision and regulation: What works best [J]. Journal of Financial Intermediation, 2004, 13 (2):

205 - 248.

[11] Barth J R, Lin C, Ma Y, Seade J, Song F M. Do bank regulation, supervision and monitoring enhance or impede bank efficiency? [J]. Journal of Banking & Finance, 2013, 37 (8): 2879 - 2892.

[12] Battaglia F, Gallo A. Securitization and systemic risk: An empirical investigation on Italian banks over the financial crisis [J]. International Review of Financial Analysis, 2013, 30: 274 - 286.

[13] Beck T, De Jonghe O, Schepens G. Bank competition and stability: Cross - country heterogeneity [J]. Journal of Financial Intermediation, 2013a, 22 (2): 218 - 244.

[14] Beck T, Demirguec - Kunt A, Merrouche O. Islamic vs. conventional banking: business model, efficiency and stability [J]. Journal of Banking & Finance, 2013b, 37 (2): 433 - 447.

[15] Begenau J, Farboodi M, Veldkamp L. Big data in finance and the growth of large firms [J]. Journal of Monetary Economics, 2018, 97: 71 - 87.

[16] Berger A N, Benveniste L M. Securitization with recourse: An instrument that offers uninsured bank depositors sequential claims [J]. Journal of Banking & Finance, 1987, 11 (3): 403 - 424.

[17] Berger A N, El Ghoul S, Guedhami O, et al. Internationalization and bank risk [J]. Management Science, 2017, 63 (7): 2283 - 2301.

[18] Berger A N, Hasan I, Zhou M. The effects of focus versus diversification on bank performance: Evidence from Chinese banks [J]. Journal of Banking & Finance, 2010, 34 (7): 1417 - 1435.

[19] Berger A N, Humphrey D B. Mega - mergers in banking and the use of cost efficiency as an antitrust defense [J]. Finance and Economics Discussion Series, 1992, 37 (3).

[20] Berger A N, Mester L J. Inside the black box: What explains differences in the efficiencies of financial institutions? [J]. Journal of Banking and Finance, 1997, 7 (21): 895 - 947.

[21] Berkman M. Valuing intellectual property assets for licensing transactions [J]. Licensing Journal, 2002, 22 (4): 16 - 23.

[22] Bernanke B S, Blinder A S. The Federal Funds Rate and the Channels of Monetary Transmission [J]. The American Economy Review, 1992, 82 (9): 901 - 921.

[23] Bonin J P, Hasan I, Wachtel P. Bank performance, efficiency and ownership in transition countries [J]. Journal of Banking & Finance, 2005, 29 (1): 31 –53.

[24] Borio C, Zhu H. Capital regulation, risk – taking and monetary policy: A missing link in the transmission mechanism? [J]. Journal of Financial Stability, 2012, 8 (4): 236 –251.

[25] Bourke P. Concentration and Other Determinants of Bank Profitability in Europe, North America and Australia [J]. Journal of Banking and Finance, 1989 (13): 65 –79.

[26] Bughin J, Chui M, Manyika J. Clouds, big data, and smart assets: Ten tech – enabled business trends to watch [J]. McKinsey Quarterly, 2010, 56 (4): 75 –86.

[27] Cardozo P, Morales – Acevedo P, Murcia A, et al. Does the geographical complexity of the Colombian financial conglomerates increase banks risk? The role of diversification, regulatory arbitrage, and funding costs – Science Direct [J]. Journal of Banking & Finance, 2021, 106076.

[28] Chen T, Goh J R, Kamiya S, et al. Marginal cost of risk – based capital and risk – taking [J]. Journal of Banking & Finance, 2019, 103: 130 – 145.

[29] Chortareas G E, Girardone C, Ventouri A. Bank supervision, regulation, and efficiency: Evidence from the European Union [J]. Journal of Financial Stability, 2012, 8 (4): 292 –302.

[30] Chortareas G E, Girardone C, Ventouri A. Financial freedom and bank efficiency: Evidence from the European union [J]. Journal of Banking & Finance, 2013, 37 (4): 1223 –1231.

[31] Craig B R, Dinger V. Deposit market competition, wholesale funding, and bank risk [J]. Journal of Banking & Finance, 2013, 37 (9): 3605 –3622.

[32] Curi C, Guarda P, Lozano – Vivas A, Zelenyuk V. Is foreign – bank efficiency in financial centers driven by home or host country characteristics? [J]. Journal of Productivity Analysis, 2013, 40 (3): 367 –385.

[33] Delis M D, Staikouras P K. Supervisory effectiveness and bank risk [J]. Review of Finance, 2011, 15 (3): 511 –543.

[34] Demirgüç – Kunt A, huizinga h. Bank activity and funding strate-

gies: The impact on risk and returns [J]. Journal of Financial Economics, 2010, 98 (3): 626 -650.

[35] Demirguc - Kunt A, Huizinga H. Financial structure and bank profitability [J]. World Bank Mimeo, 2000.

[36] DeYoung R, Rice T. Noninterest income and financial performance at US commercial banks [J]. Financial Review, 2004, 39 (1): 101 -127.

[37] Doan A T, Lin K L, Doong S C. What drives bank efficiency? The interaction of bank income diversification and ownership [J]. International Review of Economics & Finance, 2018, 55: 203 -219.

[38] Elsas R, Hackethal A, Holzhäuser M. The anatomy of bank diversification [J]. Journal of Banking & Finance, 2010, 34 (6): 1274 -1287.

[39] Fang J, Lau C K M, Lu Z, Tan Y, Zhang H. Bank performance in China: A Perspective from Bank efficiency, risk - taking and market competition [J]. Pacific - Basin Finance Journal, 2019, 56: 290 -309.

[40] Farboodi M, Veldkamp L. Long - run growth of financial data technology [J]. American Economic Review, 2020, 110 (8): 2485 -2523.

[41] Farell M J, The measurement of productive efficiency [J]. Journal of Royal Statistial Society, SeriesA, General, 1957, 120, 253 -281.

[42] Fiordelisi F, Marques - Ibanez D, Molyneux P. Efficiency and risk in European banking [J]. Journal of Banking & Finance, 2011, 35 (5): 1315 -1326.

[43] Fisher T. The data asset: How smart companies govern their data for business success [M]. Hoboken: John Wiley & Sons, Inc. 2009: 12 -30.

[44] Fu X M, Lin Y R, Molyneux P. Bank competition and financial stability in Asia Pacific [J]. Journal of Banking & Finance, 2014, 38: 64 -77.

[45] Gaganis C, Pasiouras F. Financial supervision regimes and bank efficiency: International evidence [J]. Journal of Banking & Finance, 2013, 37 (12): 5463 -5475.

[46] Garcia - Herrero A, Gavila S, Santabárbara H. What Explains the Lower Profitability of Chinese Banks? [J]. Journal of Banking and Finance, 2009 (1): 2080 -2092.

[47] Goddard J, Molyneux P, Williams J. Dealing with cross - firm heterogeneity in bank efficiency estimates: Some evidence from Latin America [J]. Journal of Banking & Finance, 2014, 40: 130 -142.

[48] Goodhue D L, Quillard J A, Rockart J F. Managing the data resource: A contingency perspective [J]. MIS Quarterly, 1988, 12 (3): 373 - 392.

[49] Hasan I, Marton K. Development and efficiency of the banking sector in a transitional economy: Hungarian experience [J]. Journal of Banking & Finance, 2003, 27.

[50] Hayden E, Porath D, Westernhagen N V. Does diversification improve the performance of German banks? Evidence from individual bank loan portfolios [J]. Journal of Financial Services Research, 2007, 32 (3): 123 - 140.

[51] Houston J C, Lin P, Ma Y. Creditor rights, information sharing, and bank risk taking [J]. Journal of Financial Economics, 2010, 96: 485 - 512.

[52] Iannotta G, Nocera G, Sironi A. The impact of government ownership on bank risk [J]. Journal of Financial Intermediation, 2013, 22 (2): 152 - 176.

[53] Im K S, Pesaran M H, Shin Y. Testing for unit roots in heterogeneous panels [J]. Journal of Econometrics, 2003, 115 (1): 53 - 74.

[54] Imbierowicz B, Rauch C. The relationship between liquidity risk and credit risk in banks [J]. Journal of Banking & Finance, 2014, 40: 242 - 256.

[55] Jallath E, Negrinj. An empirical study of the interaction of electronic payment systems in Mexico [J]. Journal of Mathematics, 2001, 112 (4): 80 - 102.

[56] Jiang C, Yao S, Feng G. Bank ownership, privatization, and performance: Evidence from a transition country [J]. Journal of banking & finance, 2013, 37 (9): 3364 - 3372.

[57] Jiang C, Yao S, Zhang Z. The effects of governance changes on bank efficiency in China: A stochastic distance function approach [J]. China Economic Review, 2009, 20 (4): 717 - 731.

[58] Jiang L, Levine R, Lin C. Does competition affect bank risk? [R]. National bureau of economic research, 2017.

[59] Jiangli W, Pritsker M, Paupach P. Banking and securitization [R]. FDIC Working Paper, 2007.

[60] Jiangli W, Pritsker M. The impact of securitization on US bank holding companies [R]. FDIC Working Paper, 2008.

[61] Joel F, Houston, et al. Regulatory arbitrage and international bank flows [J]. Journal of Finance, 2012.

[62] Johann S. Bank lending and the stock markets response to monetary policy shocks [J]. International Review of Economics and Finance. 2007, 17 (3): 425 -435.

[63] John H. Information resource management: Stewards of data [J]. Information Systems Management, 1999, 16 (1) .

[64] Jonchi S, Pang - Tien L, Wei C. How the environment determines banking efficiency: A comparison of banking firms in Taiwan, Hong Kong and Mainland China [J]. International Transactions in Operation Research, 2015, 22 (2015): 757 -777.

[65] Jones C I, Tonetti C. Nonrivalry and the economics of data [J]. American Economic Review, 2020, 110 (9): 2819 -2858.

[66] Kaback S M. A users experience with the derwent patent files [J]. Journal of Chemical Information and Computer Sciences, 1977, 17 (3): 143 -148.

[67] Kao C, Hwang S N. Efficiency measurement for network systems: IT impact on firm performance [J]. Decision Support Systems, 2010, 48 (3): 437 -446.

[68] Khan M S, Scheule H, Wu E. Funding liquidity and bank risk taking [J]. Journal of Banking & Finance, 2017, 82: 203 -216.

[69] Kick T, Prieto E. Bank risk and competition: Evidence from regional banking markets [J]. Review of Finance, 2015, 19 (3): 1185 -1222.

[70] Laeven L, Levine R. Bank governance, regulation and risk taking [J]. Journal of Financial Economics, 2009, 93 (2): 259 -275.

[71] Laeven L, Ratnovski L, Tong H. Bank size, capital, and systemic risk: Some international evidence [J]. Journal of Banking & Finance, 2016, 69: S25 - S34.

[72] Lensink R, Meesters A, Naaborg I. Bank efficiency and foreign ownership: Do good institutions matter? [J]. Journal of Banking & Finance, 2008, 32 (5): 834 -844.

[73] Lepetit L, Nys E, Rous P, et al. Bank income structure and risk:

An empirical analysis of European banks [J]. Journal of Banking & Finance, 2008, 32 (8): 1452 - 1467.

[74] Li W C Y, Nirei M, Yamana K. Value of data: Theres no such thing as a free lunch in the digital economy [M]. RIETI, 2019.

[75] Lopez C. Trade Finance: A catalyst for Asian growth [J]. Mpra Paper, 2015.

[76] López - Espinosa G, Moreno A, de Gracia F P. Banks' net interest margin in the 2000s: A macro - accounting international perspective [J]. Journal of International Money and Finance, 2011, 30 (6): 1214 - 1233.

[77] Louzis D P, Vouldis A T, Metaxas V L. Macroeconomic and bank - specific determinants of non - performing loans in greece: A comparative study of mortgage, business and consumer loan portfolios [J]. Social Science Electronic Publishing, 2012, 36 (4): 1012 - 1027.

[78] Maggi B, Rossi S. Does banking consolidation lead to efficiency gains? Evidence from large commercial banks in Europe and us [J]. The IUP Journal of Bank Management, 2006, v (2): 7 - 35.

[79] Manole V, Grigorian D A. A cross - country nonparametric analysis of Bahrain's banking system [J]. Acta Universitatis Sapientiae Economics & Business, 2013, 1 (1): 23 - 38.

[80] Marcus A J. Deregulation and bank financial policy [J]. 1984, 8 (4): 557 - 565.

[81] Meslier C, Tacneng R, Tarazi A. Is bank income diversification beneficial? Evidence from an emerging economy [J]. Journal of International Financial Markets, Institutions and Money, 2014, 31: 97 - 126.

[82] Mester L J. Efficiency in the savings and loan industry [J]. Journal of Banking & Finance, 1993, 17 (2 - 3): 267 - 286.

[83] Michalak T, Uhde A. Credit risk securitization and bank soundness in Europe [J]. Quarterly Review of Economics and Finance, 2012 (52): 272 - 285.

[84] Mirzaei A, Moore T. Real effect of bank efficiency: evidence from disaggregated manufacturing sectors [J]. Economica, 2017 (3): 1 - 29.

[85] Mnasri K, Abaoub E. Corporate governance, regulation and risk - taking behaviour in the banking industry: the Tunisian evidence [J]. International Journal of Accounting, Auditing and Performance Evaluation, 2010, 6

(4): 422 -450.

[86] Mohd F A, Aisyah A, Mariani A, Hawati J. Bank market risk and efficiency of commercial banks in malaysia [J]. Journal Pengurusan, 2017 (51): 1 -17.

[87] Molyneux P, Thornton J. Determinants of European bank proftability: A note [J]. Journal of Banking and Finance, 1992, 16: 1173 -1178.

[88] Moraes C D, Montes G C, Pereira Antunes J A. How does capital regulation react to monetary policy? New evidence on the risk - taking channel [J]. Economic Modelling, 2016, 56: 177 -186.

[89] More D, Basu P. Challenges of Supply Chain Finance: A detailed study and a hierarchical model based on the experiences of an Indian firm [J]. Business Process Management Journal, 2013, 19 (4): 624 -647.

[90] Moudud - Ul - Huq S, Ashraf B N, Gupta A D, et al. Does bank diversification heterogeneously affect performance and risk - taking in ASEAN emerging economies? [J]. Research in International Business and Finance, 2018, 46: 342 -362.

[91] Moulton H G. Commercial banking and capital formation [J]. Journal of Political Economy, 1918, 26 (5): 484 -508.

[92] Nicholas A. Ramey, et al. Imaging mitochondria in living corneal endothelial cells using autofluorescence microscopy [J]. Photochemistry and Photobiology, 2007, 83 (6): 1325 -1329.

[93] Niekerk A V. A methodological approach to modern digital asset management: An empirical study [C]. New Orleans: Allied Academies International Conference, International Academy for Case Studies, 2006.

[94] Oppenheim C, Stenson J, Wilson R M. Studies on information as an asset I: Definitions [J]. Journal of Information Science, 2003, 29 (3): 159 -166.

[95] Paradi V Z. Adjusting for cultural differences, a new DEA model applied to a merged bank [J]. Journal of Productivity Analysis, 2010, 33 (2): 109 -123.

[96] Peng J L, Jeng V, Wang J L, Chen Y C. The impact of bancassurance on efficiency and profitability of banks: Evidence from the banking industry in Taiwan [J]. Journal of Banking & Finance, 2017, 80: 1 -13.

[97] Perrons R K, Jensen J W. Data as an asset: What the oil and gas

sector can learn from Other industries about "Big Data" [J]. Energy Policy, 2015, 81: 117 - 121.

[98] Pesaran M H. Estimation and inference in large heterogeneous panels with a multifactor error structure [J]. Econometrica, 2006, 74 (4): 967 - 1012.

[99] Roberts M R, Whited T M. Endogeneity in empirical corporate finance [J]. In Handbook of tho Economics of Finance, 2013, 2: 493 - 572.

[100] Roengpitya R, Rungcharoenkitkul P. Measuring systemic risk and financial linkages in the Thai banking system [J]. Social Science Electronic Publishing, 2011.

[101] Saha A, Ahmad N H, Dash U. Drivers of technical efficiency in Malaysian banking: a new empirical insight [J]. Asian Pacific Economic Literature, 2015, 34 (7): 161 - 173.

[102] Sarkar, P. Data as a service: A framework for providing reusable enterprise data services [M]. John Wiley & Sons, 2015.

[103] Simar L, Wilson P W. Estimation and inference in two - stage, semi - parametric models of production processes [J]. Journal of Econometrics, 2007, 136 (1): 31 - 64.

[104] Smirlock M. Evidence on the (non) relationship between concentration and profitability in banking [J]. Journal of Money, Credit, and Banking, 1985, 17: 69 - 83.

[105] Stein J C. An adverse - selection model of bank asset and liability management with implications for the transmission of monetary policy [J]. The RAND Journal of Economics, 1998, 29 (3): 466 - 486.

[106] Stiroh K J. Diversification in banking: Is noninterest income the answer? [J]. Journal of money, Credit and Banking, 2004: 853 - 882.

[107] Stiroh K J. New evidence on the determinants of bank risk [J]. Journal of Financial Services Research, 2006, 30 (3): 237 - 263.

[108] Tambe P, Big data investment, skills, and firm value [J]. Management Science, 2014, 6: 1452 - 1469.

[109] Stiroh K J, Rumble A. The dark side of diversification: The case of US financial holding companies [J]. Journal of Banking & Finance, 2006, 30 (8): 2131 - 2161.

[110] Van N A J. The strategic management of media assets; a methodo-

logical approach [C]. Allied Academies, New Orleans Congress. 2006.

[111] Vencappa D, Ngoc – Anh, et al. Decomposing the productivity growth of foreign banks in the Czech Republic, Hungary and Poland: Greenfield investment versus mergers and acquisitions [J]. Journal of Mergers & Acquisitions, 2007.

[112] Wang R Y, Lee Y W, Pipino L L, et al. Manage your information as a product [J]. Sloan Management Review, 1998, 39 (4): 95 –105.

[113] Wang R Y. A product perspective on total data quality management [J]. Communications of the Acm, 1998, 41 (2): 58 –65.

[114] White H. A heteroskedasticity – consistent covariance matrix estimator and a direct test for heteroskedasticity. Econometrica: Journal of the Econometric Society, 1980: 817 –838.

[115] Woon K Y, Fadzlan S. Bank's profit efficiency under china economic structure rebalancing: Empirical evidence using index of economic freedom [J]. The Chinese Economy, 2018 (1): 20 –44.

[116] Yu H, Zhang M. Data pricing strategy based on data quality [J]. Computers & Industrial Engineering, 2017, 112: 1 –10.

[117] Zribi N, Boujelbegrave Y. The factors influencing bank credit risk: The case of Tunisia [J]. Journal of accounting and taxation, 2011, 3 (4): 70 –78.

[118] 安丛梅，张虹，马强．资产证券化与商业银行盈利能力研究——来自中国银行业的经验证据［J］．金融论坛，2021，26（05）：18 –27.

[119] 包学博，蒲勇健．开放条件下中资银行业效率与金融安全分析——基于超越对数利润函数形式的 SFA 模型［J］．山西财经大学学报，2010，32（07）：22 –29.

[120] 卜振兴，陈欣．我国商业银行成本效率研究——基于投入导向的数据包络方法［J］．南京审计学院学报，2014，11（02）：60 –67.

[121] 曹彬．资产证券化对我国商业银行盈利能力影响研究［J］．宏观经济研究，2017（05）：143 –149.

[122] 曹素娟．市场竞争、资本约束与银行风险承担行为调整［J］．投资研究，2012，31（06）：79 –88.

[123] 曾小春，钟世和．利率市场化对商业银行效率的影响：研究进展与启示［J］．管理学刊，2018，31（04）：27 –35.

［124］陈敬学．中国银行业市场结构与市场绩效的实证分析［J］．统计研究，2004（05）：25－29.

［125］陈科，宋增基．战略投资者、公司治理与银行绩效——对中国城市商业银行的实证研究［J］．金融论坛，2008，13（12）：30－36.

［126］陈梦非，肖振兴．利率市场化对中小商业银行成本效率的影响［J］．经济研究导刊，2018（20）：151－156.

［127］陈文浩，郭丽红．关于财务代理人制度问题的探讨［J］．财经研究，2001（10）：29－34.

［128］陈一洪．非利息收入对城商行绩效影响的实证研究——基于23家大型城商行2008—2013年面板数据分析［J］．江汉学术，2015，34（03）：77－84.

［129］程道金，张东辉，成力为．业务结构多元化对商业银行盈利能力和风险影响的理论分析［J］．云南财经大学学报，2020，36（09）：62－72.

［130］迟国泰，孙秀峰，芦丹．中国商业银行成本效率实证研究［J］．经济研究，2005（06）：104－114.

［131］翟丽丽，王佳妮．移动云计算联盟数据资产评估方法研究［J］．情报杂志，2016，35（06）：130－136.

［132］窦育民，李涛．中国商业银行盈利能力的实证分析［J］．统计与信息论坛，2007（03）：94－98.

［133］杜婷．“十二五”期间我国利率市场化路径选择、银行业影响及策略选择［J］．金融发展评论，2012（04）：149－154.

［134］杜卓隆．Fintech时代对数据资产化的若干思考［J］．中国战略新兴产业，2017（32）：71.

［135］段军山，杨浦．核心资本充足率变动与商业银行盈利能力［J］．金融论坛，2013，18（11）：36－43.

［136］付强．我国商业银行盈利性实证分析［J］．价格理论与实践，2004（11）：53－54.

［137］高国华，潘英丽．银行系统性风险度量——基于动态CoVaR方法的分析［J］．上海交通大学学报，2011，45（12）：1753－1759.

［138］高建忠．信息资产的概念及特征［J］．合作经济与科技，2007（19）：10－11.

［139］高正刚．中美银行业绩比较及因素分析［J］．华北金融，2000（08）：49－52.

[140] 顾海峰，闫君．互联网金融与商业银行盈利：冲击抑或助推——基于盈利能力与盈利结构的双重视角［J］．当代经济科学，2019，41（04）：100－108.

[141] 桂叶．中国银行业市场集中度与银行风险的实证研究——以18家商业银行数据为例［J］．时代金融，2013（15）：138－140.

[142] 郝项超．高管薪酬、政治晋升激励与银行风险［J］．财经研究，2015，41（06）：94－106.

[143] 何康．利率市场化有利于改善城市商业银行效率吗——来自中国24家城市商业银行的经验证据［J］．南方经济，2015（08）：50－62.

[144] 何帅，俞勇，张文凯，王在峰．基于数据资产理念的海上油气设施工程信息数字化建设［J］．档案学管理，2013（04）：47－51.

[145] 赫国胜，徐洁．我国上市商业银行非利息收入业务分析与对策［J］．财经问题研究，2010（12）：86－92.

[146] 赫国胜，王宏．中央银行利率调整对商业银行盈利能力影响的实证分析［J］．经济与管理研究，2012（04）：85－89.

[147] 侯敬文，程功勋．大数据时代我国金融数据的服务创新［J］．财经科学，2015（10）：26－35.

[148] 黄国妍．中国商业银行收入结构多元化能够分散银行风险吗?［J］．金融经济学研究，2015，30（06）：16－28.

[149] 黄金秋，屈新，张桥云．影响中国商业银行盈利性的主要因素［J］．统计与决策，2006（10）：118－119.

[150] 黄涛，王琦．私募股权投资对商业银行经营绩效影响的实证分析［J］．国际金融研究，2014（09）：61－69.

[151] 纪志宏，周黎安，王鹏等．地方官员晋升激励与银行信贷——来自中国城市商业银行的经验证据［J］．金融研究，2014（01）：1－15.

[152] 贾洪文，颜咏华，白媛媛．市场约束、竞争与银行风险承担——基于中国上市银行数据的分析［J］．贵州财经学院学报，2012（05）：47－53.

[153] 贾正晞．商业银行市场风险经济资本计量与分配方法及模型研究［D］．天津大学，2016.

[154] 蒋书彬．2009～2013年我国城市商业银行效率测评——基于三阶段DEA模型的实证分析［J］．金融与经济，2016（01）：60－63.

[155] 康旗，韩勇，陈文静，刘亚琪．大数据资产化［J］．信息通信技术，2015（06）：29－35.

［156］孔丹凤，王祥．非利息收入对中美商业银行收益和风险的影响［J］．金融论坛，2015，20（01）：21－27.

［157］李菲菲，关杨，王胜文，张海涛，杜文强．信息生态视角下供电企业数据资产管理模型及价值评估方法研究［J］．情报科学，2019，37（10）：46－52.

［158］李红祥，吴佳珅．数据技术、数据资产与数据价值——大数据时代传统出版业的三重变奏［J］．科技与出版，2016（08）：111－114.

［159］李宏瑾．利率市场化对商业银行的挑战及应对［J］．国际金融研究，2015（02）：65－76.

［160］李佳．资产证券化与商业银行盈利能力研究［J］．证券市场导报，2020（07）：38－51.

［161］李希义，任若恩．国有商业银行效率变化及趋势分析［J］．中国软科学，2004（01）：57－61.

［162］李雅雄，倪杉．数据资产的会计确认与计量研究［J］．湖南财政经济学院学报，2017，033（004）：82－90.

［163］李益．大数据时代传统零售企业商业模式创新研究［D］．中国海洋大学硕士学位论文，2015.

［164］李永红，李金骜．互联网企业数据资产价值评估方法研究［J］．经济研究导刊，2017（14）：104－107.

［165］李媛．利率市场化对商业银行盈利能力的影响研究［J］．上海金融，2014（08）：93－95.

［166］刘斌．资本充足率对我国贷款和经济影响的实证研究［A］．中国金融学会第八届优秀论文评选获奖论文集［C］：中国金融学会，2005：14.

［167］刘剑，张晶．中国银行业市场结构、效率与绩效关系实证研究［J］．长沙理工大学学报（社会科学版），2008（03）：16－22.

［168］刘玲玲，李西新．银行利润无效率及其影响因素的实证研究——以中国主要商业银行及其战略投资者为例［J］．金融研究，2006（12）：51－63.

［169］刘孟飞，张晓岚，张超．我国商业银行业务多元化、经营绩效与风险相关性研究［J］．国际金融研究，2012（08）：59－69.

［170］刘孟飞．互联网金融对商业银行利润效率的影响——基于SFA方法的实证研究［J］．大连理工大学学报（社会科学版），2021，42（02）：16－30.

[171] 刘平，梁瑜．宏观经济因素对商业银行信贷风险的影响分析 [J]．区域金融研究，2011 (02)：45 -50.

[172] 刘笑彤，杨德勇．互联网金融背景下商业银行并购重组选择差异的效率研究——基于商业银行异质性的 Malmquist 指数实证分析 [J]．国际金融研究，2017 (10)：65 -75.

[173] 刘信群，刘江涛．杠杆率、流动性与经营绩效——中国上市商业银行 2004—2011 年面板数据分析 [J]．国际金融研究，2013 (03)：88 -95.

[174] 刘玉．浅论大数据资产的确认与计量 [J]．商业会计，2014 (18)：3 -4.

[175] 刘忠璐，林章悦．互联网金融对商业银行盈利的影响研究 [J]．北京社会科学，2016 (09)：61 -72.

[176] 陆静，阿拉腾苏道，尹宇明．收入结构和融资模式对商业银行盈利和风险的影响 [J]．中国软科学，2013 (09)：23 -36.

[177] 罗小伟，刘朝．资本监管、货币政策与商业银行效率研究 [J]．经济管理，2016，38 (02)：127 -139.

[178] 吕品，文英．基于 SFA 模型的我国商业银行成本效率的测度 [J]．产经评论，2010 (05)：136 -143.

[179] 彭建刚，王舒军，关天宇．利率市场化导致商业银行利差缩窄吗？——来自中国银行业的经验证据 [J]．金融研究，2016 (07)：48 -63.

[180] 钱娟娟．基于 SFA 的中国上市商业银行效率研究 [D]．浙江大学，2011.

[181] 钱蓁．中国商业银行的效率研究——SFA 方法分析 [J]．南京社会科学，2003 (01)：41 -46.

[182] 任哲，邵荣平．收入结构、经营风险及多元化选择：解析 78 家商业银行 [J]．改革，2012 (09)：64 -70.

[183] 任振中．面向中小制造业企业的产品数据管理的研究 [D]．内蒙古科技大学硕士学位论文，2011.

[184] 申创，刘笑天．互联网金融、市场势力与商业银行绩效 [J]．当代经济科学，2017 (05)：16 -29.

[185] 石艾鑫，郜鼎，谢婧．互联网企业数据资产价值评估体系的构建 [J]．时代金融，2017 (14)：109.

[186] 石滋宜．运用数据化的竞争优势 [J]．中国电子商务，2001 (01)：81.

［187］宋翠玲，乔桂明．外资银行进入对我国银行业盈利能力的影响［J］．学术交流，2020（08）：126－136.

［188］宋晶晶．政府治理视域下的政府数据资产管理体系及实施路径［J］．图书馆，2020（09）.

［189］宋清华，肖心蕙．信贷资产证券化对商业银行盈利能力影响的实证分析［J］．统计与决策，2018，34（24）：172－176.

［190］宋玮，李植，王冬丽．中国银行业市场结构与绩效的实证分析［J］．经济理论与经济管理，2009（06）：52－58.

［191］孙健，李喆臣．中国银行业的利润效率研究——基于傅里叶柔性函数的视角［J］．金融发展研究，2011（11）：12－17.

［192］孙君阳．银行股权结构、治理机制与综合绩效关系的实证研究［J］．金融论坛，2008，13（08）：3－8.

［193］唐莉，李省思．关于数据资产会计核算的研究［J］．中国注册会计师，2017（02）：87－89.

［194］王灿，刘子宁，李栋．利率市场化必然会降低商业银行盈利能力吗？——基于信贷资源配置效率的探讨［J］．金融论坛，2019，24（11）：44－54.

［195］王锦虹．互联网金融对商业银行盈利影响测度研究——基于测度指标体系的构建与分析［J］．财经理论与实践，2015（01）：7－12.

［196］王菁，周好文．非利息收入负向收益贡献度的实证解析——基于我国12家商业银行的模型检验［J］．当代经济研究，2008（11）：49－52.

［197］王静，王娟．互联网金融企业数据资产价值评估——基于B—S理论模型的研究［J］．技术经济与管理研究，2019（07）：73－78.

［198］王连军．价格型货币政策工具对商业银行盈利的影响——基于中国32家商业银行的实证检验［J］．财经理论与实践，2017，38（04）：2－8.

［199］王曼舒，刘晓芳．商业银行收入结构对盈利能力的影响研究——基于中国14家上市银行面板数据的分析［J］．南开管理评论，2013，16（2）：143－149.

［200］王曼舒，张斌．商业银行资本对其盈利性的影响［J］．金融论坛，2013，18（04）：23－31＋47.

［201］王祺，马思超，彭俞超．宏观审慎政策降低了商业银行盈利性吗？［J］．国际金融研究，2021（03）：57－67.

[202] 王晓枫. 我国商业银行资本充足率的研究 [J]. 财经问题研究, 2003 (10): 29-34.

[203] 王新华. 商业银行操作风险管理体系研究 [D]. 中央民族大学, 2013.

[204] 王亚雄, 李向明, 李超. 我国商业银行盈利能力统计分析 [J]. 江苏统计, 2002 (05): 27-29.

[205] 魏世杰, 倪旎, 付忠名. 非利息收入与商业银行绩效关系研究——基于中国40家银行的经验 [J]. 未来与发展, 2010, 31 (02): 51-55.

[206] 魏煜, 王丽. 中国商业银行效率研究: 一种非参数的分析 [J]. 金融研究, 2000 (03): 88-96.

[207] 奚君羊, 曾振宇. 我国商业银行的效率分析——基于参数估计的经验研究 [J]. 国际金融研究, 2003 (05): 17-21.

[208] 谢升峰, 李慧珍. 外资银行进入对国内银行业盈利能力的影响——基于面板数据的实证分析 [J]. 经济学动态, 2009 (11): 38-41.

[209] 谢太峰, 王蕴鑫, 徐子麒. 我国城市商业银行信用风险影响因素的实证研究 [J]. 征信, 2020, 38 (06): 79-83.

[210] 徐明东, 陈学彬. 货币环境, 资本充足率与商业银行风险承担 [J]. 金融研究, 2012 (07): 48-62.

[211] 许定, 孙俊贻, 李晓春. 资本充足率要求对银行收益影响的研究 [J]. 重庆建筑大学学报, 2004 (02): 102-105.

[212] 薛晴, 刘湘勤. 利率市场化对商业银行盈利能力的影响——基于利率风险暴露视角的实证分析 [J]. 人文杂志, 2017 (03): 47-53.

[213] 闫庆悦, 王彬. 外资银行进入对我国银行绩效的影响——基于面板数据的实证分析 [J]. 山东大学学报 (哲学社会科学版), 2010 (03): 68-74.

[214] 杨彩丽. 基于 VAR 模型的地方中小商业银行信用风险分析 [J]. 河北金融, 2018.

[215] 杨大强, 张爱武. 1996—2005 年中国商业银行的效率评价——基于成本效率和利润效率的实证分析 [J]. 金融研究, 2007 (12): 102-112.

[216] 杨海珍, 李川, 向悦, 吴宏旭. 全国性银行与区域银行盈利趋势及其影响因素比较研究——基于 2006—2016 年数据 [J]. 管理评论, 2019, 31 (06): 3-13.

［217］杨天宇，钟宇平．中国银行业的集中度、竞争度与银行风险［J］．金融研究，2013（01）：122－134.

［218］杨训，周遊．数据资产核算可行性分析［J］．合作与经济，2016（16）：151－153.

［219］姚禄仕，王璇，宁霄．银行信贷资产证券化效应的实证研究——基于美国银行业的面板数据［J］．国际金融研究，2012（09）：71　78.

［220］姚文韵．我国商业银行非利息收入与绩效关系研究［J］．上海金融，2012（12）：34－37.

［221］姚勇，董利．中国商业银行盈利分析［J］．南开经济研究，2005（02）：72－78＋83.

［222］余文．人民银行会计核算数据资产管理研究［J］．会计之友，2017（17）：33－36.

［223］张艾莲，代雪雅．价格型和数量型货币政策与商业银行盈利能力［J］．金融论坛，2021，26（01）：49－58.

［224］张健华，王鹏．银行风险、贷款规模与法律保护水平［J］．经济研究，2012，47（05）：18－30.

［225］张健华．我国商业银行的X效率分析［J］．金融研究，2003（06）：46－57.

［226］张俊瑞，危雁麟，宋晓悦．企业数据资产的会计处理及信息列报研究［J］．会计与经济研究，2020（03）：3－15.

［227］张启望．关于数字资产的探讨［J］．财会月刊，2005（25）：70.

［228］张庆君，刘靖．互联网金融提升了商业银行资本配置效率吗？——基于中国上市银行的经验证据［J］．金融论坛，2017（07）：27－38.

［229］张伟，蒋敏．利率市场化对中小股份制商业银行盈利与风险影响研究——基于对8家上市银行面板数据的分析［J］．价格理论与实践，2016（08）：129－132.

［230］张兴，李凤超，徐迎迎．银行风险治理、风险承担与盈利能力——来自中国上市商业银行的证据［J］．上海金融，2021（03）：49－59.

［231］张雪兰，何德旭．货币政策立场与银行风险承担——基于中国银行业的实证研究（2000—2010）［J］．经济研究，2012，47（05）：31－44.

[232] 张宇驰，揭月慧．监管改革、银行竞争与风险承担［J］．财经问题研究，2011（10）：52－59.

[233] 赵海华，崔会群．货币市场利率对我国银行盈利影响的实证分析［J］．江汉论坛，2015（09）：17－21.

[234] 赵家敏，陈庆辉，彭岗．全面风险管理模型设计与评价：基于RAROC的分析［J］．国际金融研究，2005（03）：59－64.

[235] 赵金洁．中国银行业市场结构、效率与绩效关系研究［J］．经济问题，2016（11）：58－64.

[236] 赵胜民，申创．发展非利息业务对银行收益和风险的影响——基于我国49家商业银行的实证研究［J］．经济理论与经济管理，2016（02）：83－97.

[237] 赵旭，蒋振声，周军民．中国银行业市场结构与绩效实证研究［J］．金融研究，2001（03）：59－67.

[238] 赵忠良．基于SFA法的商业银行成本效率研究［J］．产业与科技论坛，2009，15（07）：134－137.

[239] 郑录军，曹廷求．我国商业银行效率及其影响因素的实证分析［J］．金融研究，2005（01）：91－101.

[240] 中国信息通信研究院云计算与大数据研究所．数据资产管理实践白皮书（2.0版）．中国信息通信研究院．2018.

[241] 周安．商业银行市场集中度与风险——基于中国16家上市银行面板数据分析［J］．中央财经大学学报，2017（01）：39－48.

[242] 周逢民，张会元，周海，孙佰清．基于两阶段关联DEA模型的我国商业银行效率评价［J］．金融研究，2010（11）：169－179.

[243] 周开国，李琳．中国商业银行收入结构多元化对银行风险的影响［J］．国际金融研究，2011（05）：57－66.

[244] 朱纯福．银行竞争力评价方法及其指标体系的构建［J］．金融论坛，2002（10）：8－16.

[245] 朱扬勇，叶雅珍．从数据的属性看数据资产［J］．大数据，2018，4（06）：2018062.

[246] 邹伟进，刘峥．中国银行业市场结构、效率和绩效实证研究［J］．经济评论，2007（03）：84－89.

[247] 左晓慧，马云．商业银行收入结构对盈利能力影响研究——基于28家上市银行系统广义矩估计［J］．经济问题，2019（11）：25－32.

图书在版编目（CIP）数据

数字经济背景下银行数据资产价值实现研究／程茂勇著．--北京：中国财政经济出版社，2023.9
ISBN 978-7-5223-2358-9

Ⅰ.①数… Ⅱ.①程… Ⅲ.①银行-数据管理-研究
Ⅳ.①F830.49

中国国家版本馆 CIP 数据核字（2023）第 126528 号

责任编辑：樊清玉　温彦君　　　　责任校对：张　凡
封面设计：陈宇琰　　　　　　　　责任印制：党　辉

数字经济背景下银行数据资产价值实现研究
SHUZIJINGJI BEIJING XIA YINHANG SHUJU ZICHAN JIAZHI SHIXIAN YANJIU

中国财政经济出版社 出版

URL：http：//www.cfeph.cn
E-mail：cfeph@cfeph.cn

社址：北京市海淀区阜成路甲 28 号　邮政编码：100142
营销中心电话：010-88191522
天猫网店：中国财政经济出版社旗舰店
网址：https：//zgczjjcbs.tmall.com
北京财经印刷厂印刷　各地新华书店经销
成品尺寸：165mm×238mm　16 开　17.75 印张　297 000 字
2023 年 9 月第 1 版　2023 年 9 月北京第 1 次印刷
定价：80.00 元
ISBN 978-7-5223-2358-9
（图书出现印装问题，本社负责调换，电话：010-88190548）
本社质量投诉电话：010-88190744
打击盗版举报热线：010-88191661　QQ：2242791300